未来绿色技能的全球视野

基于32个国家的研究

国际劳工组织 组织编写
〔俄罗斯〕奥尔加·斯特里茨卡·伊利娜 等 著
王建萍 译

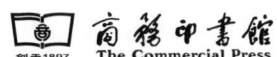

本作品（Skills for a Greener Future：A Global View Based on 32 Country Studies）
英文原版由国际劳工局，日内瓦出版。
原作品著作权归属 ©2019 国际劳工组织
中译本著作权归属 ©2020 深圳职业技术学院
经许可翻译复制。

国际劳工局出版物中所用名称与联合国习惯用法保持一致，这些名称以及出版物中材料的编写方式并不意味着国际劳工局对任何国家、地区、领土或其当局的法律地位，或对其边界的划分表达意见。

署名文章、研究报告和其他文稿，文责完全由其作者自负，其发表并不构成国际劳工局对其中所表示的意见的认可。

本文件对商号名称、商品和制造方法的提及并不意味着其为国际劳工局所认可，同样，也不意味着国际劳工局对未提及的商号、商品或制造方法不认可。

国际劳工局对中文译文的有效性或完整性不承担任何责任，对任何不准确性、错误或遗漏或因使用该译文造成的后果不承担任何责任。

职业教育学术译丛
出版说明

自《国务院关于大力推进职业教育改革与发展的决定》颁布以来，我国职业教育得到了长足发展，职业教育规模进一步扩大，职业教育已经成为国家教育体系的重要组成部分。为了更好满足社会经济发展需要，建设更多具有世界一流水平职业院校，商务印书馆与深圳职业技术学院共同发起、组织、翻译、出版了这套学术译丛。

我馆历来重视移译世界各国学术著作，笃信只有用人类创造的全部知识财富丰富自己的头脑，才能更好建设现代化的社会主义社会。为了更好服务读者，丛书主要围绕三个维度遴选书目。一是遴选各国职业教育理论著作，为职业教育研究人员及职业教育工作者提供研究参考。二是遴选各国职业教育教学模式、教学方法等方面的书目，为职业院校一线教师提供教学参考。三是遴选一些国际性和区域性职业教育组织的相关研究报告及职业教育发达国家的政策法规等，为教育决策者提供借鉴。

深圳职业技术学院为丛书编辑出版提供专项出版资助，体现了国家示范性高等职业院校的远见卓识。希望海内外教育界、著译界、读书界给我们批评、建议，帮助我们把这套丛书出得更好。

商务印书馆编辑部
2022 年 6 月

本书分工

编辑

奥尔加·斯特里茨卡·伊利娜（Olga Strietska-Ilina）和 塔米娜·马哈茂德（Tahmina Mahmud），国际劳工组织就业政策部（ILO Employment Policy Department）

作者

第一章：奥尔加·斯特里茨卡·伊利娜，国际劳工组织就业政策部。

第二章：凯蒂·麦考珊（Katie McCoshan），国际顾问。

第三章：奥尔加·斯特里茨卡·伊利娜（国际劳工组织就业政策部），马雷克·哈尔斯多尔夫（Marek Harsdorff）（国际劳工组织企业部），安德鲁·麦考珊（Andrew McCoshan）（国际顾问），西蒙·布罗克（Simon Broek）（国际顾问），塔米娜·马哈茂德（国际劳工组织就业政策部）。

第四章：安德鲁·麦考珊（国际顾问）。

第五章：安德鲁·麦考珊（国际顾问）

第六章：吉勒莫·蒙特（Guillermo Montt）[国际劳工组织圣地亚哥体面工作技术支援小组（ILO DWT-CO Santiago），原国际劳工组织研究部（Research Department）]，马雷克·哈尔斯多尔夫（Marek Harsdorff）（企业部，国际劳工组织），奥尔加·斯特里茨卡·伊利娜（国际劳工组织就业政策部），庄路（Trang Luu）（国际劳工组织研究部），图穆丘杜尔·博洛玛-柯珞克（Bolormaa Tumurchudur-Klok）（国际劳工组织就业政策部），安娜·波德贾宁（Ana Podjanin）（国际劳工组织就业政策部）。

第七章：西蒙·布罗克，玛丽·胡德波尔（Marye Hudepohl），国际顾问。

第八章：奥尔加·斯特里茨卡·伊利娜（国际劳工组织就业政策部），安德鲁·麦考珊（国际顾问），西蒙·布罗克（国际顾问），塔米娜·马哈茂德（国际劳工组织就业政策部）。

目 录

前 言 ··· i
鸣 谢 ·· iii
摘 要 ·· ix

第一章 概 述 ·· 1
 一、背景 ·· 1
 二、不断变化的政策背景 ·· 2
 三、目标 ·· 3
 四、方法和局限性 ·· 3
 五、报告结构框架 ·· 4

第二章 绿色转型：是什么在驱使就业技能的转变? ······················· 6
 一、不断变化的环境 ·· 6
 二、政策和法规 ·· 8
 三、绿色技术和创新 ·· 10
 四、绿色市场 ·· 12
 五、结论 ·· 14

第三章 重要的挑战：政策环境 ·· 16
 一、经济绿色化的愿景和战略 ·· 16
 二、政策协调 ·· 30
 三、政策协调性、治理和选定的指标 ··41

四、结论 ··· 43

第四章　绿色结构变革：绿色经济对就业的影响 ················ 46
　　一、2011年以后的绿色结构变革 ································· 47
　　二、低等收入国家和高等收入国家对比 ························ 50
　　三、绿色转型与就业 ·· 53
　　四、结论 ··· 72

第五章　不断变化的职业和职业技能组成 ··························· 75
　　一、随着经济转向绿色化，职业和技能如何发生变化 ···· 76
　　二、重点行业领域的职业变化 ···································· 80
　　三、绿色转型需要的技能类别 ···································· 83
　　四、结论 ··· 89

第六章　在能源可持续性和循环经济场景下量化职业技能需求 ········ 91
　　一、向可持续性环境过渡对就业的影响评估 ················· 92
　　二、能源可持续性场景 ··· 95
　　三、循环经济场景 ··· 110
　　四、结论 ·· 126

第七章　旨在实现绿色转型的技能开发政策和措施 ············ 130
　　一、政策背景 ··· 131
　　二、为适应绿色经济发展而采取的技能调整措施 ········· 133
　　三、利益相关者的参与：制度建立和社会对话 ············ 159
　　四、结论 ·· 164

第八章　结论和建议 ·· 167
　　一、急需采取气候行动的紧迫感促成了重大的全球协定，但是
　　　　在国家层面需要采取更多行动 ······························ 167

二、绿色转型可以创造数以百万计的就业机会，但这取决于相关技能和培训的供给能力 …………………………………… 168

三、2011年以来相关政策取得进展，但仍处于碎片化状态 …… 170

四、改善治理机制将使政策更加协调并减少技能错位现象 …… 171

五、低等收入国家面临特殊的挑战 …………………………… 172

六、高等收入国家需要重新激发活力促进绿色就业和技能开发 …………………………………………………………… 173

七、劳动力市场信息和技能预测应增强对绿色转型过程中技能需求变化的理解 …………………………………… 174

八、各国需要将绿色就业技能纳入主流体制，并让这些技能更易识别 …………………………………………………… 175

九、顺势而为，各国需要将前瞻性技能战略纳入其气候和环境政策 …………………………………………………… 177

十、社会对话仍将是确保教育和培训相关性以及实现公正转型的重要部分 …………………………………… 178

缩略语 ……………………………………………………………… 180

重点技术术语 ……………………………………………………… 183

参考文献 …………………………………………………………… 191

附录1 国别报告清单 …………………………………………… 198
附录2 按收入水平划分的样本国家 …………………………… 201
附录3 有关国家指标 …………………………………………… 202
附录4 各国国别报告对国际环境协定的引用 ………………… 211
附录5 定量建模方法 …………………………………………… 212
附录6 职业层面的详细结论 …………………………………… 220
附录7 相似度评分计算方法 …………………………………… 225
附录8 2011年前绿色政策和法规还很不健全的国家之进展：孟加拉国、马里和乌干达 …………………………………… 227

前　言

　　气候变化和环境退化是我们这个时代面临的最大挑战之一。地球只有一个，拯救这个星球是我们的责任。尽管职场正在发生着深刻的变化，尽管围绕这些变化对工人和公司的影响已经展开过很多激烈的辩论，但媒体的焦点仍然集中在自动化和人工智能的潜在影响上，这使得气候变化和环境退化对劳动就业的影响在很大程度上被掩盖了。2015年《巴黎协定》的签署国认识到应对气候变化已刻不容缓。然而想要实现环境可持续发展，他们做出的承诺还不够。具体政策和条例的制定，甚至是执行，都完全取决于发达国家和发展中国家的男女老少、工人和企业家的能力、承诺和热诚。

　　气候变化和环境退化会降低生产率并减少就业机会，其影响主要集中在最弱势群体。应对这些变化可能会创造数百万个就业机会，但这需要各国采取大胆的举措来投资能力开发，以释放人们的全部潜力并促进企业的生产力发展。向绿色经济转型的基本过程可能会扰动劳动力市场，并需要对工人进行重新培训和技能提升，以降低失业率、贫困和不平等加剧的风险。

　　2018年《联合国气候变化框架公约》缔约方会议（COP24）宣布，绿色转型同时也是劳动力和创造体面工作的公正转型，对有效、包容且适应气候的发展至关重要。技能开发是这一转型的基石。有了合适的技能，就可以实现富有成效的绿色转型并创造体面的工作岗位。技能开发还可以作为缓冲，抵御短暂变局的影响。向未来更绿色的转型正在进行，但这需要一种协调性的政策，以保证其公正性和包容性。

　　国际劳工组织动员了三个部门致力于编写《未来绿色技能》报

告：隶属就业政策部（Employment Policy Department）的技能和就业能力分部（Skills and Employability Branch），隶属企业部的绿色就业计划组（Green Jobs Programme）以及研究部。该报告借鉴了32个国家的研究成果，这些研究成果为国际劳工组织与欧洲职业培训开发中心（European Centre for the Development of Vocational Training）（Cedefop）合作编写的《2018年世界经济和社会展望：就业绿色化》（World Economic and Social Outlook：Greening with jobs）贡献良多。欧洲职业培训开发中心还为六个欧盟成员国编写了国别报告。

该报告是在国际劳工组织于2011年出版的《绿色技能的全球视野》（Skills for green jobs：A global view）的基础上撰写的。本书提供了一个更宽泛的定性分析，研究范围还覆盖了另外几个国家和地区。这是一项开拓性的实证研究和建模，它基于两种全球量化场景，对2030年前衰退型和增长型行业的职业技能可能产生的影响提出了新认识。在调研国家收集到的良好举措足以证明，技能开发是可以为绿色转型奠定基础的。我们相信这份报告能促使世界各国行动起来，努力为子孙后代创造一个更加绿色的未来。

李尚宪	维克·万·付仑	达米安·格里姆肖
就业政策部主任	（Vic Van Vuuren）	（Damian Grimshaw）
	企业部主任	研究部主任

鸣　谢

《未来绿色技能的全球视野》作者团队在此感谢欧洲职业培训发展中心，感谢该中心为开展研究和增订六份欧盟成员国报告（丹麦、爱沙尼亚、法国、德国、西班牙和英国）做出的贡献。感谢玛拉·布鲁贾（Mara Brugia）（欧洲职业培训发展中心主任），斯泰丽娜·查齐克里斯托（Stelina Chatzichristou）以及阿莱娜·祖克施泰诺娃（Alena Zukersteinova），感谢她们出色的合作和非常宝贵的、富有成果的讨论。

我们与国际劳工组织企业部的绿色就业计划组建立的有效、健全和密切的部门间伙伴关系也对报告起到了重要作用。我们要感谢穆斯塔法·卡马尔·盖伊（Moustapha Kamal Gueye）和卡蜜拉·罗曼（Camilla Roman）（国际劳工组织企业部绿色就业计划组）的支持。我们也要感谢国际劳工组织研究部的凯瑟琳·萨热（Catherine Saget）的鼎力协作。感谢就业政策部技能与就业能力分部的斯里尼瓦·B.雷迪（Srinivas B. Reddy）的大力支持。

同时，衷心感谢国际劳工组织的同事安娜·桑切斯（Ana Sanchez）、高崎木津（Takaaki Kizu）和阿尔瓦罗·拉米尔斯-博甘特斯（Alvaro ramires-bogantes）对本报告的复审。我们还要感谢国际劳工组织的许多其他同事，各国专家和欧洲职业培训发展中心就全球报告的主要调查结果给予的周到评论、信息资源、反馈和建设性建议，他们包括：加达·阿明（Ghada Amin）、阿纳尔·威廉·巴阿-博腾（Anar William Baah-Boateng）、贝舍姆贝娃（Beishembaeva）、鲁蒂·布鲁拉-欧（Ruttiya Bhula-or）、英达·布迪亚尼·斯泰丽娜·查齐克里斯托（Indah Budiani Stelina Chatzichristou）、基里希贝克·达库普（Kylychbek

Dhakupov)、塞纳布·迪乌夫（Seinabou Diouf）、梅赛德斯·杜兰·哈罗（Mercedes Durán Haro）、玛丽安娜·费尔南德斯·门多萨（Mary Anna Fernandez-Mendoza）、克里斯汀·霍夫曼（Christine Hofmann）、约翰·大卫·卡巴萨（John David Kabasa）、露西塔·S. 拉佐（Lucita S. Lazo）、阿卜杜勒·蒙达（Abdul Mondae）、温斯顿·摩尔（Winston Moore）、琳恩·奥尔森（Lene Olsen）、欧斯曼·奥塔拉（Outtara）、海蒂·佩尔蒂埃（Heidi Peltier）、贝琳达·皮特里（Belynda Petrie）、迈克尔·拉夫提（Michael Rafferty）、罗尔·安德鲁·斯莫尔（Rawle Andrew Small）、诺埃尔·蒂奥姆比亚诺（Noel Thiombiano）、何塞·路易斯·维韦洛斯（José Luis Viveros）、张莹（Ying Zhang）和阿莱娜·祖克施泰诺娃。感谢伯尼格雷斯技术公司的大力支持。

由衷地感谢撰写国际劳工组织 26 份国家研究报告的各国作者和专家，正是他们在国家水平上的杰出研究，奠定了本报告的基础。他们包括：澳大利亚的休恩·柯蒂斯（Huon Curtis）、奈杰尔·道格拉斯（Nigel Douglas）、彼得·费尔布拉泽（Peter Fairbrother）、凯特·格罗塞尔（Kate Grosser）、瓦尔·普罗西夫（Val Propokiv）、迈克尔·拉夫提和菲利普·托纳（Philip Toner），孟加拉的阿卜杜勒·胡伊·蒙达尔（Abdul Huy Mondal），巴巴多斯的资源管理与环境研究中心（the Centre for Resource Management and Environmental Studies）和西印度群岛大学经济系（Department of Economics, University of the West Indies），巴西的卢卡斯·德·阿尔梅达·诺盖拉·达科斯塔（Lucas de Almeida Nogueira da Costa）、玛丽亚·加布里埃尔·科雷亚（Maria Gabrielle Correa）、马科斯·皮雷斯·门德斯（Marcos Pires Mendes）和卡洛斯·爱德华多·弗里克曼·扬（Carlos Eduardo Frickmann Young），布基纳法索的诺埃尔·蒂奥姆比亚诺，中国社会科学院城市发展与环境研究所（the Institute for Urban and Environmental Studies, Chinese Academy of Social Sciences）的张莹，哥斯达黎加的中美洲工商管理学院商学院［Instituto Centroamericano de Administración de Empresas（INCAE）Business School］，埃及的加达·阿明，圭亚那的罗尔·安德鲁·斯莫尔和玛丽

亚·维茨（Maria Witz），印度国家科学技术和发展研究所（Department of Economics, University of the West Indies）的阿皮特·乔杜里（Arpit Choudhary）、维潘库马尔（Vipan Kumar）、纳雷什·库马尔（Naresh Kumar）和卡斯图里·曼达尔（Kasturi Mandal），印尼的可持续发展商业委员会（Business Council for Sustainable Development），韩国的金米素（Misug Jin），吉尔吉斯斯坦的基里希贝克·达库普、阿纳尔·贝舍姆贝娃（Anar Beishembaeva）、穆克塔尔·朱马利耶夫（Muktar Djumaliev）、艾尔米拉·伊布雷娃（Elmira Ibraeva）和乔尔蓬·卡尔梅尔扎耶娃（Cholpon Kalmyrzaeva），马里的马里尼塔民俗中心（Mali-Folkecenter Nyetaa），毛里求斯的里亚德·苏丹（Riad Sultan），黑山共和国的德拉·甘朱尔（Dragan Djuric），菲律宾的露西塔·S.拉佐和玛丽安娜·费尔南德斯·门多萨，塞内加尔的塞纳布·迪乌夫、巴巴卡尔·姆巴耶（Babakar Mbaye）和穆萨·姆巴耶·古耶（Moussa Mbaye Gueye），南非的寰宇一家（OneWorld），塔吉克斯坦的卢富洛·塞穆罗多夫（Lutfullo Saidmurodov）和塔米娜·马哈茂德，泰国的鲁蒂·布鲁拉，乌干达农村创新网络有限公司（Countryside Innovations Network Ltd）的桑古巴·阿苏曼（Sengooba Asuman）、布基尔瓦·贾纳（Bukirwa Jana）、约翰·大卫·卡巴萨和哈娜·基萨基（Hana Kisakye），阿拉伯联合酋长国的梅赛德斯·杜兰·哈罗，美国政治经济研究所（Political Economy Research Institute）的海蒂·加雷特-佩尔蒂埃（Heidi Garett-Peltier），以及来自津巴布韦的国际劳工组织津巴布韦和纳米比亚国家办事处（Country Office）。

我们还要感谢我们在国际劳工组织中的所有支持编写国家研究背景报告并就这些报告提出意见的现任和前任同事。他们包括：加布里埃尔·博尔达多（Gabriel Bordado）、索维格·博伊尔（Solveig Boyer）、安妮特·布兰斯塔特（Annette Brandstater）、劳拉·布鲁尔（Laura Brewer）、巴迪·安切克（Badiane Cheickh）、帕特里克·达鲁（Patrick Daru）、玛丽拉·戴尔伯格（Mariela Dyrberg）、特迪·古纳万（Tendy Gunawan）、穆斯塔法·卡马尔·盖伊、马丁·哈恩（Martin Hahn）、克里斯汀·霍夫曼（Christine Hofmann）、高崎木津（Takaaki Kizu）、朱利安·麦格纳（Julien Magnat）、哈桑·恩达伊·博洛特别克·奥罗科夫（Hassan Ndahi Bolotbek Orokov）、格温妮丝·安妮·帕莫斯（Gwyneth Anne Palmos）、乔治亚·帕斯卡（Georginia Pascual）、安妮·波斯图玛（Anne Posthuma）、阿尔瓦罗·拉米尔斯-博甘特斯（Alvaro Ramirez-Bogantes）、凯瑟琳·萨热（Catherine Saget）、坂本秋子（Akiko Sakamoto）、基肖尔·库马尔·辛格（Kishore Kumar Singh）、卡纳·塔达（Kanae Tada）、爱丽丝·沃扎（Alice Vozza）、玛丽亚·伊尔卡·利马·韦伯斯特（Maria Ilca Lima Webster）和费尔南多·巴尔加斯·祖尼加（Fernando Vargas Zuñiga）。

此外，我们还要感谢设计报告的劳工组织同事：拉斐尔·克雷塔兹（Raphael Crettaz）、何塞·加西亚（José Garcia）、亚当·李（Adam Lee）、克里斯蒂安·奥尔森（Christian Olsen）和拉亚·乌贝诺娃（Raya Ubenova）。

特别感谢吉莉安·萨默斯卡尔斯（Gillian Somerscales）为我们提供了出色的语言编辑。

2019年6月，我们在全球论坛发表了该报告中的重要发现，如果没有国际劳工组织同事的参与和付出，我们不可能完成这次出版。为此我们要致谢米拉格罗斯·拉佐·卡斯特罗（Milagros Lazo Castro）、陈卓瑜（Cheuk Yu Chan）、瑟琳娜·戴尔·阿格利（Serena Dell'Agli）、弗拉维亚·埃托雷（Flavia Ettorre）、阿伊沙·卡里姆（Aaishah Karim）、塞尔吉奥·安德烈·伊里亚特·奎扎达（Sergio Andrés Iriarte Quezada）、海伦·基尔希（Helen Kirsch）、高崎木津、安吉丽卡·穆诺兹·马莫莱乔（Angelica Munoz Marmolejo）、琳恩·奥尔森、安娜·波德贾宁、珍妮特·桑切斯（Jeannette Sanchez）、亚当·特拉奥雷（Adame Traore）、图穆丘杜尔·博洛玛·柯珞克、何塞·路易斯·维韦洛斯·阿涅诺夫（José Luis Viveros Añorve）和爱丽丝·沃扎。

最后，我们要感谢国际劳工组织和欧洲职业培训发展中心的同事为我们提供了行政管理支持。他们是：阿克塞尔·德·米勒（Axelle de

Miller)、娜塔莉·德瓦德-达利巴德（Nathalie Devaud-Dalibard）、路易丝·姆巴齐-卡米娜（Louise Mbabzi-Kamina）、鲁拉·帕纳焦图（Roula Panagiotou）、玛丽-海琳·沙拉（Marie-Helene Shala）和曼盖·特鲁马莱（Mangeye Terumalai）。

摘 要

到了盘点的时间

适当的就业技能①是向环境可持续性和社会包容性经济过渡的必要先决条件。2010 年至 2011 年期间，国际劳工组织（ILO）与欧洲职业培训发展中心（Cedefop）合作，对 21 个国家进行了抽样研究。研究成果包括国际劳工组织的《绿色技能的全球视野》（Strietsk-Ilina et al.，2011）和欧洲职业培训发展中心针对选定欧盟国家的综合报告（Cedefop，2010）。报告指出了绿色就业②技能方面的主要差距和短缺，研究了技能、环境政策和制度安排之间的协调性，并提出了政策应对性策略和良好的实践方法。

这项研究已经进行了近十年，现在是时候重新审视各国的分析报告，看看它们都已经取得了什么进展。在 2018 年进行的新一轮研究中，更新了先前研究涵盖的国家的信息，还包括了一些首次进行评估的国家的信息。扩大的样本使得该项研究有可能实现更好且更平衡的区域覆盖，并提出真正的全球性调查结果和建议。这一轮研究总共涵盖了 32 个国家，其中 26 个国家由国际劳工组织③负责，另外 6 个欧盟国家由

---

① "技能"一词贯穿整个文件，指代完成特定任务或工作所需的知识、能力和经验。"技能"指的是通过学习和实践获得的进行体力或脑力活动的能力（Strietska-Ilina et al., 2011）。

② 国际劳工组织将"绿色就业"定义为有助于保护或恢复环境的体面工作，无论是在制造业和建筑业等传统行业，还是在可再生能源和能源效率等新兴绿色行业。绿色就业有助于提高能源和原材料使用效率，限制温室气体排放，最大限度减少废弃物和污染，保护和恢复生态系统，并支持对气候变化影响的适应（ILO, 2016a）。

③ 澳大利亚、孟加拉国、巴巴多斯、巴西、布基纳法索、中国、哥斯达黎加、埃及、印度、印尼、加纳、圭亚那、韩国、吉尔吉斯斯坦、马里、毛里求斯、黑山共和国、菲律宾、塞内加尔、南非、塔吉克斯坦、泰国、阿拉伯联合酋长国、乌干达、美国、津巴布韦（2018 年的初步调查结果；ILO, forthcoming 2020）。

欧洲职业培训发展中心[①]负责。这 32 个国家提供了 63% 的全球就业岗位，全球 65% 的国民生产总值以及 63% 的全球二氧化碳排放量（见附录 1 中的国别报告表）。

此外，该报告使用一个多地区投入产出模型（EXIOBASE v3）分析了 44 个国家、163 个行业之间的交易，以量化向能源可持续性和循环经济转型过程中的职业技能需求。

通过对结果进行加权，计算得出其他国家的就业构成，可以得出全球场景。国际劳工组织探讨了在 2030 年前将全球气温上升幅度控制在《巴黎气候变化协定》设定的 2℃ 上限以下可能对就业产生的影响（ILO，2018a）。这是首个分析向低碳和资源节约型经济转型对技能、性别和职业的影响的全球研究。

这项全球化的定性和定量调查研究的主要目的是：

- 为释放向环境可持续性过渡（绿色转型）的就业潜力，需要技能再培训和技能提升的规模；
- 为满足绿色转型的技能需求，所需的职业变化以及目前的技能差距和技能短缺；
- 2011 年以来，受调查国家在协调各部委之间以及公共和私营部门之间的技能和环境政策事项方面取得的进展；
- 弱势群体适应转型变化的具体需要，以及提高生产力和支持公正转型的有效技能政策措施。

气候正在变化

人为温室气体排放和污染正在上升，这是由过度开发自然资源和过度利用矿物燃料发电的经济增长模式所造成的。全球二氧化碳排放在 2018 年增长了 1.7%，创历史新高（IEA，2019）。环境退化、生物多样性丧失、土地荒漠化、海平面上升和气候模式的变化都影响着我们的生活、工作和收入方式。

[①] 丹麦、爱沙尼亚、法国、德国、西班牙、英国。

虽然气候本身还是一直在恶化，但国际谈判的"气候"已经有所改善。气候变化和环境退化对经济和社会的可能后果让各国产生了一种紧迫感，并日益焦虑，这促使他们在气候变化和可持续发展方面达成了重大协议。值得一提的是，2015年有两个重大的进展：联合国通过了《2030年可持续发展议程》及其17项可持续发展目标（SDGs），并签署了《巴黎气候变化协定》。

然而，国家的政治气候并没有反映出像国际谈判时那样的"全球变暖"。许多国家在将公共政策与实际行动联系起来方面存在明显的拖延，一些国家甚至在政策和监管方面出现倒退。仅仅接受全球协定是不够的：协定的成功完全取决于各国的担当精神和执行力。遗憾的是，国家政策和执行方面的进展没有达到平衡，且相比之下所需的雄心还显不足。

为实施《巴黎协定》而做出的信誓旦旦的国家承诺和产业优先事项低估了技能开发措施的作用

绿色转型的前提是各国履行其在《巴黎协定》中的承诺。自该协定达成以来，气候变化政府间小组（IPCC）呼吁加快采取措施，进一步限制全球变暖，将温度上升幅度限制在1.5℃以内（以工业化之前的水平为基准），以尽量减少气候变化对人类、生计、生态系统和经济产生的严重影响（IPCC，2018）。各国通过"国家自主贡献"文件（nationally determined contributions）（NDCs）承诺实施《巴黎协定》。迄今为止，183个联合国成员国提交了"国家自主贡献"文件，规定了他们将在目标经济部门采取适应性和缓解性措施。这些国家中有三分之二在其"国家自主贡献"文件中认识到了能力发展和气候变化知识的重要性，但只有不到40%的"国家自主贡献"文件包含了相关技能培训计划来支持他们的实施，并且还有超过20%的"国家自主贡献"文件中没有任何人力资本相关的行动规划（图ES 1）。

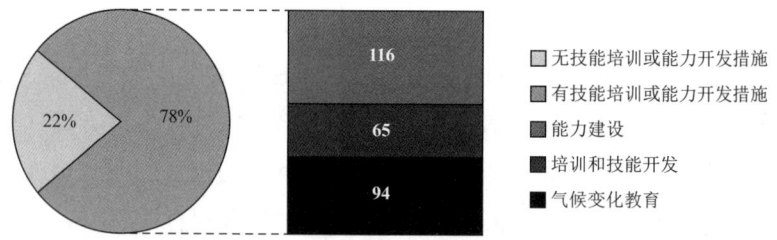

图 ES 1. 在"国家自主贡献"文件中提及能力发展和技能培训的国家的比例，以及具体的措施类型

注：样本包含 169 个"国家自主贡献"文件。

资料来源：数据计算自"国家自主贡献"资源管理器，2019 年 1 月。网址：https://klimalog.die gdi.de/ndc。

这应该为我们敲响警钟，因为"国家自主贡献"文件在能源、农业、废物、制造、运输和旅游部门的承诺都取决于这些行业相关技能的可用性。除了女性和男性，工人和管理人员，还有谁会做出投资决策，改变生产流程，安装和维护清洁技术？

绿色转型可能会创造数百万就业岗位，但需要对再培训给予重大投资

国际劳工组织对 2030 年前向能源可持续性转型对就业的影响做出了预估（ILO，018a）。进一步分析显示，全球将创造近 2500 万个新工作岗位，同时减少近 700 万个工作岗位。在后者中，有 500 万人可以通过劳动力重新分配获得再就业的机会。也就是说，500 万人因特定行业收缩而失去工作的员工将能够在同一国家的另一行业中找到同一职业的工作。这意味着，有 100 万至 200 万失去工作的人所从事的职业在其他行业也不复存在，即未来其他行业也不会存在这类职业空缺了，这就要求他们需要重新接受技能培训以便从事其他职业。这也意味着需要大量的经费来培训他们，使他们掌握接近 2000 万个新工作岗位中所需的某些技能（见图 ES 2）。

摘 要 xiii

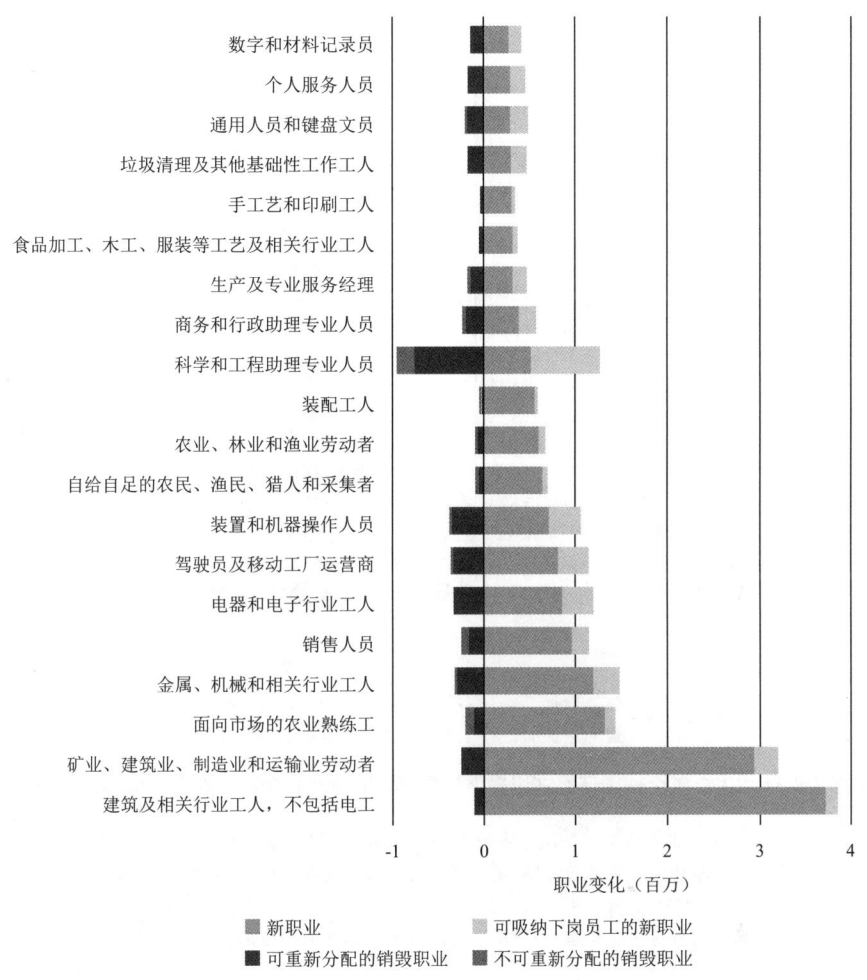

图 ES 2. 2030 年全球能源可持续性场景下各行各业需求最大的职业

注：2030 年国际能源署（IEA）可持续能源场景（2℃场景）和照旧经营场景（6℃场景）的就业差异（ILO，2018a）。该方法的详细信息参见（ILO，2018a，pp. 39，170–172）。

资料来源：国际劳工组织基于 EXIOBASE v3 数据库和国家劳动力调查的计算。

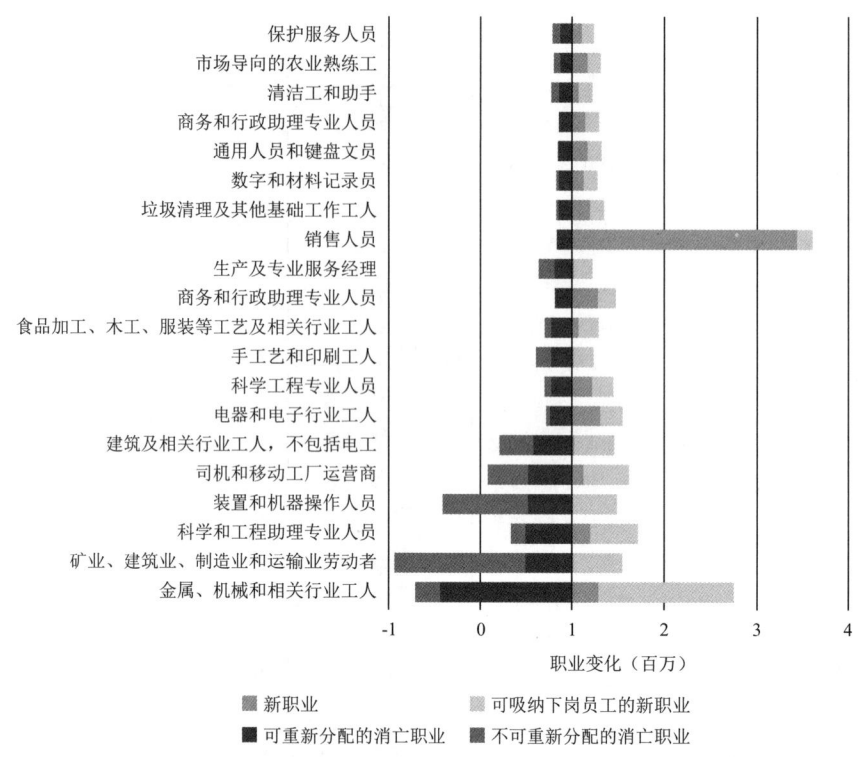

图 ES 3. 2030 年全球循环经济场景下最易受到职业消亡和跨行业再分配影响的职业

注：该图显示了各国及相关服务中的塑料、玻璃、纸浆、金属和矿物的回收率每年持续增长 5% 的场景与传统经营场景（6℃场景）之间的就业差异（ILO, 2018a）。该方法的详细信息参见（ILO, 2018a, pp. 39, 162–170）。

资料来源：国际劳工组织基于 EXIOBASE v3 数据库和劳动力调查的计算。

国际劳工组织还预估，在发展循环经济的过程中，与一切传统经营场景相比，到 2030 年将净增 700 万至 800 万个就业机会（同上）。延伸这些预估可知，在循环经济的场景下，将创造近 7800 万个就业机会，同时流失近 7100 万个就业机会。在那些失业人员中，会有很大一部分（将近 4900 万人）将通过重新分配，在同一国家的其他行业中找到同一种职业的空缺。对于其余的失业人员，将会有近 2900 万个无法直接重新分配的新就业机会，同时，将有略低于 2200 万个职位消亡，这些职位上的人员将无法在其他行业找到同等空缺职位。图 ES 3 显示，在循环经济场景下，这 20 个职业将在职业流失和重新分配中扮演最重要的角色。

性别差异将继续存在，职业的"创造性消亡"将对中等技能岗位的男性员工产生最大影响

在能源可持续性和循环经济的场景下，大多数就业机会的创造和重新分配都集中在中等技能岗位中。因此，受影响最大的将是男性占主导的职业（图 ES 4）。这些结果表明，在绿色转型过程中，中等技能岗位的增长在一定程度上可以抵消偏重技能的技术变革使中等技能岗位空心化的全球趋势。中等技能岗位的男性将最需要重新培训和提高技能，以便得到新的工作机会。这也表明，目前对职业性别的刻板印象可能会持续下去：除非采取措施对女性就业人员进行相关技能培训，以便她们能够从潜在的新就业机会中获益，否则她们将只能获得新就业机会的很小一部分。

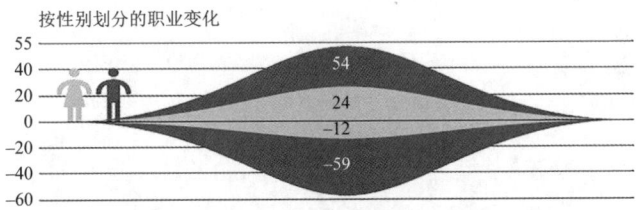

图 ES 4. 2030 年按性别划分的全球循环经济中被创造的职业和被销毁的职业（百万）

注：该方法的详细信息参见（ILO, 2018a, pp. 39, 162–170）

资料来源：国际劳工组织基于 EXIOBASE v3 数据库和国家劳动力调查的计算。

全球只有 2% 的就业岗位面临变革风险，但是要创造超过 1 亿的就业岗位就必须以培训为条件

据估计，在能源可持续性和循环经济的场景下，全球只有 2% 左右的劳动力会受到影响。这一比例远低于对自动化和数字经济可能导致的就业岗位流失的预估值［比如，麦肯锡全球研究院（McKinsey Global Institute），2017；弗雷和奥斯本（Frey and Osborne），2013］。而且，对于其中大多数人来说，就业机会不会消失，只是需要重新分配和再培训。即使是那些预计将失去职位而且在其他行业找不到同等职位空缺的劳动者（可能超过全球劳动力总数的 1%），也很有可能能够通过一些额外培训,在新增的行业中使用技能参与工作。从萎缩行业到增长行业,有一系列核心和技术性技能是可以在职业内部转移的,但是需要进行再培训,以使劳动者获得增长行业所需的新技能(参见图 ES 5 和图 ES 6)。核心技能(或软技能)是尤其重要的,因为这些技能可以在不同职业之间进行迁移,所以具有一定的比较优势。

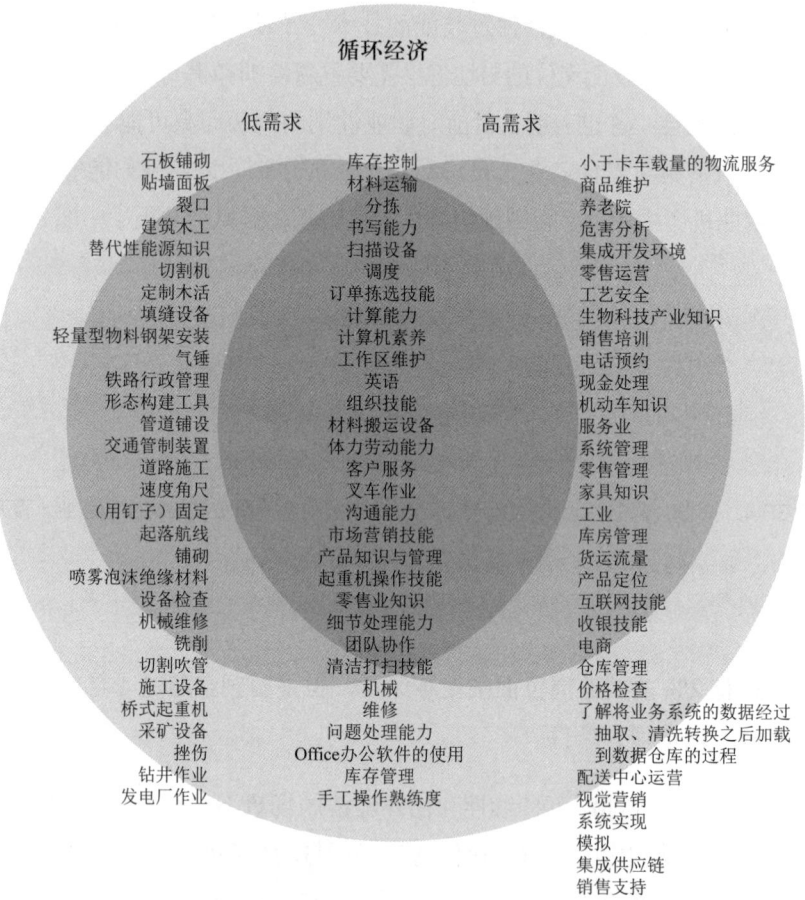

图 ES 5. 夕阳产业和朝阳产业中矿业、建筑、制造业和运输业劳动者的核心技能和技术技能的重叠部分(循环经济场景下)

注:绿色区域显示了在衰落和成长的行业中,同一职业的核心技能和技术技能有很高的重叠度。

资料来源:基于伯尼格雷斯技术公司对空缺数据的计算。以美国数据(2017)作为参考指标。

但是，如果劳动力市场上找不到新工作岗位所需的技能，就无法实现向环境可持续性和包容性经济和社会的转型。因此，转型的条件是投资技能培训，以发展满足新需求的技能，并避免技能错位的出现。制定前瞻性的技能战略很有必要，我们要把它用于培训年轻的未就业人员和重新培训现有的已就业人员，以满足在扩大部门的转型过程中产生的新工作对技能的需求（见图 ES 7a 和图 ES 7b）。

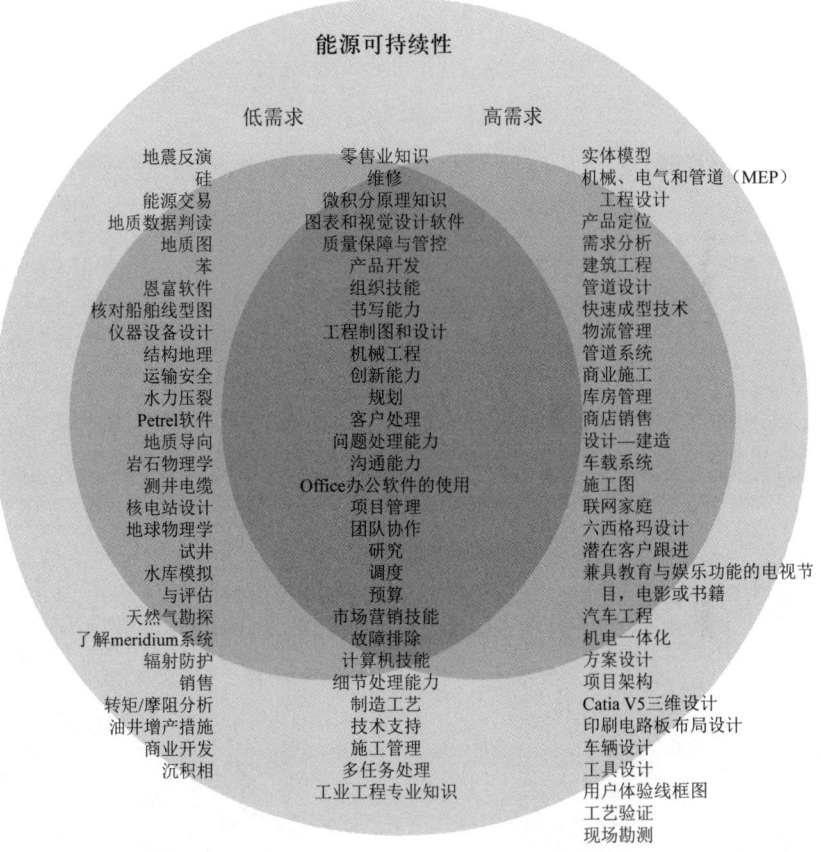

图 ES 6. 夕阳产业和朝阳产业中科学与工程专业人员的核心技能和技术技能的重叠部分（能源可持续场景下）

注：蓝色区域显示了在衰落和成长的行业中，同一职业的核心技能和技术技能有很高的重叠度。

资料来源：基于伯尼格雷斯技术公司对空缺数据的计算。以美国数据（2017）作为参考指标。

xviii　未来绿色技能的全球视野

7(a). 循环经济情景　　　　　　　　　　　　　　7(b). 能源可持续性情景

高等技能岗位

循环经济情景 - 高等技能岗位词云：
演讲技能、商业开发、销售管理、建立有效的人际关系、组织技能、企业资源计划（ERP）、客户处理、解决问题能力、Office办公软件的使用、书写能力、预算、调度、计算能力、研究、市场营销技能、维修、产品知识与管理、领导力、沟通能力、多任务处理、体力劳动能力、计算机素养、规划、零售业知识、创新能力、团队协作、故障排除、细节处理能力、时间管理、项目管理

能源可持续性情景 - 高等技能岗位词云：
职业卫生与安全、零售业知识、监督能力、质量保障与管控、调度、预算、细节处理能力、体力劳动能力、组织技能、解决问题能力、估算、商业施工、书写能力、领导力、施工管理、Office办公软件的使用、成本控制、项目管理、时间管理、采购、物流、规划、人事管理、计算机技能、质量管理、团队协作、客户处理、市场营销技能、沟通能力、建立有效的人际关系

中等技能岗位

循环经济情景 - 中等技能岗位词云：
体力劳动能力、零售业知识、时间管理、现金处理、客户处理、解决问题能力、调度、细节处理能力、沟通能力、零售管理、清洁打扫技能、书写能力、Office办公软件的使用、多任务处理、市场营销技能、计算机技能、库房管理、管道工程、维修、资产保护、起重机操作技能、存储操作、建立有效的人际关系、团队协作、计算能力、收银技能、监管能力、组织技能、产品知识与管理

能源可持续性情景 - 中等技能岗位词云：
Office办公软件的使用、故障排除、沟通能力、解决问题能力、体力劳动能力、包装、木工、零售业知识、建立有效的人际关系、客户处理、起重机操作技能、暖通工程、烹饪、清洁打扫技能、维修、计算能力、管道工程、电动工具、书写能力、多任务处理、市场营销技能、组织技能、食品安全、产品知识与管理、手动工具、叉车作业、工作区维护、团队协作、细节处理能力

低等技能岗位

循环经济情景 - 低等技能岗位词云：
Office办公软件的使用、设备维护、客户处理、预防性维护、暖通工程、清洁打扫技能、书写能力、起重机操作技能、故障排除、多任务处理、体力劳动能力、涂装、机械、市场营销技能、细节处理能力、维修、管道工程、车辆检查、团队协作、解决问题能力、组织技能、调度、沟通能力、计算机技能、零售业知识、质量保障与管控、叉车作业、家政、电气设备、合同准备

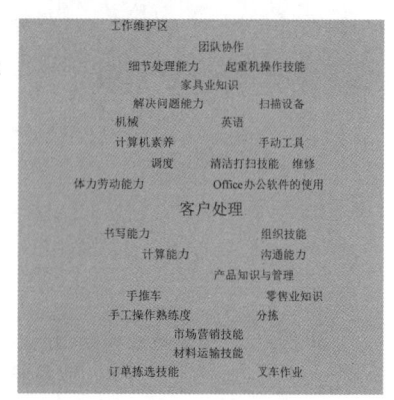

能源可持续性情景 - 低等技能岗位词云：
工作维护区、团队协作、细节处理能力、起重机操作技能、家具业知识、扫描设备、解决问题能力、机械、英语、计算机素养、手动工具、调度、清洁打扫技能、维修、体力劳动能力、Office办公软件的使用、客户处理、书写能力、组织技能、计算能力、沟通能力、产品知识与管理、手推车、零售业知识、手工操作熟练度、分拣、市场营销技能、材料运输技能、订单拣选技能、叉车作业

图 ES 7. 高、中、低等技能岗位所需的高端能力（能源可持续性和循环经济场景下）

数据来源：基于职位空缺实时数据的计算，以美国伯尼格雷斯技术公司数据（2017）为参考指标。

尽管对创造的净新增就业岗位做出了积极的预测，但一些国家目前仍面临着种种限制

尽管普遍预测的是在向环境更加可持续的经济转型过程中，就业机会将会增加。在全球场景中如此，在国家预测中也是如此。但自 2011 年以来，创造就业机会的实际进展却一直不稳定。尤其是有些国家的绿色就业在总就业中的比重有所增加，而另一些国家的绿色就业在总就业中的比重却基本持平。部分原因可能是由于 2008 年至 2009 年期间世界经济危机后的复苏乏力，以及此后十年的生产力大幅下降。这种模式或许也反映了能源和制造业相关工作岗位的自然发展曲线：即在初始阶段中就业会大幅增加，因为新产品需要设计、制造和安装。而在紧随其后的一个阶段中，维护和更新变得越来越重要，这就使得需要的岗位相对越来越少了。此外，创造就业岗位和就业岗位流失的过程是不同的动态过程：岗位流失可能会因为某些政策决定（例如，禁止使用塑料、关闭矿山）而立即发生，而创造就业岗位的过程则会更加的循序渐进，它涉及努力吸引投资方，建立一个有利于投资的氛围以及激励绿色环保型的投资。新创造的工作岗位可能不在同一地区，或者不需要工作人员现有的技能。劳动力市场调整需要时间。基于所有这些原因，平衡就业岗位创造和就业岗位流失是一项关键的政策挑战。当然，现在可以确定的是，绿色转型的轨迹很少是线性的。

最近一轮的国别报告（2018）强调了绿色就业增长的主要制约因素：包括可能会迫使人们从事有害环境的活动而产生的贫困、低等收入和非正式就业（特别是在发展中国家），政策和法规执行不力，以及由于政府支持不足导致的绿色商品和服务市场疲软。

绿色就业技能需求的增长持续受到环境变化、政府政策、技术和市场的推动

不断变化的环境、政策和法规、绿色技术和创新、绿色生产力和绿色市场都通过供应链直接或间接地刺激对绿色就业技能的需求。尽管大部分影响因素与 2011 年的调查研究结果相同，但 2018 年的报告中也出现了一些微妙变化。联合国《2030 年可持续发展议程》和《巴黎协定》等国际议程的作用更加突出。绿色环保技术持续发展，这与高等收入国家（HICs）和越来越多低等收入国家（LICs）的绿色产品和服务消费者市场的增长有关。这是因为通过全球贸易和投资进行的技术扩散，以及人们对气候变化脆弱性问题与适应性措施需求的了解日益深入，绿色技术变得更低廉和更有效。在所有这些驱动力的背后有个重要的背景因素，即社会对气候变化和可持续性问题的意识与关注。近年来有迹象表明这种意识和关注均有所加强。

推动变化的新驱动力被识别出来的少之又少。其中之一就是劳动力迁移。一方面，这对劳动力供应产生了不利影响，并在一些国家（例如圭亚那）造成"人才流失"和技能短缺。另一方面，气候变化之下的移民影响了较贫困的人口，一些地区（如巴西和亚太地区的许多国家）的原住民也受到波及，这在新的劳动力市场产生了对新技能的需求，包括那些行业间可迁移的核心技能。2011 年后，数字化也成为全球的一个重要趋势，凸显了为绿色经济持续推进信息和通信技术（ICT）的必要性，以及在该领域开发绿色技能产生促进可持续发展的必要性（如加纳、韩国、毛里求斯、菲律宾和塔吉克斯坦这些国家）。

技能差距和短缺日益加剧，对绿色转型提出了挑战

绿色转型对就业最广泛的影响是需要对现有职业的从业人员重新进行技能培训或提升其技能水平。新型绿色职业的出现相对罕见，且往往出现在高等技能层次。低等技能职业通常只需要对更绿色的工作过程做一定程度的适应，例如简单提升环保意识即可（见表 ES 1）。

表 ES 1. 不同职业所需技能的变化（按职业技能水平划分）

技能水平	变化的性质	典型技能应对方式	职业举例
低等技能职业	通用型职业变革，例如需要提高环保意识或简单地适应工作程序	在职学习或短期技能再培训和技能提升项目	垃圾回收工人、垃圾倾卸工人

续表

技能水平	变化的性质	典型技能应对方式	职业举例
中等技能职业	少量新型绿色职业在技术技能和知识方面对现有职业做出重大改变	短期到长期的技能再培训和技能提升项目；技术与职业教育与培训（TVET）课程	新型职业：风力发电机操作员；太阳能电池板安装工人转型职业：屋顶建筑工人；暖通工程师；水管工
高等技能职业	大多数绿色新型职业集中地在技术技能和知识方面现有职业进行重大改变	大学学位；长期的技能提升培训项目	新型职业：农业气象学家，气候变化科学家；能源审计师，能源顾问；碳交易分析师 转型职业：建筑设施管理人员；架构师；工程师

资料来源：国别报告《绿色就业技能》，国际劳工组织，2018。

在向更加可持续的经济转型过程中，工作既需要技术技能（具体到每种职业），也需要核心（软）技能（核心技能举例，见表 ES 2）。虽然数据稀少，但已经有足够的例子表明，这两种技能的差距和短缺很可能普遍存在，特别是在那些低等收入国家中，而这些差距和短缺很可能会阻碍向环境可持续经济的转型。没有证据表明这种状况在 2011 年以后有任何明显改善。发展中国家尤其面临专业人员匮乏和大学毕业生［特别是受过科学、技术、工程和数学教育（STEM）培训的］普遍短缺的挑战。即使在高等收入国家，包括那些拥有完善的技能预测系统的国家，技术和可迁移的核心技能缺乏仍然是造成雇主招聘困难的重要原因。

表 ES 2. 绿色就业所需的主要核心技能（按职业技能水平划分）

所有劳动力都需要的核心技能	中高等技能职业需要的核心技能
• 环保意识；有学习可持续发展的意愿和能力 • 适应性和可迁移技能，以使工人有能力通过学习和应用新技术和新工作流程，来实现工作绿色化 • 团队合作能力，反映组织需要共同努力应对他们的生态足迹 • 随时看透所需要改变的灵活性 • 沟通和谈判技巧，用以促进同事和客户尽快做出必要的改变	• 分析思维能力（包括风险和系统分析），用以解释和理解改变的需要和所需的措施 • 结合经济、社会和生态目标且整合综合和跨学科方法的协调、管理和商务技能 • 能识别机遇并制定应对绿色挑战策略的创新技能 • 推广绿色产品和服务的市场营销技能 • 就绿色化解决方案向消费者提供咨询建议并推广绿色技术的咨询服务技能 • 在全球市场中发挥作用的网络沟通、信息

续表

所有劳动力都需要的核心技能	中高等技能职业需要的核心技能
• 能抓住低碳技术和环境的缓解与适应先机的创业技能 • 职业安全与卫生（OSH）	技术和语言技能 • 战略和领导能力，以使决策者和企业主管能够制定正确的激励措施并创造条件以实现更清洁的生产和更清洁的运输

资料来源：国别报告《绿色就业技能》，国际劳工组织，2018。

当前的绿色就业增长和职业变化模式因行业而不同

在许多国家，可再生能源一直是绿色就业特别重要的根源。这尤其要归功于《巴黎协定》下的"国家自主贡献"文件对该领域给予的高度重视。环境产品和服务行业，包括废弃物、能源和水的管理，在政府政策和措施的支持下也已经有了显著的进步。在建筑业，主要的就业影响不一，这取决于现有的建筑环境绿色改造的程度，或者，反过来说，确保新建筑绿色化的程度。在可再生能源、环境产品和服务以及建筑这三个行业里，大多数职业都发生了某种程度的变化。

在其他行业，绿色转型对就业的影响是多变而复杂的，对职业技能的影响也是如此（见表 ES 3）。某些制造业，特别是汽车行业，正在逐步改变其出产量，以生产更节能的同类产品，但净就业增长有限。制造业中其他行业正在生产绿色产品，并在绿色行业的供应链中创造就业机会：风力发电机的生产就是一个例子。农业虽然面临着重大的绿色挑战，且是大多数发展中国家的主要就业来源，但迄今似乎并没有在技能方面发生过什么重大变革。交通、旅游和采掘业的绿色就业潜力还有待充分释放。

表 ES 3. 重点行业的职业变化性质和程度

行业	迄今为止职业变化的性质和程度	相关新职业和转型职业举例
可再生能源	开发新职业最有成效的行业之一，正扩展到密切相关的现有行业（太阳能系统安装）	中等技能水平：太阳能光伏发电机/风力发电机/生物质发电系统；相关安装人员、技术人员、工厂经理、质量工程师 高等技能水平：工程师和系统设计师（与制造行业有重叠）

续表

行业	迄今为止职业变化的性质和程度	相关新职业和转型职业举例
环境产品和服务行业，包括水资源和废弃物处理	废弃物处理与回收职业转变显著，其中包括转变研究与开发职能，以新创或改进废弃物处理和回收职业环境咨询和环境审计新职业	中等技能水平：环境工程技术人员；土壤、废弃物和水资源工程师（保护主义者）；环境科学和工程技术人员；卫生和其他资源保护型技术人员 高等技能水平：大气和空间科学家；水土资源保护主义者；景观建筑师；环境工程师（修复规划师、认证专家、经济学家）；气候变化分析师；工业生态学家；能源经理（审计师）
建筑业及建筑服务业	主要是现有职业需要增加和/或调整的技能；在各个国家所有主要行业和职业都可能受到某种程度的影响且影响日益加深	中等技能水平：木匠、水管工、电工、供暖工程师、屋顶建筑工、油漆工和装饰工、泥瓦工、建筑服务技术人员 高等技能水平：设施经理、架构师、工程师、能源审计师和能源顾问（与环境产品和服务行业有重叠）
制造业	减少环境不良影响方面需要新的技能，这可能涉及新的职业，例如污染控制官员受影响最显著的是那些参与"最绿色化的"行业产品设计和制造的制造商，例如可再生能源与绿色建筑	中等技能水平：与减少环境不良影响有关的职业，例如污染管制主任，能源审计师（与环境产品及服务产业有重叠） 高等技能水平：与新产品和系统的设计和生产相关的职业，如产品设计师、生产工程师
农业和林业	主要是现有职业需要增加和/或调整的技能；对职业影响最大的可能是在高等技能层次的新职业	中等技能水平：采用有机种植技术；农业技术人员（包括农作物多样化领域，改良技术应用领域）。 高等技能水平：水土资源保护论者；环境修复规划师（认证专家、经济学家）；水资源专家和有水/废水工程师资质的农业气象学家
交通运输服务业	主要通过额外的知识和技能改现有职业，如电动车的使用；将现有车辆转化为新技术和压缩天然气	中等技能水平：与现有车辆的使用、改造（绿化）和维护相关的职业 高等技能水平：与更绿色交通系统设计相关的研发职业，如工程师、系统分析师

续表

行业	迄今为止职业变化的性质和程度	相关新职业和转型职业举例
旅游业	主要通过额外的知识和技能改变现有职业，如生态旅游	中等技能水平：与生态旅游相关的职业
采掘行业	主要通过额外的知识和技能改变现有职业，迄今还没有广泛影响的证据	高等技能水平：与绿色萃取工艺系统设计相关的研究与开发职位，例如，工程师

注：HSL：高等技能水平；MSL：中等技能水平。
资料来源：国别报告《绿色就业技能》，国际劳工组织，2018。

尽管自 2011 年以来已经出台相关政策，但大多数国家仍缺乏全面和协调的绿色就业技能培养办法

所有国家都出台了一系列关于环境可持续性和气候变化的政策，形成了考量能力开发、职业和技能的总体框架。一些国家在 2011 年进行首次绿色就业技能评估时就已经建立了这样的总体框架，而其余国家则从那时起就已经将这些框架付诸实施，并加以强化和/或使其涵盖范围更加全面。如何把这些环境政策付诸实施，以及如何有效地将它们与就业和技能政策联系在一起，各国做法差异很大。利用环境绩效指数和国别报告数据进行分析后，可以将这些国家分为四组（见图 ES 8）。第一组仅由少数欧洲高等收入国家组成（法国、丹麦、德国和西班牙），它们具有优秀的环境绩效，并构建了全面和协调的就业技能政策。第二组主要由高等收入国家和中等偏上收入国家组成，它们在环境保护相关政策方面做得很好，但在就业技能政策方面仍较为薄弱。第三组则具有完善的就业技能政策，反而在环境保护政策方面表现得较薄弱。最后是大部分低等收入国家，它们还处于应对环境和就业技能问题的早期阶段。

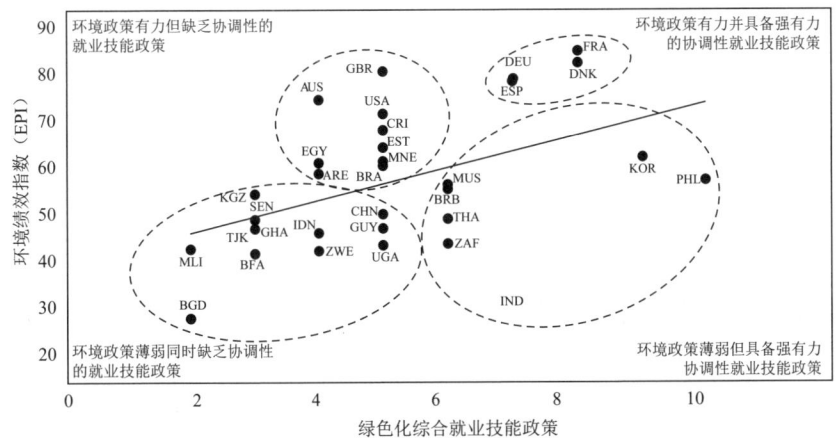

图 ES 8. 按国家环境绩效和就业技能政策表现分组

注：Y 轴：环境绩效指数采用距离－目标法进行指标构建，该方法将每个国家相对于目标的最差表现和最佳表现分别定为 0 分和 100 分。X 轴：将绿色化综合技能政策的状态按 0—10 个等级评估。

国家代码使用如下：澳大利亚（AUS）、孟加拉国（BGD）、巴巴多斯（BRB）、巴西（BRA）、布基纳法索（BFA）、中国（CHN）、哥斯达黎加（CRI）、丹麦（DNK）、埃及（EGY）、爱沙尼亚（EST）、法国（FRA）、德国（DEU）、加纳（GHA）、圭亚那（GUY）、印度（IND）、印尼（IDN）、韩国（KOR）、吉尔吉斯斯坦（KGZ）、马里（MLI）、毛里求斯（MUS）、黑山（MNE）、菲律宾（PHL）、塞内加尔（SEN）、南非（ZAF）、西班牙（ESP）、塔吉克斯坦（TJK）、泰国（THA）、乌干达（UGA）、阿拉伯联合酋长国（ARE）、英国（GBR）、美国（USA）和津巴布韦（ZWE）。

资料来源：作者基于文德林（Wendling）等人研究成果的计算，2018 年；国别报告和一项专家调查的定性分析。

　　2011 年以后，那些在环境和就业技能方面制定了全面政策的高等收入国家取得了更好的环境绩效。与此同时，许多高等收入国家却出现了政策调整和政策取消的现象，显示出它们在政策制定和执行方面的脆弱性和非线性；此外，这些国家还失去了综合就业技能政策方面的优势。另一方面，在低等收入国家和中等收入国家，尽管由于以资源消耗为基础的经济增长模式持续存在，其中许多国家制定的环境政策和管制措施早已沦为一张废纸，环境绩效出现进一步恶化，但是为实现绿色转型而制定的综合就业技能政策已经取得了进展——部分原因是这些国家认识到改善环境绩效的必要性，还有部分原因是其认识到人力资本是经济发展和繁荣的主要驱动力（见图 ES 9）。

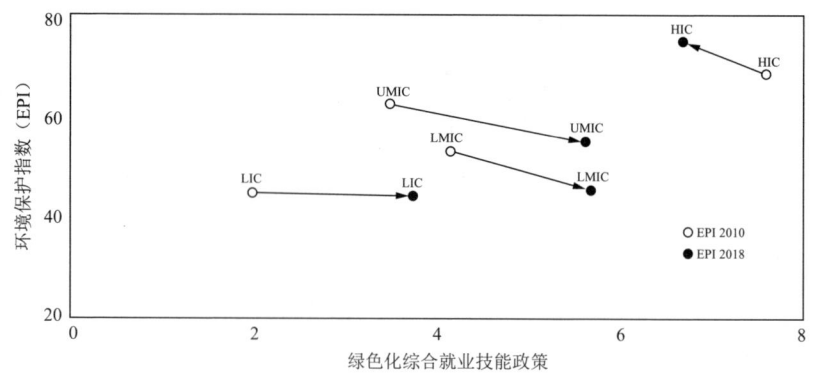

图 ES 9. 2010 年和 2018 年按收入水平评定各国在环境和综合就业技能政策方面的进展

注：HIC：高等收入国家；LIC：低等收入国家；LMIC：中等偏下收入国家；UMIC：中等偏上收入国家（基于世界银行依据收入水平的划分方法）。Y 轴：环境绩效指数采用距离－目标法进行指标构建，该方法将每个国家相对于目标的最差表现和最佳表现分别定为 0 分和 100 分。X 轴：将绿色综合技能政策的状态按 0—10 个等级评估。

资料来源：作者基于文德林等 2018 年研究成果的计算；国别报告和一项专家调查的定性分析（2010 年和 2018 年两轮调查研究）。

更普遍的现象是，绿色就业的技能开发并不系统，有时作为政府总体政策的一部分进行，但执行者通常是其他行动者，包括民间社会团体以及区域和地方政府当局和社会伙伴，从基层开始向上努力填补空白。这就形成了绿色就业技能培训的一个整体图景，这种培训是碎片化的，由地区、行业和项目各自独立主导。这种干预在某种程度上可能是有效的：它们通常由对之了如指掌的社区和企业出于迫切需要来推进。但是，这些干预手段通常不能充分关注到更广泛的政策协调，不能进行重要的公平考虑，而且一般也无较长期的战略眼光。

政策协调薄弱仍然是各国的共同问题

在政府层面，与绿色就业技能相关的政策领域的责任仍倾向于分散在多个政府部门。国家研究显示，目前系统促进各部之间政策协调的程序很少。一般来说，协调往往是为了特定目的而进行，没有充分的监督和后续行动。环境政策与技能和培训水平之间的衔接仍然很薄弱。负责教育、培训和就业的政府部门在气候变化和环境政策制定中参与的比例很低。通常，现有的决策结构和过程不能有效地处理部门间的问题。然而，有证据表明，配合良好的环境和技能政策与现有的部际协调体制机制之间有很强的相关性（见图 ES 10）。这种机制对于社会和经济战略性政策与仔细评估其环境影响之间达成更好的平衡也十分重要。

2011 年以后，环境和技能政策之间协调不力的国家均未系统地处理该问题。有趣的是，这种情况与许多国家为实现可持续发展目标（SDGs）或处理一些问题（如灾害管理）而采取的结构和进程形成了鲜明的对比。我们可以从这些过程中学习经验教训，并将其应用在绿色就业技能开发上。

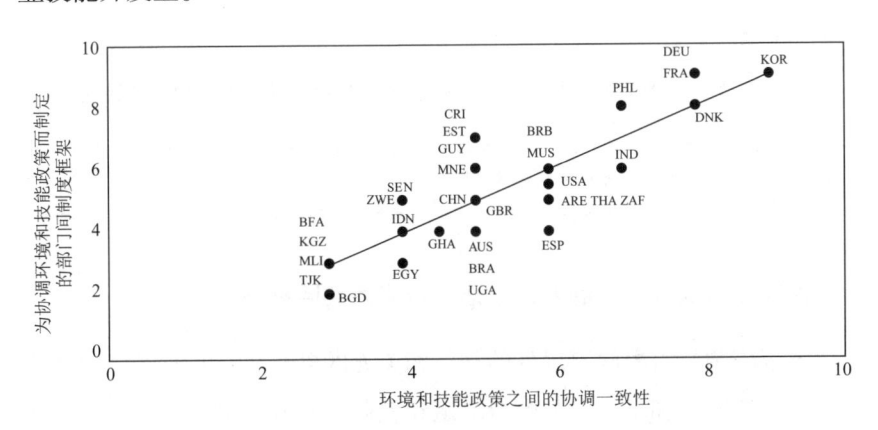

图 ES 10.　部门之间技能政策和环境政策的协调一致性

注：$R^2 = 0.73$。数值越接近 1，变量间的正相关越显著。所有计算所得数值都明显超出零，零代表没有相关性。

资料来源：作者的计算系基于国别报告和专家调查的定性分析。

尽管在高等收入国家中，制度框架的存在促进了政府内部以及与社会伙伴间的协调，但这种制度框架在低等收入国家和许多中等收入国家中却很少见。政策协调差距在国家级绿色就业技能方面十分常见，这种差距有时会由一些部门或国家以下各级政府的政策和规划做出部分调和。那些最直接受到气候变化和环境退化影响的行业（如能源、运输、建筑和废弃物处理），一般都会推出培养绿色就业技能的行业规划。

政策的执行和强化仍然是所有国家面临的最大挑战之一，其中最大的挑战是监督和评价所有国家收入群体的政策执行情况（见图 ES 11）。

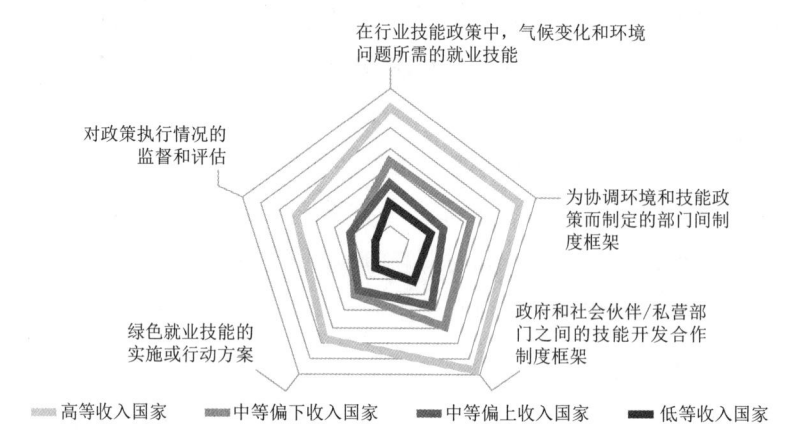

图 ES 11. 按收入水平划分的绿色技能开发政策及绩效的重要影响因素

注：HIC：高等收入国家；LIC：低等收入国家；LMIC：中等偏下收入国家；UMIC：中等偏上收入国家（根据世界银行按收入水平划分的分类）。

资料来源：作者的计算系基于国别报告和一项专家调查的定性分析。

社会伙伴参与决策的体制安排未必能转化为实际参与

政策协调也需要政府以外的利益相关方的参与。让私营经济的利益相关方，即雇主和工人参与政策决定和就业技能开发措施设计过程是相当重要的。这是确保教育和培训所提供的就业技能与劳动力市场需求相匹配的关键。参与程度的不同，部分反映了社会伙伴和其他群体参与拟订和执行政策的一般机制的性质和范围的不同。低等收入国家的社会伙伴组织和机制通常不发达，部分原因是非正规经济的就业占很大份额，另一部分原因是组建工会的自由难以在非正规行业落地，同时也缺乏允许非正式行业建立组织的相关立法规定。不管怎样，雇主和工人参与协调机制的程度越高，环境政策和技能政策的协调一致性就越高。这表明私营经济和工会在向可持续经济转型的过程中起到了重要的作用，特别是在技能政策及其与环境政策的协调方面更是如此（见图 ES 12）。

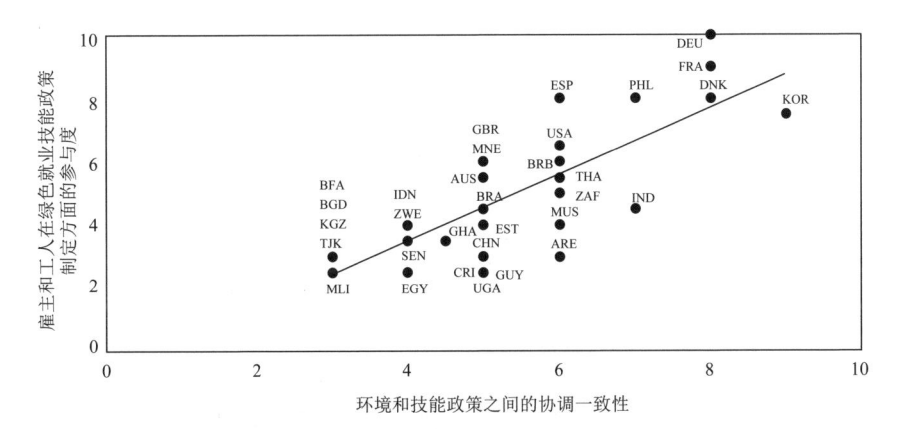

图 ES 12. 雇主和工人技能政策参与度，以及环境和技能政策的协调一致性

注：$R^2 = 0.61$。数值越接近 1，变量间的正相关就越显著。所有计算所得数值都明显超出零，零代表没有相关性。

资料来源：作者的计算系基于国别报告和专家调查的定性分析。

然而，仅仅是建立体制机制并不能确保雇主和工人组织能实际参与绿色就业的技能政策制定。尤其令人担忧的是工会在许多国家的参与度很低（见图 ES 13）：在推动实施公正转型措施和在集体协议中列入培训条款方面，工会的角色不可低估。

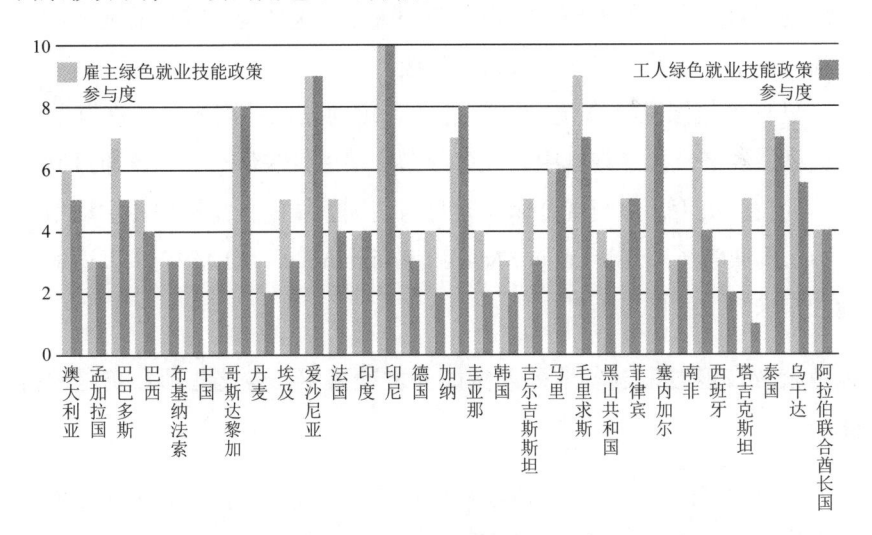

图 ES 13. 雇主和工人在绿色就业技能政策方面的参与度

资料来源：作者的计算系基于国别报告和专家调查的定性分析。

促使社会伙伴更多地参与决策的一个更深层的原因是，雇主、工人组织和部门组织在通过具体培训方案和部门协议提供绿色就业技能方面发挥着关键作用。

除了雇主和工会，还有一系列其他利益相关者也参与到与绿色就业技能相关的活动中，尽管他们并不一定会参与到政策制定中。非政府组织是发展中国家的一个重要行动者，在某些国家它们属于绿色就业培训的主导者。

大部分国家缺乏关于绿色就业技能差距和短缺方面的综合信息

2011年以来，对技能需求的识别和预测已经取得了一定进展，但在提供与绿色就业技能相关的需求和供应的综合信息方面的工作仍然很薄弱。在本报告所涵盖的32个国家中，很少国家建立了专门用于预测和监测环境可持续性经济所需技能的永久性机制。一些国家设立了确定绿色就业技能的专门机构或系统监测机制，如法国的国家绿色经济就业和职业观测站（National Observatory for Jobs and Occupations of the Green Economy）。在根本没有（绿色就业或一般就业）技能需求监测系统的国家（大多数低等收入国家都没有），这种技能需求的确定通常是在有特别需要的时候才会被付诸实施。

只有少数国家有系统、创新且体制化的技能预测机制。在这些国家，私营经济直接参与其中。大多数国家缺乏供求信息，因此通过制定具体的技能政策，适当规范职业教育与培训，调整技能培训和主动型劳动力市场政策［Active Labour Market Programmes（ALMPs）］以适应当前和未来需求就更加困难。

绿色就业技能越来越多地列入技能开发项目中，但这些项目仍是碎片化的

职业教育体系一直在适应不断变化的技能需求，但迄今为止，致力于为绿色就业岗位创造技能的内容还很有限。2011年以后，大多数国家都没有制定过相关的体系，尽管已经有了一些职业技术学院，以及正式或非正式的学徒制项目开展公共或私人的培训课程。职业教育的措施举例详见表格 ES 4。

为了弥补职业教育在技能供应方面的不足，私营部门也开始培训自己所需的技能。事实上，对所有国家来讲，私营部门参与职业教育都是必不可少的，这有助于建立一套能有效地为特定部门和企业输出技能的系统。然而，有证据表明，自 2011 年以来，很少有私营部门系统地参与到长期可持续的绿色就业技能项目中。一些具体的部门或公司方案显示，有些政府正在使用具体的财政激励措施和相关规章制度，来集中解决职业教育和技能开发的绿色转型问题（圭亚那、菲律宾、韩国、美国）。但也有迹象表明，如无激励措施，私营部门将难以独立自发行动。

表 ES 4.　职业教育纳入绿色环保要素的发展措施举例

职业教育发展措施	国家
制定、调整和/或更新国家资格体系中现有资格职业标准，以融入绿色就业技能要素	爱沙尼亚、加纳、印度、印尼、韩国、菲律宾、泰国
在国家或行业技能理事会和教育、研究和发展或技能开发委员会（通常包括专家和其他利益相关方）讨论相关主题。	澳大利亚、韩国、吉尔吉斯斯坦、毛里求斯、黑山共和国、泰国、阿拉伯联合酋长国
调整现有的教育专业和资格和/或开发少数的针对特定行业的新专业。	大多数国家在某种程度上调整了现有的教育专业。虽然新专业不太常见，但在巴巴多斯、德国、吉尔吉斯斯坦、菲律宾和西班牙已经有所发展。
适应职业教育规章。	

资料来源：国别报告《绿色就业技能》，国际劳工组织，2018。

将特定的弱势群体纳入技能开发方案，使绿色转型公正过渡成为可能

尽管许多国家努力将弱势群体纳入其绿色就业技能开发计划，但在大多数国家这些群体的代表人数仍然低于适当比例。2011 年以后，在公共就业服务机构的支持下，主动型劳动力市场政策已经取得了一定的进展。尽管在我们的样本中，大多数国家仍然没有提出针对绿色就业技能的相关措施，但已经提出了一些针对特定群体——青年、老年工人、残障人士、原住民、妇女、农民工、失业人士、非正式工人和生活在农村地区的人的有效项目。其余举措的重点是建立专门的基金项目来培养绿色就业技能，或对失业人员进行再培训，使其能够承担起支持环境可持续性经济的角色。

尽管有迹象表明，职业教育部门正在着力处理职业性别问题，以便吸引更多的女学生参加与科学和技术相关的课程，但大学和职业院校的招生仍然遵循传统的固有的性别观念——技术主导的领域中的男学生人数更多。将妇女纳入具有环境可持续性工作的学徒制培训和技能培训，对于克服劳动力市场的差距以及某些职业的技能短缺至关重要。

雇主和工人组织在决策，甚至在政策执行方面都可以发挥重要作用，以确保公正、包容地过渡到环境可持续性经济，从而使工人得到更高质量的工作，并公开公平地获取相关技能。

各国需要将前瞻性技能战略纳入其气候和环境政策，要保持良好的发展势头

向环境可持续和低碳经济转型将创造大量新的就业岗位，导致部分工作岗位流失，并改变大多数工作岗位的技能构成。技能开发战略需要在支持失业工人的同时，实现绿色转型，并鼓励创造就业机会。《全纳型环境可持续性经济和社会公正转型指南》（ILO，2015）强调了包容性技能开发政策的重要性。技能开发是公正和包容性过渡的重要支柱，但其他措施也同样重要。综合办法还应包括社会对话、主动型劳动力市场政策、社会保护、高效咨询类劳动力市场机构，以提供职业匹配服务和职业咨询服务。

与宏观经济、可持续投资、行业和企业政策（包括知识转移和技术扩散的激励政策）的相互协调，也将在促使开展更加环保和高能效的生产，协调技能的供给与需求的增长，并促进工人在新创建的绿色工作中的有效分配等方面发挥至关重要的作用。国际劳工组织《2004年人力资源开发建议书》（第195号）指出，教育、培训和终身学习至关重要，应成为综合性经济、财政、社会和劳动力市场政策的有机组成部分。技能开发的行动计划必须与重要的气候和环境政策法规，包括"国家自主贡献"文件相协调，以确保技能需求得到满足，气候承诺得到落实。此外，技能政策和培训措施将需要采取长期系统化的举措，促进绿色化技能的开发。

在环境可持续发展的经济环境中创造的新就业机会将需要更高级别的职业资格和新的技能。提高员工的技能和重新培训员工，尤其是那些受转型影响最大的员工，将意味着实施终身学习策略，而不是提前发放满足整个职业生涯需求的资格证书。不只是绿色转型要求现有和潜在的劳动力做出大规模的技能转型。自动化、人口变化、全球贸易和其他大趋势也将产生实质性的影响。变化的多样性将要求劳动者在整个职业生涯中能够做到多次转变。为了实施更绿色的生产和服务，提供技能培训以提高现有工人的环境意识和气候知识十分必要，甚至对那些没有受到工作置换影响的工人开展培训也同样重要。

全球未来工作委员会（Global Commission on the Future of Work）强调了投资人的能力和赋予终身学习普遍权利的重要性（ILO，2019）。同时也强调了有必要加大对劳动力市场机构的投资，以支持人们顺利适应未来工作。终身学习的其他系统要素将需要采用创新和多元化的筹资方式，融合私人和公共捐款，允许个人使用基金并获得对其学习成果的认证。不管其学习成果是否正式获得，均予以考虑。社会对话仍将在提供公正过渡和可持续发展所需的技能学习上扮演重要的角色。

第一章 概 述

一、背景

地球气候和生态系统的变化已经开始对经济和社会产生巨大影响。2008年，国际劳工大会表示，技能①发展应成为应对这些挑战的有效组成部分，并且在2011年由国际劳工组织与欧洲职业培训发展中心合作完成了第一份相关报告：《绿色就业技能：全球视野》（Strietska-Ilina et al.，2011）。该报告以21个国家的调查研究为基础，提供了优质案例，展示了这些国家的绿色经济政策是如何通过技能需求辨识和高效的技能应对策略而得到完善和加强的。这一版报告更新了2011年的调查报告结果。

向环境可持续性转型（"绿色转型"）持续影响着现有行业，这些行业需要技能再培训和技能提升，而且（在很少数的情况下）还需要创造新的绿色职业。新的职业往往出现在更高的技能水平范围，而低等技能水平的职业通常只需要具备更多的环境意识或对工作过程的适应性。

本报告的编撰是基于2017年至2018年期间组织开展的32个国家的调查研究。②其中26个国家由国际劳工组织负责，它们包括：澳大利

---

① "技能"一词作为一个概括性术语，在整个报告中指的是完成特定任务或工作所需的知识、能力和经验。"技能开发"在本文中包括各种形式的人力资源开发：如终身学习，包括初级和继续职业教育，以及全方位学习，包括正规和非正规学习。

② 除非另有说明，本报告所使用的所有与国家有关的资料和案例均来源于国家背景研究，见附录1。国际劳工组织的国别报告全文载于：https://www.ilo.org/skills/projects/WCMS_706847/lang--en/index.htm。欧洲职业培训发展中心的国别报告全文载于：https://www.ilo.org/skills/projects/WCMS_707582/lang--en/index.htm。

亚、孟加拉国、巴西、布基纳法索、巴巴多斯、中国、哥斯达黎加、埃及、印度、印度尼西亚、加纳、圭亚那、韩国、吉尔吉斯斯坦、马里、毛里求斯、黑山共和国、菲律宾、塞内加尔、南非、塔吉克斯坦、泰国、乌干达、阿拉伯联合酋长国、美国和津巴布韦。[1]欧洲职业培训发展中心负责整理和更新了六个欧盟国家的国别报告，这些国家包括：丹麦、爱沙尼亚、法国、德国、西班牙和英国。所有研究工作采用的是相同的研究方法和相同的案例筛选标准，并且都采用了相同的结构框架。除了为本报告提供研究背景材料外，这些国家研究的大部分成果还用于国际劳工组织的首份报告《世界就业和社会展望：绿色就业》（ILO，2018a），该报告分析了体面工作和环境可持续性的趋势，并评估了向低碳、资源高效经济转型对职场的影响。本报告对公正过渡面临的技能挑战和应对战略提供了更细致的见解，并将视野扩大到更广泛的国家和地区。报告中的32个国家总共提供了63%的全球就业机会，65%的全球GDP和63%的二氧化碳排放量。该报告还对两种政策场景下的职业技能需求进行了全球量化展望。

二、不断变化的政策背景

自2011年起，气候变化和环境退化问题得到越来越多的关注，并不断促使全球政策做出更多努力。一些关键的国际政策协定已经达成，其中最显著的成果是2015年通过的《联合国可持续发展目标（2015—2030）》和《巴黎气候变化协定》。2013年第102届国际劳工大会通过了旨在促进体面工作，可持续发展和绿色就业以应对气候变化的决议和一系列结论（ILO，2013a）。2015年，国际劳工组织理事会全体一致通过《为所有人实现环境可持续性的经济和社会转变纲领》（ILO，2015a），其中特别强调技能开发是绿色经济中需要制度关注的关键政

---

[1] 国际劳工组织《为支持津巴布韦青年男女的绿色就业机会而开展的职业技能供求评估》（国际劳工组织，即将于2020年发布）的相关初步评估结果编入了2019年的第32个国家研究报告中。虽然不是以同样的目的和同样的方法进行的，但该评估提供了相关有价值的资料。

策领域。2018年12月在卡托维兹举行的《联合国气候变化框架公约》第24次缔约方会议（COP24）通过的《团结和公正西里西亚过渡宣言》也强调了这一点。①

三、目标

本报告旨在以国别报告为主要资料来源，对32个国家进行定性比较分析，考察培训措施在各国履行《巴黎协定》承诺过程中的作用，并在两种政策场景下量化到2030年可能出现的职业技能需求。

这项全球化的定性和定量调查研究的主要目的是确定：
- 为实现"绿色转型"的就业潜力，需要技能再培训和技能提升培训的规模；
- 为满足绿色转型的技能需求，所需的职业变化以及目前的技能差距和技能短缺；
- 2011年以来，受调查国家在协调各部委之间以及公有制经济和民营经济之间的技能和环境政策事项方面取得的进展。
- 弱势群体适应转型变化的具体需要，以及提高生产力和支持公正转型的有效技能政策措施。

四、方法和局限性

本研究方法旨在查明所研究国家之间的共有模式和差异性，研究考虑了地理区域和收入水平的不同所带来的影响，并借助2011年以来各国在数据分析方面取得的进展（21个国家在2011年和2018年均发布了报告）。

这种比较分析必然存在局限性。不同国家可获得的信息存在很大差异，通常2011年做得很好的研究主题在2018年却没有得到同等程度的

---

① https://cop24.gov.pl/fileadmin/user_upload/Solidarity_and_Just_Transition_Silesia_Declaration_2_.pdf（访问于2019年8月25日）。

（或者根本没有）研究，反之亦然。在比较不同"类型"的国家时，也很难建立一个完善的基础。概括地说，本报告已经能够根据收入水平找到一些国家之间的差异，但通常只针对（较）低收入国家和（较）高收入国家——现有的数据无法支持更详细的分析。在适当情况下，也利用了发达国家和发展中国家之间的区别。报告中除了定性的国家研究之外，还对人才进行了小规模的定性调查，调查结果与现有数据是相关联的。

国际劳工组织（2018年）对两种全球场景（能源转型和循环经济）进行了定量分析，补充了定性的国家研究，该分析主要针对职业和相关技能需求可能受到的影响。

此项分析使用了多地区投入产出模型（EXIOBASE v3）分析了44个国家163个行业之间的交易，以量化向能源可持续性和循环经济转型过程中的职业技能需求。通过对结果进行加权，以反映其他国家的就业构成，可以得出全球场景。国际劳工组织探讨了在2030年前将全球气温上升幅度控制在《巴黎气候变化协定》设定的2℃上限以下可能对就业产生的影响（ILO，2018a）。这是首个分析向低碳和资源节约型经济转型对技能、性别和职业的影响的全球研究。

五、报告结构框架

本报告的结构框架如下：第二章对绿色转型的驱动因素的考察。第三章探讨了为响应绿色议程而采取的技能政策，并考察了环境和技能政策之间的一致性，包括与2011年的结果进行比较。第四章讨论了经济绿色化过程中的就业影响。第五章分析了定性变化和受绿色转型影响最大的各行业的职业差距。第六章量化了在能源转型和循环经济全球场景下，到2030年夕阳产业和朝阳产业就业技能需求所受的影响。本章也对向低碳经济转型过程中，具备最大需求潜力的技术能力和核心能力进行了预测和举例。第七章盘点了为支持绿色转型技能开发而执行的政策工具和实施措施。第八章提出了结论，前瞻性建议以及实用性政策措施建议。

本报告为技能和职业需求的定性和定量分析提供了独到的见解，且审查了既能应对气候变化又能促进环境可持续性公正过渡的良好技能开发实践。

第二章　绿色转型：是什么在驱使就业技能的转变？

促进绿色就业技能增长的相关因素主要有四类：不断变化的环境、政策和法规、绿色技术和创新，以及绿色市场。这些基本上与2011年发现的因素相同，只有一些细微的变化。新的因素几乎没有起到任何重要作用（这些将在本章的结论部分进行简要讨论）。国际议程发挥着更重要的作用；绿色技术持续进步，这与绿色产品和服务消费市场的增长有关（特别是在高等收入国家）；而在低等收入国家尤其明显的是，气候变化脆弱性和适应措施的相关问题变得更加紧迫。

一、不断变化的环境

气候变化的影响范围广且种类多。之前的研究（Strietska-Ilina et al., 2011）指出，气候变化是环境变化的主要影响因素，是绿色就业技能的驱动因素，该研究也涉及气候变异性增加、生物多样性减少的问题，以及对自然资源污染和退化的担忧。环境变化的影响仍然是发展中国家关心的首要问题。

物质环境是经济发展和人民幸福的关键组成部分（Barbier, 2015）。因此，依赖自然资源发展的国家，其中大多数为发展中国家（Narain et al., 2008），尤其容易受到当前和未来气候变化的影响。这一观点在2011年适用，如今依然适用。然而，2018年的国别报告反映了发达国家对环境变化的讨论也有所增加。这可能是由于公众对环境问题有了更多的认识、公众对气候变化和环境退化的科学理解有所提升、环境变化已更加严峻且更容易观测到，以及相关部门对这些问题给予了更多的政策支持和把控。

经济发展依赖开发自然资源的国家由于密集的资源开采和工业加工，正面临日益增加的资源短缺和严重的环境影响的压力。由于过度依赖农业和采掘业，导致森林过度砍伐，湖泊泥沙淤积，有毒污染物和温室气体（GHG）排放缺乏管控，对发展造成的影响尤其严重。这种对经济增长的物质基础（环境本身）的损害正在改变方向，转向"绿色经济"，形成一种更可持续的发展模式，不再依赖有限的资源（如巴西的石油和矿产开采）或造成负面的环境影响（如加纳和塞内加尔的森林砍伐）。对这些不太失体面的发展形式的关注，正在推动对可再生技术的技能需求，以及对服务业（而非工业）的替代就业形式的需求。

气候变化提高了人们对开采自然资源所造成的环境破坏的认知，同时也造成并加剧了环境脆弱性。这些脆弱性可能表现为遭受灾害（如海平面上升、干旱、洪水、热带气旋等），对灾害的敏感性（例如对靠天吃饭的农业经济的依赖）以及对灾害的适应能力（由一系列相互作用的社会、政治和经济关系决定）的形式（Field et al., eds, 2014）。发展中国家尤其容易受到各种形式气候变化的影响，[①] 这或许可以部分说明为何这些影响作为发展中国家绿色就业技能的驱动因素而受到更多关注。这些问题在 2011 年的报告中有所提及。例如，布基纳法索和加纳都注意到经济对农业生产的依赖性，而农业生产本身在很大程度上是依赖降雨量的，而降雨量正变得越来越不稳定且不可预测。

自 2011 年以来，对气候变化影响的担忧加剧，对这一问题更广泛的社会认知以及已经切实可见的负面影响——包括对发展的威胁，都有可能造成社会对气候变化适应性和复原能力的更多关注。要做到适应就需要提高应对气候变化影响的能力，同时还要考虑国家生物物理特征以及造成脆弱性的更广泛的社会经济驱动因素（Noble et al., 2014）。在

---

① 事实上，联合国用来确定"欠发达国家"的指标之一就是应对环境冲击（如自然灾害）的脆弱性。参见：https://www.un.org/development/desa/dpad/least-developed-country-cat-egory.html（访问于 2019 年 8 月 25 日）。

特别容易受到气候变化影响的国家，例如低海岸国家或小岛屿发展中国家（SIDS）（如巴巴多斯、圭亚那、毛里求斯，以及孟加拉国等国家），适应气候变化的紧迫性最为突出。在这些国家，海平面上升、洪水泛滥和频率与强度都在加剧的热带风暴，已经破坏了它们的发展战略，破坏了人民的生计和社区生存环境。虽然发展中国家的气候变化脆弱性更大，但是他们已经意识到，适应气候变化是减少脆弱性的重要手段。发达国家的适应能力已经很高，且完全足以应对当前的影响，因此他们对脆弱性的讨论程度要低得多。

二、政策和法规

政策和法规是治理的重要组成部分，相关政策法规可以支持绿色立法和激励措施的引入，以促进可持续性发展，并推动绿色就业技能的开发。这两者在国家和地方都具有重要意义，并且自 2011 年以来在国际上的地位不断提高。

2011 年针对发达和发展中国家的国别研究指出了政策和法规在减少或预防环境损害以及促进清洁生产方面的重要性，尽管这些国家绿色政策还没有在全球普遍推广。目前这些政策法规主要是国家级的法律法规、目标和激励机制。自 2011 年以来，环境方面的关键国际政策已经出台：其中最值得关注的是《联合国可持续发展目标（2015—2030）》和《联合国气候变化框架公约》第 21 次缔约方会议在 2015 年通过的《巴黎气候变化协定》。《联合国可持续发展目标（2015—2030）》作为解决贫困、不平等、气候和环境问题的蓝图，为国家政策提出了全球性目标和指标。《巴黎协定》提出了将全球平均气温上升幅度限制在 1.5℃ 以内的目标，[1] 并要求每个国家为此提交其"国家自主贡献"文件。[2] 本

---

[1] 政府间气候变化专门委员会在其报告"全球变暖1.5℃"（IPCC，2018）中呼吁将全球变暖幅度控制在高于工业化前水平的1.5℃，而不是2℃。该报告表示，目前全世界处在平均气温变暖1℃的状况中，我们已经看到了其后果是更多的极端天气，升高的海平面和许多其他影响，同时也强调，如果将全球变暖幅度控制在1.5℃以内，将可以避免大量的气候变化危害。

[2] 每一个《巴黎协定》的签署国都提交了其"国家自主贡献"文件，用于帮助各国内部的气候缓解措施与减少温室气体排放的目标达成协调一致。这些都是根据各国国情和能力各自拟定的。

报告涵盖的 32 个国家都签署了该协定——尽管美国总统特朗普在 2017 年宣布了美国退出该协定的意向，并在 2019 年向《联合国气候变化框架公约》发出了正式通知。① 这两项议程都表明，国际上普遍提高了对可持续的全球"绿色化"必要性的认知。从国别报告结果来看，与发达国家相比，这两项议程对发展中国家绿色就业技能方面的推动作用更为突出（见表 2.1）。

表 2.1　各国国别报告中对国际环境协定的引用

国家集团	报告中提及的次数			未提及
	《联合国可持续发展目标（2015—2030）》/《联合国千年发展目标》	《联合国气候变化框架公约》/《巴黎协定》/《联合国气候变化框架公约》第 21 次缔约方会议	国家自主贡献	
低等收入国家	4	2	4	1
中等偏下收入国家	5	4	4	0
中等偏上收入国家	4	6	5	1
高等收入国家	2	3	0	7
合计	16	15	13	9

注：LIC= 低等收入国家；LMIC= 中等偏下收入国家；UMIC= 中等偏上收入国家；HIC= 高等收入国家。MDGs =《联合国千年发展目标》；SDGs =《联合国可持续发展目标（2015—2030）》。UNFCCC =《联合国气候变化框架公约》；COP21 = 第 21 次缔约方会议。按国家划分的数据细目见附录 4。

资料来源：作者基于国别报告《绿色就业技能》的分析（ILO，2018）。

这个结果很有意思，因为它表明国际准则和指标对发展中国家的国家级政策有着重要的影响力。

所有 32 份国别报告都提到了促进可持续性或强调"绿色化"重要性的国家级别的行动计划或政策。在 2018 年的报告中，大多数国家对其绿色政策的讨论比 2011 年的报告更加明确。这并不是说这些政策在 2011 年不存在，而是说这些处理问题的方法在数量、范围和复杂程度上总体有所增加。这在一定程度上可归功于上述国际议程最近占据突出

---

① https://unfccc.int/news/unfccc-statement-on-the-us-decision-to-withdraw-from-paris-agreement（访问于 2019 年 8 月 25 日）。

地位，以及社会对更宽泛的可持续性的认知得到提升。有趣的是，发达国家和发展中国家之间存在着一种差异，这与2011年的一种类似模式相呼应：发达国家倾向于更多地关注对商业和技术的政策激励（西班牙）以及消费者行为（英国），而发展中国家则更强调通过政府进行管理和环境保护的重要性。虽然国家政策在发展中国家是一种驱动力，但并不像在发达国家中那样占据着主导地位。这种差异与发展中国家其他驱动因素的重要性——尤其是不断变化的环境——以及发达国家普遍较强的治理体系有关。发展中国家注意到，有必要加强现有机制，以提高政策的问责性和高效性。作为绿色就业技能的重要推动因素，在这些领域作出行动可能比政策本身更加重要。

认识到有必要促进发展中国家环境法规的有效执行也是2011年的一个主题内容。2018年的报告将执行问题归因于缺乏有效的执行机构（如孟加拉国、马里和乌干达），缺乏有效的框架（如巴西和中国）以及不同行动者之间缺乏协调一致性（如泰国）。虽然存在这些不匹配情况，而且政策还需要在实践中不断完善，但是自2011年以来我们已经取得了一些进展。在考虑后续建议（见第八章）时，不应忘记这一点，因为可持续增长和绿色就业正在不断取得重大进展。例如，在发达国家和发展中国家，政策和法规已经普遍开始寻求对绿色技术和创新的支持和促进。

三、绿色技术和创新

绿色技术包括应用知识、设备和机制、设计和相关技能，以创造对环境影响较小或可用于改善环境的产品或活动。2011年的报告指出，新绿色技术的开发和应用是技能和职业"绿色化"的主要驱动因素之一。发达国家由于具有广泛的资源基础，高水平的教育和财政支持以及完善的研究和开发能力，而处于绿色技术创新和发展的前列。而发展中国家的重点在于获得采用、适应和使用这些技术所需的技能，并将此作为一个起跑点。

自2011年以来，绿色技术发展显著，2018年的国别报告显示，绿色技术的应用已更加多元化。可再生能源技术（如太阳能、风能、水力发电、地热等）表现尤其突出。驱动这一趋势的原因之一是对环境变化的担忧加剧，促使人们应用这些技术来减少温室气体排放。这在发展中国家和发达国家都有发生，尽管原因不尽相同。发展中国家希望降低其应对气候变化的脆弱性（如上所述），而发达国家则希望采用更清洁的生产过程。这类技术背后的另一个驱动因素是对资源稀缺和能源供应安全的忧虑，这正激励着低等收入国家（如埃及、马里、乌干达、津巴布韦）和高等收入国家（如法国、美国和阿拉伯联合酋长国）开发离网型和可再生型替代能源。

尽管现有的和新开发的绿色技术可以单独视为绿色就业技能的驱动因素，但它们与其他驱动因素仍是紧密相连的。例如，某些政策议程已经参与了推进开发绿色技术，将其作为促进绿色增长的一种方式。在英国，2013年的新《能源法案》被誉为绿色经济的主要驱动力。该法案设定了降低碳排放的目标，并鼓励对海上风力发电的投资。乌干达在其"加强人力资源和技能以推进绿色、低排放和气候适应型发展的国家战略（2013—2022）"中也对绿色创新做了类似的政策优先项目，并优化了研究和培训机构，以促进该战略的实施。这种对研究和发展的重视表明，发展中国家正在转变，不再只注重获取现有技术。毛里求斯在"智慧城市"计划（见专栏2.1），和加纳在重点建设恢复气候变化的基础设施中都采取过类似行动。在这两种情况下，绿色创新和设计都正在各国内进行开发中，推动了一系列绿色就业及相关项目技能的发展。

▶ 专栏 2.1

毛里求斯：智慧城市计划

毛里求斯智慧城市计划于2015年启动，是一项旨在建设智能、创新且可持续型城市的经济发展计划。该计划旨在通过推动创新和创造投资机会，增强毛里求斯的环境资产并使其保值，以创造一个具有社会包容性且环境友好的生活、工作和休闲空间。这一雄心勃

> 勃的战略包括创造性的城市规划和技术开发：通过清洁技术、气候变化缓解工具以及低排放和节能型基础设施，形成一个创新的多功能综合体（住宅、商业和娱乐）。智慧城市计划的目标是创造低碳、低水耗和低影响的环境，以符合《联合国可持续发展目标》第11项：建设具有包容性、安全、有复原力和可持续的城市和人类住区。
>
> 资料来源：《毛里求斯绿色就业技能》（ILO，2018）。

2018年和2011年之间的一个关键区别是，对绿色技术的需求不断增加，这种需求不仅来自政府，而且来自发达国家和发展中国家的消费者。这一点凸显了驱动因素之间互相联系的性质，我们将在下一节中进行更详尽的讨论。

四、绿色市场

与2011年一样，在发达国家，绿色市场在创造绿色就业技能需求方面的重要性要大于其在发展中国家的重要性。"绿色市场"被广泛理解为旨在促进和满足绿色技术需求以及执行绿色政策的相关市场机制。绿色产品和服务的市场也受到消费者需求和不断变化的消费者偏好的驱动。绿色市场和服务正在成为转型的关键驱动因素之一，推动着创新和技术驱动的转型。此外，绿色市场所创造的机会有助于绿色经济的发展，以提供绿色产品或服务，快速响应需求（ILO，2016b）。过去，绿色市场的概念与强有力的监管，创造更多的市场机会（例如通过清洁生产和提高能源效率）和消费者的偏好相关联。审查了2018年的国别报告就会发现，其中最后一点对发达国家尤其重要。在这些国家，教育和环境意识的提高反映在社会态度和消费需求的"绿色化"上。爱沙尼亚和中国都采取了进一步的转变。特别是在中国，人们正在探讨"循环经济"①在推动绿色就业技能需求方面的重要性，这些技能包括绿色化思

---

① "循环经济"是一种可持续性的资源使用和消费模式，它支持从提取-制造-使用-废弃模式转向回收、修理、再使用、再制造、租赁和耐用性更长久的模式（ILO，2018）。

维、培训和工作以及技术。

如上所述，目前已经有一些蓬勃发展的市场正在推动绿色技术的发展。例如，消费者对清洁能源（如在美国）、节能住宅（如在澳大利亚）和节水技术的需求日益增加，以应对不断攀升的消费（如在阿拉伯联合酋长国）。这些需求通过培训、技术开发和政策激励，推动了绿色就业技能的发展。

尽管绿色市场在发达国家的影响更加显著，但在这一点上，发达国家和发展中国家之间的差距已不像2011年那么明显，这表明消费需求在各个发展领域都发挥着重要作用。例如在泰国，对更高效和可广泛获得的信息技术（IT）服务的需求推动了绿色就业技能的发展。对此，乌干达也提供了一个非常有趣的案例（见专栏2.2）。绿色市场在发展中国家的重要性逐渐提升，背后的原因可能是总体发展：这些国家自2011年以来的正增长与消费者市场的发展有关，因此可以预测这些国家对绿色技术和产品的需求将会上升。

财政激励是绿色市场良好运转的重要构成部分。中国已经引入了一系列明确与低碳产业发展相关的经济机制，并鼓励私人投资者关注低污染行业。这些经济机制包括绿色产业政策、碳交易机制、绿色金融和信贷、污染物和废弃物交易权以及绿色产品标准。自2011年以来，这些机制覆盖范围不断扩大。有证据表明，在一些发达国家和发展中国家，这些机制得到了越来越多的采纳。

▶ 专栏 2.2

乌干达：发展中的技术和市场

在乌干达，技术的绿化是由相关政策推动的，这些政策利用了不断扩大的劳动年龄人口的市场需求，尤其利用了对可靠且可再生能源发电能力的需求。国别报告认为，这一需求将通过绿色技术的研究和培训来满足。乌干达政府还寻求利用市场激励措施使农业实践更具可持续性和竞争力，这是乌干达"加强人力资源和技能以推

> 进绿色、低排放和气候适应型发展的国家战略（2013—2022年）"的一部分。这种做法明确地将政府政策和战略同以市场为驱动的新举措和人力资源发展联系起来，对于一个发展中国家来说，这无疑是非常先进的。
>
> 资料来源：《乌干达绿色就业技能》（ILO，2018）。

此外，这些激励措施对于补充其他市场机制和支持绿色就业技能的其他驱动因素也非常重要。例如，澳大利亚国别报告指出，仅靠市场的力量可能无法改变澳大利亚人不愿改用电动汽车的心理。为了通过推广使用电动汽车大幅减少温室气体排放，需要采取奖励措施和灵活的规章制度。的确，2011年至2018年期间的一条教训就是，市场往往在很大程度上依赖于政府的支持，可能很难实现"自立"。2012年，西班牙取消了自1994年以来鼓励投资可再生能源的上网电价；2015年，英国政府取消了一系列绿色补贴，包括对陆上风能、生物质能转换和小型太阳能电池板的补贴，以及让所有新住宅实现碳中和的计划。两个国家的这些决定都导致了一定的市场萎缩。相比之下，有机农产品的市场已经在许多欧洲国家发展起来，这一现象展示了消费者购买绿色产品的意愿，即便这些产品会更昂贵。这或许也如本章一开始提到的那样，这是对可持续发展必要性的社会意识提升的标志。

五、结论

绿色就业技能的主要驱动因素与国际劳工组织在2011年报告中确定的因素相同：不断变化的环境、政策和法规、绿色技术和创新以及绿色市场。然而，这些驱动因素的相对重要性已经发生了变化，并且出现了一些新的主题。例如，在一些国家（如巴西、圭亚那和印度），劳工移民正在鼓励发展绿色就业技能，以支持较贫困人口群体的流动。自2011年以来，数字化已经成为全球的一个重要趋势。2018年的一些国别报告（加纳、韩国、毛里求斯、菲律宾和塔吉克斯坦）就提到了这一点，指出有必要在绿色经济中继续推进信息和通信技术服务，并在该领域发展绿色技能，以促进可持续发展。

自2011年的报告出版以来，值得注意的变化包括：对气候变化脆弱性和适应措施问题的关注（特别是在低等收入国家）有所增加；通过《联合国可持续发展目标》和《巴黎协定》实现了绿色和环境政策的国际化，并且这些国际环境政策已经成为国家政策的推动力；绿色技术发展和可及性的优化；以及消费者对更环保或绿色产品日益增长的需求。重要的是，这些驱动因素并不是孤立地行动，而是形成了一个具备各种动态相关因素的综合网络，激励着绿色就业技能的发展。

之前的报告指出了发达国家和发展中国家驱动因素的区别。在发达国家，市场力量占主导地位，而对发展中国家来说，环境变化和政策法规占主导。尽管不同驱动因素的相对重要性仍存在差异——发展中国家的环境变化的驱动力仍然更突出，而在较发达国家，政策法规的驱动力则显得更为突出——但真实情况可能要复杂得多。监管和治理——尤其是在国际舞台上——在发达国家和发展中国家都发挥着一定的作用，绿色技术和创新也是如此。有迹象表明，绿色市场在发展中国家发挥的作用越来越显著。

在分析2018年国别报告时发现了一个主题：社会对气候变化和可持续性问题的认知和关注有所增强。虽然这一现象的原因很难精确说明，且很可能涉及复杂的多种因素，但是毫无疑问的是，政府、民间团体和社会本身正在转向更高层次的"绿色意识"和对更环保行为的需要（Oktay，2012）。举例来说，自2011年以来，气候变化的影响已得到了更深入的理解，成为人们日常谈话的一部分，而且越来越多的行动者切实体验到了气候变化的危害。虽然现在还不清楚人们对可持续性日益增强的关注是否在很大程度上是漫无边际的，或者是否产生了具体的行动，但这一普遍的转变对公共领域的"绿化"问题来讲是具有积极意义的，它为这里讨论的驱动因素提供了重要的背景。

第三章 重要的挑战：政策环境

政府政策在实现绿色转型过程中发挥了重要作用。所有国家都精心制定了一系列环境政策，这是 2011 年后出现的积极现象，然而对于绿色就业的技能，仍然缺乏全面系统的落实方案。一些国家仍处于应对技能挑战的早期阶段，且缺乏有效的相关政策。其他国家或者利用现有政策和程序来应对绿色就业技能需求，或者采用旨在满足这一需求的专项政策、战略和计划。两种情况下，相关政策和计划通常都是由地方政府和各行业零零碎碎地制定起来的。2011 年以后，很多发展中国家已取得了显著进展，但仍需继续努力，尤其在政策落实方面。在一些政策较完善的发达国家，进展也是参差不齐的，有些国家甚至还倒行逆施，撤销了相关政策。政策协调不足，政策落实薄弱仍是各国常态，几乎所有环节都有待完善。各国在政策发展和落实上普遍采取了让社会伙伴和民间团体参与进来的做法。社会伙伴促进了绿色就业政策的成功案例明显增多，但仍然需进一步努力。

一、经济绿色化的愿景和战略

1. 绿色转型的政策、战略和规划的性质

所有国家都已具备一系列应对环境可持续和气候变化的政策，这些政策构建了对能力发展、职业和技能进行考量的总体框架。有些国家早在 2011 年就已经完善了这样的总体框架，而其他国家或者是在 2011 年之后才完成这一框架，或者是在 2011 年以后才使其保障范围更加全面。

《联合国气候变化框架公约》第 21 次缔约方会议和会议促成的《国家自主贡献》文件，（如第二章"二、政策和法规"所述）在制定总体框架的过程中发挥了重要的激励作用，第三章"5. 技能开发举措在'国家自主贡献'中的作用"对此又做了进一步探讨。

中国所采用的相关政策具有很好的代表性（见专栏 3.1）。在中国，这样的政策框架发展成了一个让更多雄心勃勃的规划得以构建的平台：在这个框架内，该国已经部署了大量广泛的政策工具，包括环境信贷制度和财政政策，以指导或调整采矿、生产和流通或消费过程中的经济活动。

▶ 专栏 3.1

2011 年以来绿色政策和措施的演变：以中国为例

除了 2005 年颁布的《可再生能源法》，在第十一个五年规划（2006–2010）[the 11th Five-Year Plan（2006–2010）]期间，中国政府颁布了一系列与绿色转型相关的规划、法规和政策，包括《国家环境保护"十一五"规划》(the National Environmental Protection 11th Five-Year Plan)，《林业发展"十一五"和中长期规划》(the Forestry Development 11th Five-Year)，《节约能源法》(the Energy Conservation Law)，《清洁生产审核暂行办法》(the Clean Production Audit Interim Measures) 和《清洁生产促进法》(the Clean Production Promotion Law)。在接下来的两个五年规划（2011–2020）中，中国也强调了绿色增长，并且扩大了绿色发展的保障范围。虽然没有明确标明为"绿色经济"政策，但这些规划在宏观层面上对中国的绿色转型确实起到了重要的指导作用。2014 年，中国通过了《环境保护法修正案》(the Clean Production Audit Interim Measures)，更新了 1989 年的版本，对企业提出了更加严格的要求，加大了处罚力度，同时也给相关行业和企业提供了潜在的激励机制。2015 年，中国正式通过《生态文明体制改革总体方案》(the Integrated Reform Plan for Promoting Ecological Civilization)，提出

> 全面改革自然资源利用方式和进行污染防治的总体方案。2011年至2015年期间，在这一发展政策领域颁布的公文数量达到了167条，远多于2000年至2010年期间的116条，其中与环境财政措施、绿色价格以及生态补偿有关的政策数量增长最为明显。中国还在一些省市开展了低碳试点项目，其中包括碳排放交易。
>
> 资料来源：《中国绿色就业技能》（ILO，2018）。

2011年以后，大部分国家在一般环境政策方面持续向前迈进。与此同时，很多国家在政策和法规的落实方面也面临着挑战。环境法规的执行不力依旧是一些国家的痛点，特别是这些法规可能对其既定行业构成挑战的国家，例如，加纳，那里非法采矿（也称为"淘金者"）猖獗一时；或者在环境压力和缺乏其他生计来源迫使人们继续从事危害环境的活动的地方，例如马里，那里的人为生产木炭而砍伐森林。这些问题破坏了促进经济绿色化所做的努力。缺乏制定、通过、评估并有效落实旨在应对气候变化的政策法规的相关机制是一个关键的瓶颈问题，尤其是对一些发展中经济体和新兴经济体来说。

在巴西，严重的经济衰退和不断上升的财政赤字（20世纪30年代以来情况最严重的一次）阻碍了绿色就业在2011年的基础之上更进一步，同时巴西的经济"重启"也给环境带来了新的压力。此外，大规模的公共开支削减也减少了对绿色就业技能和培训的投资。近年来，巴西政府政策重点的改变破坏了正在实施的环境政策和相关社会政策自20世纪以来已经取得的许多成果。

旨在保护环境的政策和战略通常会涉及一些经济因素，并且可能会推出一些奖惩措施，比方说建立针对环境不友好活动的处罚措施或针对绿色化活动的奖励措施。专门针对绿色经济的战略和政策通常都是随着通用的环境法规的出台而产生，并在之后才发展起来的，塞内加尔就是如此（专栏3.2）。正是由于这一"滞后"，绿色经济政策获得了充分的发展时间。例如，在黑山共和国，由于存在可持续发展的综合政策框架，针对绿色经济的政策发展一直相对温和。

> **专栏 3.2**
>
> **发展规划与绿色经济之间的关系：以塞内加尔为例**
>
> "塞内加尔应急预案"于 2014 年审议通过，是其国家经济和社会政策的重点参考文件。这一预案提出了为期 20 年（到 2035 年）的长期愿景，为 2014 年至 2023 年制订了十年战略规划，并为 2014 年至 2018 年制订了五年"优先行动规划"。促进绿色经济和为绿色就业发展筹集资金是环境政策领域明确提出的目标。除了《国家可持续发展战略》，塞内加尔还颁布了《国家促进绿色就业战略（2015—2020）》。
>
> 资料来源：《塞内加尔绿色就业技能》（ILO，2018）。

2. 环境可持续性和绿色就业在政策层面所需的技能

如上所述，所有国家都已具备一系列应对环境可持续和气候变化的政策，这些政策构建了对能力发展、职业和技能进行考量的总体框架。对于如何将这些环境政策落实于行动，以及如何有效地将之与就业和技能政策联系在一起，各国差别很大。国别报告与环境绩效指数数据的相关性表明，从政策角度看，各国处理绿色就业技能和培训的模式可分为四种类型（见图 3.1）。只有少数欧洲国家（图右上方的丹麦、法国、德国和西班牙）在良好的环境绩效和强有力的、全面的、协调的技能政策方面表现俱佳。另一组（左上）主要由高等收入国家和中等收入国家组成，它们在环境政策方面很强，但在技能政策方面较弱。第三组中等收入国家（右下）在技能政策方面表现强劲，但在环境政策方面表现不佳。最后是一大批低等收入国家（左下），它们在政策层面仍处于处理环境和技能问题的早期阶段。

在表现最突出的这些国家中，各国在如何加强其技术政策以支持环境可持续性和绿色就业上也存在很大的差异。例如法国在这一领域的体系就十分健全，建立了专门的相关机构和政策（见专栏 3.6），而其他国家往往还在采用国家或行业的主流决策程序以及相关的规划和战略。这种处理方式在发达国家十分常见（参见 Cedefop，2019）。丹麦提供的例子也许是最极端的，这个国家现有的政策、规划和程序已经相当完善且足够灵活，完全足以应对绿色就业的到来——例如，新的技能可以很容易地被纳入现有的职业培训项目和课程——因此，没有必要专门制定任何与绿色就业技能相关的国家举措。

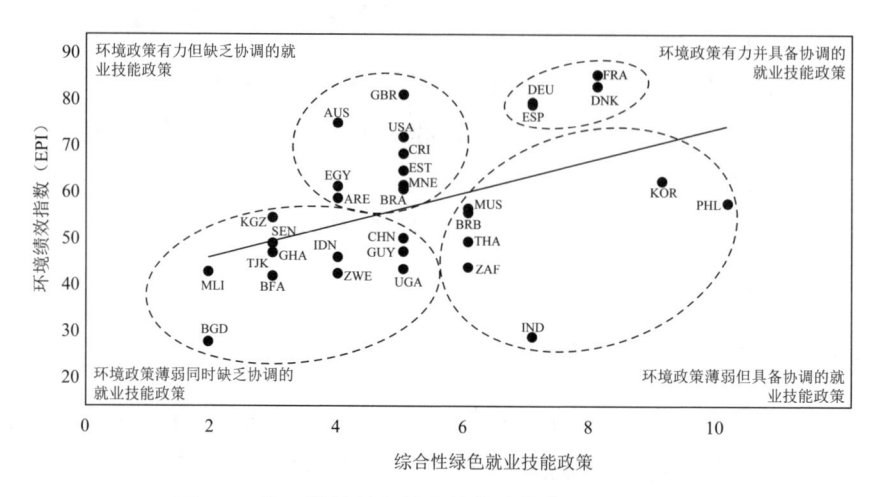

图 3.1　按环境绩效和就业技能政策表现的国家分组

注：Y 轴：环境绩效指数采用距离–目标法进行指标构建，该方法将每个国家相对于目标的最差表现和最佳表现分别定为 0 分和 100 分。X 轴：对绿色综合技能政策的状态按 0—10 个等级进行评估。

国家代码如下：澳大利亚（AUS），孟加拉国（BGD），巴巴多斯（BRB），巴西（BRA），布基纳法索（BFA），中国（CHN），哥斯达黎加（CRI），丹麦（DNK），埃及（EGY），爱沙尼亚（EST），法国（FRA），德国（DEU），加纳（GHA），圭亚那（GUY），印度（IND），印尼（IDN），韩国（KOR），吉尔吉斯斯坦（KGZ），马里（MLI），毛里求斯（MUS），黑山（MNE），菲律宾（PHL），塞内加尔（SEN），南非（ZAF），西班牙（ESP），塔吉克斯坦（TJK），泰国（THA），乌干达（UGA），阿拉伯联合酋长国（ARE），英国（GBR），美国（USA）和津巴布韦（ZWE）。

资料来源：作者基于文德林等研究成果的计算，《国别报告和一项专家调查的定性分析》（2018 年）。

许多国家已经就绿色就业技能和培训制定了国家政策和规划。这种做法在发展中国家（例如圭亚那、印度、菲律宾、塞内加尔和乌干达）似乎越来越普遍，或许是因为（如第二章所述）它们比发达国家更直接更严重地受到了气候变化和环境退化的影响,也可能是因为它们大多都缺乏制定和落实国家政策的有效的主流机制,并且发现了在已经启动的发展进程中增加绿色化维度的机会。菲律宾提供了同时建立绿色就业政策法规框架和相关的人力资源发展规划的特别案例,详见专栏3.3。

尽管2011年以后大部分发展中国家均已在绿色就业方面有所进展(深入探讨详见下文),但其国家政策蓝图对绿色就业技能明显着墨不多。这对于那些低等收入国家(如孟加拉国、马里和塔吉克斯坦)来说更是如此。尽管津巴布韦颁布了关于将气候变化纳入教育的实质性政策指示,但是该国实际的落实行动仍然非常零散,提供的职业教育课程也非常之少。

▶ 专栏3.3

为绿色就业技能和培训提供法律框架:菲律宾《绿色就业法案》和《国家绿色就业人力资源发展规划》

菲律宾于2016年通过了《绿色就业法案》,这是该国历史上第一部专门为创造、支持和激励"绿色就业"而制定的法律,目的是发展环境友好型经济。在这部法案之前,该国还没有任何与绿色就业相关的法律概念。此法案明确定义了绿色就业的意义,并且整合了多方面的政策观点。它要求教育部和高等教育委员会制定和落实支持绿色经济所需技能和知识的课程,从而推进对绿色就业的培训。技术教育和技能开发管理局(Technical Education and Skills Development Authority)和专业监管委员会分别负责制定培训规则和资格框架,以推进对具有专业技能的绿色工作人员的认证工作。它要求各政府部门,包括劳动和就业部门,贸易和工业部门以及旅游部门,在其各自部门内部促进绿色就业。《绿色就业法案》还引入了一系列新的财政激励措施,以鼓励企业创造更多的绿色就业岗位和提供更多的培训。此外,根据该法案,劳动和就业部的任务是与其他政府机构协同合作,制定一份《国家绿色就业人力资源发展规划》。目前正在制定的这份规划将结合国际公正过渡体制，并包括教育和技能开发、劳动力市场干预、社会保护、企业发展、社会对话、政策协调和融资等方面的举措。

资料来源：《菲律宾绿色就业技能》（ILO，2018）。

虽然许多中等偏上收入国家和高等收入国家在环境绩效和相关政策方面表现良好，但是它们或者没有做到将其与培训和其他社会政策有效地结合（如澳大利亚、英国、美国），或者选择不这样做，是依靠市场来解决供需矛盾。例如，黑山共和国在其职业教育系统内将绿色就业技能作为一个整合议题纳入所有技能开发方案的通用政策中。虽然这一举措提升了其社会对气候变化和可持续发展的认知，但是具体到针对绿色就业技能的实质发展上还仅仅局限在零散的行动。该国缺乏针对绿色就业技能的专门政策或规划。

3. 在部门、地方和项目各级采取政策行动

无论应用于上述宽泛的场景中的哪一种，有关绿色就业技能的政策和规划通常都会被纳入行业、地方或项目各级实施的现有的决策过程和规划中。经济和就业政策往往具备行业性或地方性的内容，这为其被纳入绿色化因素提供了便利的手段。在行业、地方和项目各级纳入绿色就业技能的行动可以视作国家政策的一部分，也可以独立进行以响应行业/地方/当地的需求，或者兼而有之。有时这一级别的行动实际上填补了国家级的政策空白。

菲律宾就曾把部门行动作为国家政策的组成部分来实施。2016年，该国通过了"工业绿色化路线图"，将绿色经济发展整合进了其国家工业部门的政策。韩国则采取了地方一级行动，在其国家绿色政策背景下，该国16个地方政府制定了各自的绿色发展规划并建立了地方绿色发展委员会（见专栏3.6）。在实行联邦制政府体制的阿拉伯联合酋长国，各酋长国正在独立推行区域一级的绿色化政策。在这项政策方面，迪拜率先行动，阿布扎比紧随其后。在国家以下各级采取行动的国家还

有澳大利亚和美国。由于这两个国家在绿色议题上的领导地位已经动摇，它们在国家政策上的缺口正在州政府一级得到弥补。在澳大利亚，一些州政府（如昆士兰、南澳大利亚、维多利亚州）已经开始采取行动，制定它们自己的减排目标，同时还有一些市议会也采用了控制排放的相关战略。有关美国州一级政府采取干预措施的案例如专栏3.4所述。

在一些国家，通常是中等偏下收入国家和低等收入国家，州政府或者国际机构在其项目和规划的筹资上发挥了重要作用。在黑山共和国，大多数绿色就业技能的发展是在国际组织资助的项目内进行的。在孟加拉国，主要是国际发展援助推动了绿色就业技能的培训。

在缺乏全面系统的绿色就业技能国家政策（这意味着在大多数国家）的国家，总体情况是该国对绿色职业和相关培训需求的考虑是零散的、特别的。国家政策出现问题的主要原因是缺乏政府的协调（见第三章"二、政策协调"）以及劳动力市场的数据缺乏和能力不足（技术上和财政上），后者的问题要归咎于技能预测系统开发不充分。

▶ 专栏3.4

美国的州级政策行动：以加利福尼亚州为例

在美国，州级的政策行动一直是清洁能源政策的重要推动力，随着联邦政府对清洁能源和应对气候变化政策的缩减，州级的政策行动可能会变得更加重要。长期以来，在环境政策和在清洁能源经济领域创造就业机会方面，加利福尼亚州一直是领导者。该州有雄心勃勃的气候和能源目标，包括一项可再生电力标准以及《百万太阳能屋顶计划》，前者要求2020年33%的电力消耗来自风能、太阳能和地热能，后者要求该州的一百万屋顶安装太阳能电池板。

2013年通过的《加州清洁能源就业法案》（California Clean Energy Jobs Act），即39号提案（Proposition 39 or Prop 39），为清洁能源创业基金（Clean Energy Job Creation Fund）提供了五年资金支持[a]，每年为能源效率和可再生能源投资约5.5亿美元。加州39

号提案为建筑行业创造了大量的需求，为了确保创造高质量的工作岗位，对雇用三到五年国家认证学徒制计划毕业生的企业给予补贴。该学徒制计划由雇主和工人资助。决定就业质量的一个重要因素是让工会参与制定法规和协调战略实施。该法规对采用美国劳工部标准的准学徒制计划也做了详细阐述。39号提案进而认识到很多学校的清洁工人和其他维修工人只需要一些渐进式的培训，即可维护和使用更高效的能源系统。

[a] 该计划的一部分将持续进行到2020年中期。

资料来源：《美国绿色就业技能》（ILO, forthcoming 2019）。

4. 2011年以后的发展

如上所述，2011年以后各国普遍在绿色政策上取得了一定的进展。那些已经制定了全面政策来实施环境和技能议程的高等收入国家，已经获得了更好的环境绩效作为政策回报。与此同时，许多高等收入国家也出现了政策的调整和撤销，这显示了其政策制定和实施的脆弱性和非线性，这些国家也因此失去了全面的技能政策优势。另一方面，在低等收入国家和中等收入国家，尽管由于依赖资源利用的经济增长模式持续存在，许多国家制定的环境政策和法规也早已沦为一张废纸，环境状况进一步恶化，但是为实现绿色转型而制定的综合就业技能政策却取得了进展——一部分原因是这些国家认识到了改善环境绩效的必要性，另一部分原因是其认识到了人力资本是经济发展和繁荣的主要驱动力（见图3.2）。

之前的报告（Strietska-Ilina et al., 2011, pp. 32–41, 57）指出，孟加拉国、马里和乌干达这三个低等收入国家的绿色政策和法规都相当落后。那时，这些国家还没有为实现绿色经济而制定完善的环境保护或技能开发政策。目前，这三个国家都已经取得了长足的进步。

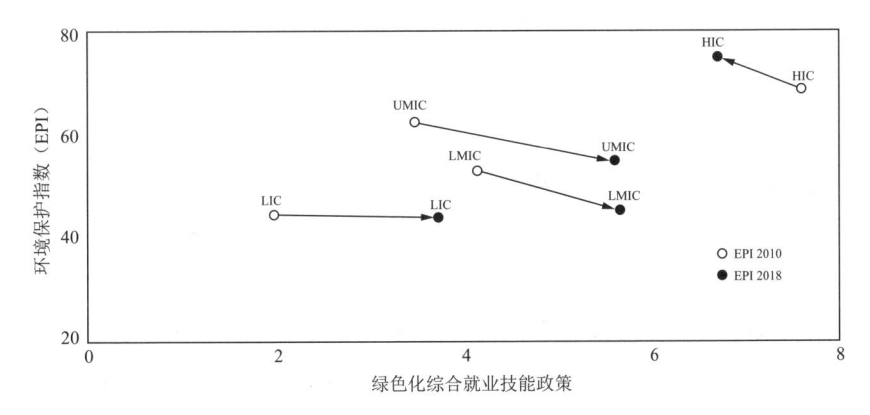

图 3.2　2010 年和 2018 年按收入水平评定各国在环境政策和综合就业技能政策方面的进展

注：HIC：高等收入国家；LIC：低等收入国家；LMIC：中等偏下收入国家；UMIC：中等偏上收入国家（基于世界银行的划分方法）。Y 轴：环境绩效指数采用距离——目标法进行指标构建，该方法将每个国家相对于目标的最差表现和最佳表现分别设定为 0 分和 100 分。X 轴：将绿色综合技能政策的状态按 0—10 个等级进行评估。

资料来源：文德林等研究成果，2018 年；艾默生等研究成果，2010 年；国别报告和专家调查的定性分析（2010 年和 2018 年两轮调查研究）。

乌干达已在绿色经济政策方面采取了大多数措施（其取得的进展详情见附录 8）。然而，在这三个案例中，与绿色经济最密切相关的政策都是最近才出台的，其实际落实情况如何仍未可知。孟加拉国和马里在绿色经济技能和培训方面仍然缺乏国家战略。

根据 2011 年的报告，中国和南非虽然内部有健全和全面的环境政策，但在促进绿色经济的技能开发政策方面仍存在不足。尽管两个国家的绿色经济在当前政策中地位更突出了，但其技能方面的开发仍较为有限。

2011 年，一些发展中国家在加强其政策基础建设方面进展明显。例如，菲律宾分别在 2010 年和 2013 年通过了有机农业和生态旅游的相关法律和战略，并在 2016 年采取了更广泛的举措：推行了"工业绿色化路线图"并颁布了《绿色就业法案》，目前正在根据该法案制定《绿色就业人力资源发展规划》（见专栏 3.3）。印度也加强了其政策框架：2010 年以后，该国一直鼓励以绿色行动为重点的私营小企业的发展，并于 2015 年成立了"国家绿色就业技能委员会"。

2011 年，所有具备完善的政策框架的国家都是经济发达的高等收入国家。法国在政策方面仍处于领先地位，它有良好的环境政策框架和全面的绿色技能政策，且覆盖了一些其他发达国家忽视了的行业，如农业等。然而，一些在 2011 年制定了完善政策框架的国家（澳大利亚、韩国、英国和美国）自那时起的进展情况有所不同，其有些政策发生了变化或被撤销。在澳大利亚，国家级的气候政策自 2009 年以来经历了国别报告所称的"痛苦和棘手的辩论"，这导致了其透明度和确定性的丧失，影响了对可再生能源和新能源发电能力的投资。在现实中，就是其可再生能源行业的就业人数从 2014/2015 财政年度的 13 000 人下降至下一财政年度的 11 150 人。人们将这一下降归因于"政策混乱"。韩国政府 2011 年以来一直关注绿色增长及其相关进展（尤其是在 2009 年推行的《绿色新政》框架内），但在 2013 年转而关注创造性经济领域，并将重点转向市场驱动的绿色技术融合。英国在 2011 年后，取消绿色补贴，同时取消的还有让所有新住宅实现碳中和的计划，这对相关产业（如国内太阳能发电）造成了负面的影响。在美国，从《巴黎协定》退出的决定预计会对其绿色产业和绿色就业产生连带影响。

从积极的角度看，所有这些国家在地方一级（州、区域和当地市政府，如韩国的首尔市）的行动举措都在一定程度上弥补了国家/联邦政府一级的这些政策变动所造成的政策缺陷。然而，正如韩国国别报告所指出的，当绿色政策严重依赖中央政府时，它们的可持续性将面临风险。

5. 技能开发举措在"国家自主贡献"中的作用

2015 年 12 月，《联合国气候变化框架公约》的缔约方达成了突破性的协定，通过加快落实行动和增加对低碳未来的投资来应对气候变化（见第二章"二、政策和法规"）。《巴黎协定》于 2016 年 11 月 4 日开始生效，截至本文撰写时，197 个缔约方中已有 185 个批准了该协定。[①]

---

① 网址：https://unfccc.int/process/the-paris-agreement/status-of-ratification（访问于 2019 年 8 月 25 日）。

这项历史性协定的第 4 条，第 2 款要求各国以"国家自主贡献"的形式，编制并通报它打算实现的下一次国家自主贡献。① "国家自主贡献"是一种规划机制，旨在通过对目标经济行业采取适应和减缓措施，加大国家对气候变化及其影响的应对力度。到目前为止，已有 183 个国家提交了它们的"国家自主贡献"文件。②

"国家自主贡献"文件中关于重点优先行业的表述反映了国家对落实具体措施的承诺，并可能在这些行业产生对绿色技能的需求。在本报告所调研的 32 个国家的"国家自主贡献"文件中，能源行业在所有国家中都被列为重点优先行业，其中大部分国家采取的是减缓措施（见图 3.3）。发达国家和发展中国家也常将农业划为重点优先行业，其次是工业（更多在高等收入国家）和废弃物处理（多与中等偏下收入国家有关）。其他在"国家自主贡献"文件中被标注的重点行业还包括交通运输业、旅游业和渔业。

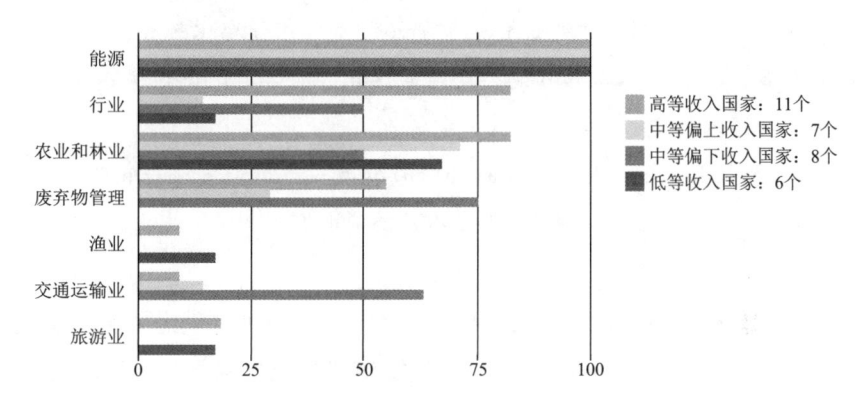

图 3.3 按照收入水平划分的 32 个样本国家的"国家自主贡献"给予目标经济行业的相对优先程度

注：HIC：高等收入国家；UMIC：中等偏上收入国家；LMIC：中等偏下收入国家；LIC：低等收入国家（基于世界银行依据收入水平的划分方法）。

资料来源：从联合国气候变化框架公约注册中心的"国家自主贡献"文件计算所得的数据，网址：https://www4.unfccc.int/sites/ndcstaging/Pages/Home.aspx（访问于 2019 年 8 月 25 日）。

---

① 当某个国家批准了《巴黎协定》时，该国的"拟国家自主贡献"（INDC）将自动转换为"国家自主贡献"。

② 截至 2019 年 4 月 3 日：见联合国气候变化框架公约"国家自主贡献"文件注册中心，网址：https://www4.unfccc.int/sites/ndcstaging/Pages/Home.aspx（访问于 2019 年 8 月 25 日）。

> **专栏 3.5**
>
> **《巴黎协定》下的培训和能力开发举措**
>
> 第 6 条，第 8 款："缔约方认识到，在可持续发展和消除贫困方面，必须以协调和有效的方式向缔约方提供综合、整体和平衡的非市场方法，其中包括减缓、适应、融资、技术转让和能力建设等适当方法。"
>
> 第 11 条，第 1 款："本协定下的能力建设应当加强发展中国家缔约方的能力，特别是能力最弱的国家，如最不发达国家，以及对气候变化不利影响特别脆弱的国家，如小岛屿发展中国家等，以便采取有效的气候变化行动，其中主要包括执行适应和减缓行动，促进技术开发、推广和部署，协助获得气候资金，加强教育、培训和公共宣传，以及实现透明、及时和准确的信息通报。"
>
> 第 12 条："缔约方应合作采取措施，加强气候变化教育、培训、公共宣传、公众参与并方便公众获取信息，同时也认识到这些步骤对于加强本协定下的行动的重要性。"
>
> 资料来源：https://unfccc.int/files/meetings/paris_nov_2015/application/pdf/paris_agreement_english_.pdf（访问于 2019 年 8 月 25 日）。

要将目标经济行业的所有这些计划投资变为现实，就需要实施相关的技能培训。教育和培训措施是有效实施"国家自主贡献"的关键因素。能力建设和气候变化教育作为指导原则（《联合国气候变化框架公约》第 6 条）和《巴黎协定》的核心（第 6 条、第 11 条和第 12 条：见专栏 3.5）自 1992 年以来一直得到积极推广。

因此，一个有效的"国家自主贡献"需要在国家和行业层面整合气候变化知识、技能培训和能力建设。大致查看一下"国家自主贡献浏览器"提供的 169 份"国家自主贡献"文件，便可以发现大约五分之四的国家在其文件中提及了技能和培训相关内容：116 个国家提到了能力建设，65 个国家提到了培训，94 个国家提到了气候教育，以单独或同时促进适应或减缓措施（见图 3.4）。

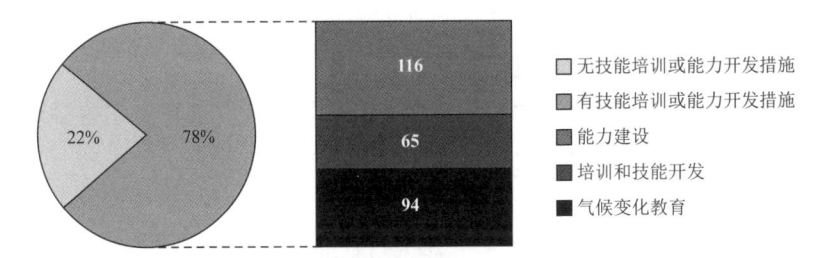

图 3.4　在"国家自主贡献"文件中提及能力开发和技能培训的国家的比例，以及具体的措施类型

注：可在"国家自主贡献"浏览器中获取 169 个"国家自主贡献"文件。饼状图显示的是所占比例的百分比；柱状图显示了包含能力发展、教育和技能培训措施的"国家自主贡献"的数量。这些措施的类型并不相互排斥。

资料来源：数据计算自"国家自主贡献"资源管理器，2019 年 1 月。网址：https：//klimalog.die gdi.de/ndc（访问于 2019 年 8 月 25 日）。

本报告所调研的 32 个国家的"国家自主贡献"分布图显示，近四分之三的国家在"国家自主贡献"文件中包含了某种培训或能力建设措施，作为其国家对气候行动和行业规划承诺的组成部分（图 3.5）。能力建设是最普遍的措施，但只有少数国家明确提到对应的具体行业。32 个国家中有 13 个提到了技能开发和培训，其中明确提到的有埃及的

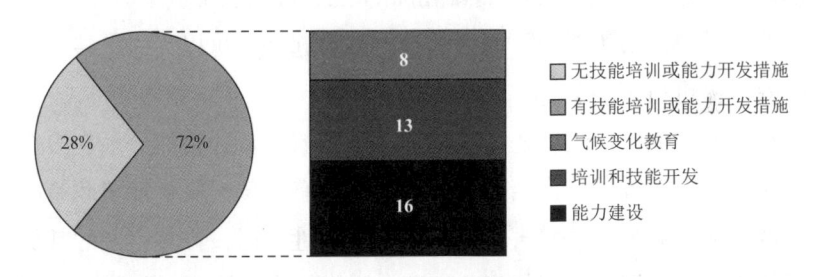

图 3.5　在 32 个接受调研的国家的"国家自主贡献"文件中，提及能力开发和技能培训的国家的比例，以及具体的措施类型

注：32 个样本国家的"国家自主贡献"文件饼状图显示的是所占比例的百分比；柱状图显示了包含能力开发、教育和技能培训措施的"国家自主贡献"的数量。这些措施的类型并不相互排斥。

资料来源：由联合国气候变化框架公约注册中心的"国家自主贡献"文件计算所得的数据，网址：https：//www4.unfccc.int/sites/ndcstaging/Pages/Home.aspx（访问于 2019 年 1 月）；英国方面资料来源：气候变化委员会，2016 年。

"青年就业所需技能",加纳和英国的"科技部署的技能提升举措"以及巴巴多斯和印度的"重点优先行业的技能开发"。其中八个国家强调了气候变化教育和提高环境意识。

只有少数国家明确了部门技能需求的应对方式,或提及了系统的国家技能政策和方案,以便将绿色化融入其"国家自主贡献"文件。

二、政策协调

1. 国家级的政策协调[①]

2011年,政府部门之间以及政府与其他利益相关方,特别是社会伙伴之间的政策协调不力被认定为制约绿色就业技能政策有效性的一个重要因素。这种协调的不足与一个国家的发展水平密切相关,尤其是与该国的"制度成熟度以及包含社会伙伴在内的关键参与者的决策能力"水平相关(Strietska-Ilina et al.,2011,p. 163)。除了改善国家级的政策一致性外,行业和地方一级的权力下放举措被认为有潜力将政策的协调一致性落地实施。事实上,这种政策协调有可能发展成为"系统和全面的政策制定和落实"(Strietska-Ilina et al.,2011,p. 164)。因此,将自上而下的协调决策与自下而上的举措结合起来,可以为绿色转型提供更有效、更可持续的支持。

在政府层面,绿色就业技能相关政策领域的责任仍然分散在多个部门,所有参与研究的国家情况都是如此。当有些部门负责环境政策的相关议题(如气候变化、灾害防控和生物多样性)时,许多不同的其他行业可能就会负责绿色转型的相关问题,例如经济、就业/劳动力、农业、能源、工业和贸易。负责教育和培训的部门往往很少参与其中。这种情况可能会导致印度尼西亚那样的后果,在印度尼西亚,其能源和矿产资源部门已经出台了相关法规,服务于能源经理和能源审计这两种职业角

[①] 应当指出的是,在一些国家,绿色政策的主要责任可能在国家之下一级,例如在地区级。

色，但是此外便再也没有任何关于其他绿色就业或绿色就业技能开发的法规。各国仍需要一个全面的举措以促进负责教育和培训的部门的参与。

几乎每个国家的政策协调性都有待完善，这和2011年报告所述情况相同。当然，许多案例显示各部门之间存在协同合作的关系。环境领域的各部之间有之，经济、产业或就业／劳动力市场领域的各部之间亦有之。这些合作可能集中于与经济绿化有关的研究调查的实施以及政策或战略的制定。例如，2011年英国发布了《向绿色经济转型》（Enabling the transition to a green economy）政策文件，其中涉及了三个部门，分别覆盖了以下领域：商业、技能和创新；能源和气候变化；环境、食品和农业。在巴巴多斯，劳工部、环境部（能源分部）、农业部和教育部之间没有协调合作的正式规划，以确认、制定和落实必要的培训项目。这些部门在执行层面携手并进，在他们各自的技术官员的一致协作下将可持续性和绿色经济概念整合进入了所有正在制定和落实的项目中。

然而，缺乏政策协调的案例仍不少见。例如，在塞内加尔的一项国家绿色就业战略（在案例中由环境部门执行）和一项国家就业政策（在案例中由就业部门执行）共同存在。虽然国家正在采取措施将绿色就业战略纳入新的国家就业政策，但事先进行协调将有助于更好地整合这两项政策。在其他国家，教育和培训的国家战略并没有专门针对绿色工作技能的开发。有的国家建立了联席会议机制，由多个部门一同参与探讨就业技能开发的相关政策举措，但仍然没有建立针对绿色就业技能供给的部门间协调机制。

政策协调也涉及政府以外的利益相关方。这一情况在各国不同，部分反映了不同国家纳入社会伙伴和其他团体参与政策制定和落实的一般机制的性质。例如在美国和英国，社会对话机制在其历史上一直都很薄弱，然而德国和法国则长久以来都有雇主和工会有组织地参与决策的传统。低等收入国家社会伙伴组织普遍不健全，部分是因为其非正规经济往往贡献了大多数的就业，部分是因为现有机制发展状况不佳。

尽管与绿色就业技能相关的国家协调政策很少见，但自2011年的报告发布以来，协调政策数量也是有所增长的，如专栏3.6所示。

有部门间政策协调体制机制存在的地方，环境政策和技能政策的协调一致性更强（见图3.6）。不过，一般而言，政策协调往往是在特定的节点为特定目的而出现，并没有系统地实施，而且也没有进行充分的监测和评估。这就引出了一个问题：绿色就业技能在多大程度上融入了政策体系？政府部门间进行系统的政策协调的连续程序很少。为什么会这样呢？这一不足和大规模组织在协调具有不同职能，职责有时重叠的不同的单位、部门或科室时所面临的普遍挑战相关。但是也有证据认为这是因为经济绿色化和绿色就业技能还没有被充分整合进相关部门的主流投资组合，这些部门包括经济、劳动力市场和教育与培训。在孟加拉国，国家技能开发政策不涉及绿色就业技能相关议题。两个部门间对职业教育的责任分工使得缺乏协调的现象更加严重，这是一个全球性的问题。这里只举一个例子，例如在塔吉克斯坦，这一责任被同时分配给了教育与科学部和劳工部。有些国家（例如孟加拉国和印度尼西亚）的职业教育基础设施和资格体系也很落后，因此它们在面临协调培训供应以适应绿色经济的挑战时还没有做好充分的准备。

另一个协调不力的可能原因是在大多数国家技能预测系统开发不充分（见下文第七章"1. 预期和监测技能的需求"），以至于这些国家没有能力对一般劳动力的供求进行系统评估，更不用说与绿色就业有关的评估了。简而言之，许多地区存在着普遍性的根本体制弱点，这些弱点使得确保绿色就业技能方面的协调缺少坚实的基础。

▶ **专栏3.6**

与绿色就业技能相关的国家政策协调体制

法国

法国在政策协调方面走在世界前列，它在2007年召开了环境圆桌会议（environment round table）并且在国家、行业和地方各级将国营经济和民间团体以及社会伙伴联系了起来。2012年，每年一次的国家气候会议推行了一项新政,为格勒诺布尔推行的原本已经失去动力的多级治理过程重新注入了活力。这些会议将格勒诺布尔体制框架内的五个合作伙伴聚集在一起［一种称为"五国治理"的过程（"governance of the five"）］。这些发展是2015年在巴黎召开的《联合国气候变化框架公约》第21次缔约方会议筹备工作的基础。与此同时,环保部于2010年成立了国家绿色经济就业与职业观测站,以分析绿色经济中的就业变化,并提供相关的方法和统计数据。它汇集了各种各样的机构,包括相关的国家部委和机构、主要的公共就业服务组织、主要的职业教育协会、国家统计研究所、研究机构（包括就业和技能研究中心）以及地方就业和培训观测站。

印度

2015年,印度政府在国家技能开发使命下成立了绿色就业技能委员会,该委员会由新能源和可再生能源部以及印度产业联合会推动,直接管理国家的绿色技能开发项目。目标是确定绿色经济领域的技能需求,并在全国范围内实施由工业主导的协作技能开发和企业家发展项目。其管理委员会包括政府部委代表和雇主管理机构以及个体雇主。

韩国

绿色增长委员会成立于2009年,共有47名成员,包括29名商界和社会领袖,18名公务员和政府资助的智库负责人。自2015年起,该委员会一直在总理办公室的支持下运作。它负责制定五年绿色增长计划和低碳增长协调支持政策,包括由各部委（例如环境、贸易、工业、能源、科技、就业和劳工以及教育）制定的技能开发政策。大约有16个地方政府机构也建立了自己的地方绿色增长规划,并成立了地方绿色增长委员会。

菲律宾

隶属政府的技术教育和技能开发管理局,负责管理和监督职业教育和技能开发。技术教育和技能开发管理局理事会成员来自多个

> 政府部门和社会伙伴组织。迄今为止，技术教育和技能开发管理局落实的行动包括建立了一个绿色技术中心，启动了绿色培训法规的进程，并且指导了技术教育和技能开发管理局区域办事处进行绿色化的职业教育。最近，技术教育和技能开发管理局制定了绿色化职业教育系统的框架，这一框架已经通过出台政策而进入体制内。
>
> 资料来源：绿色就业技能：2018年更新版，法国（Cedefop，2019）；印度绿色就业技能（ILO，2018）；韩国绿色就业技能（ILO，2018）；菲律宾绿色就业技能（ILO，2018）。

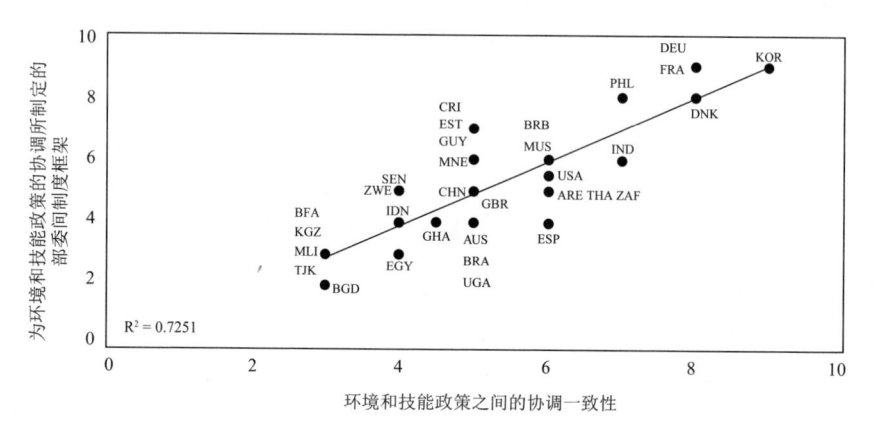

图3.6　部委之间技能政策和环境政策的协调一致性

注：R^2数值越接近1，变量间的正相关越显著。部际协调指代了不同部门（如劳工、能源、教育、环境、社会保护、性别等）和其他政府机构之间的政策协调和落实情况。诸如部际委员会这样的体制框架负责支持这种协调。斯特里茨卡·伊琳娜（Strietska-Ilina）等提供了关于技能和环境政策之间协调性的广泛标准：协调、响应行业和工人的需求，良好的覆盖和互补以及在决策过程中积极利用社会伙伴；同时政策应充分了解调查研究信息和劳动力市场信息，并与行动明确挂钩，包括融资、监测和评估机制（Strietska-Ilina et al., 2011）。

资料来源：作者的计算系基于国别报告和专家调查的定性分析。

有趣的是，这种在绿色就业技能方面缺乏政策协调的情况与许多国家为实现可持续发展目标或处理一些问题（如灾害管理）而实施的结构和进程形成了鲜明的对比。这些问题本质上是跨学科的，同时有关灾害响应的紧急措施对其有直接影响，因此如果要避免严重的短期影响，协调的准备工作是必不可少的。因此，很多国家就这些主题建立了协调机制，机制设计往往是详尽的，以便考虑到各种相关问题和组织。例如，在哥斯达黎加，覆盖农业和林业、交通运输和能源的联合委员会将在国家气候变化战略指导下协调部际行动落实议程。

然而，可持续发展目标对绿色就业技能的考量也不是最佳的，其原因可能和上面讨论的相同。例如，在印度尼西亚，尽管副总统和经济、人力开发、海事和安全部门的部长们全都参与了可持续发展目标落实的协调、监测和评估，但是人力部的参与只在协调部门的指导下进行。此外，现在还不清楚，印度尼西亚在绿色就业和技能方面将如何应对其可持续发展目标。因此，在某些国家，可持续发展目标的实施可能意味着错失改进绿色就业技能政策协调的机会。如果没有建立适当的协调机制来落实"国家自主贡献"，可能会再一次导致错失机会。

2. 部委级和地方级的政策协调

政策协调"差距"是国家级绿色就业技能层面的共同特征，但部门或国家以下各级政府的政策和规划有时能做到至少部分填补上这一差距。培养绿色就业技能的规划在受气候变化和环境退化最直接影响的部门最为普遍，因此这些部门也是政府税收和激励措施最为突出的部门（如能源、交通、建筑和废弃物管理）。因此，在制订规划实施"国家自主贡献"和相关技能开发时，必须采用现有的部门方案和体系。许多发达国家和发展中国家都已就绿色议程制定了旨在确定和开发技能的部委级方案，以弥补或补充国家级的政策空白（图3.7）。

部委政策可以作为明确的国家政策的一部分以规避国家间的协调，而倾向于"由市场来决定"，英国就是如此。在仍然缺乏国家政策协调的南非，已设立了一个国家环境技能开发规划论坛（National Environmental Skills Development Planning Forum），如专栏3.7所述。

地方级的规划和协调也有助于填补国家级的协调空白。虽然地方级政策并不总是与政策协调有关，但在有些国家，特别是较大的国家和联邦制国家，把地方政府作为政策协调的中心会更为有效。澳大利亚、中国、阿拉伯联合酋长国、英国和美国就是这种情况（见图3.8）。

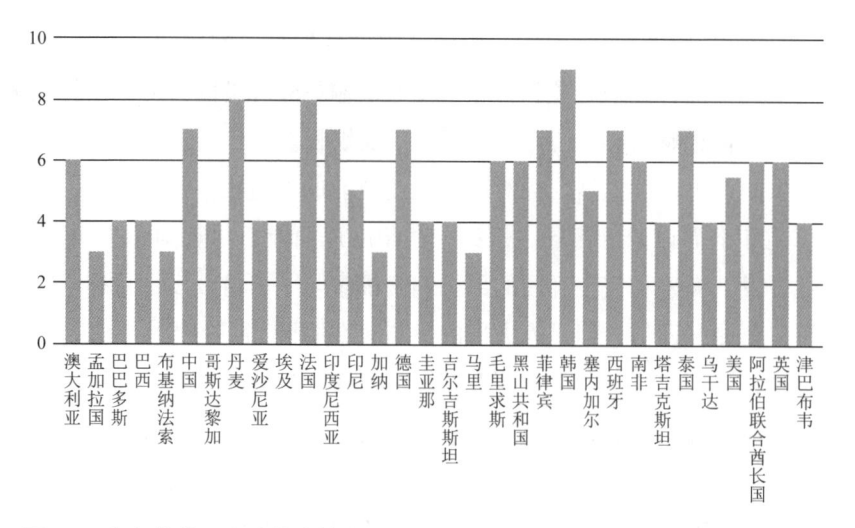

图 3.7 部门技能开发政策中体现和/或考虑到气候变化、环境问题和相关培训需求的程度（用 1—10 分表示）

资料来源：作者的计算系基于国别报告和专家调查的定性分析。

▶ 专栏 3.7

南非环境部门的政策协调发展

2010 年，环境事务部首次召开了国家环境技能开发规划论坛，旨在为环境部门提供一个以技能为核心的专业团体，以满足在制定环境部门技能规划（2010 年）期间确定的技能开发需求。从那以后，该论坛在改变绿色技能开发前景以及与来自政府机构和合作机构的利益相关方接触并鼓励他们围绕绿色技能开发进行对话方面发挥了重要作用。该论坛通过向环境事务部的教育、培训和发展组提供咨询和协助，在确认和处理环境部门技能规划方面的推行差距时起到了催化剂的作用。

资料来源：《南非绿色就业技能》（ILO, 2018）。

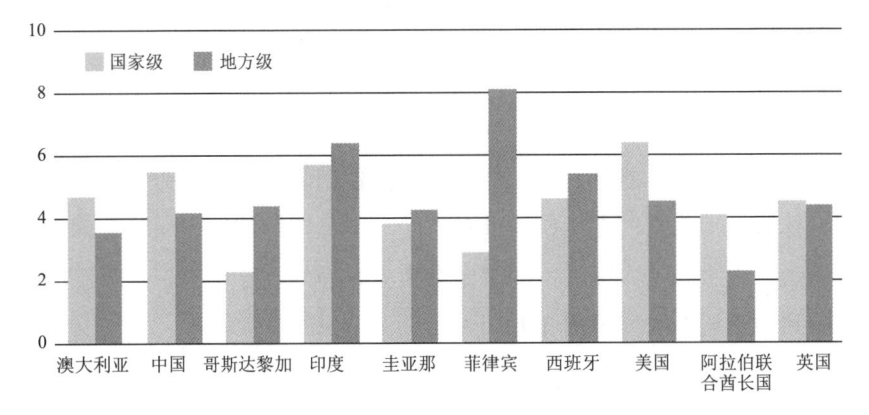

图 3.8　国家级和地方级环境和技能政策的协调水平（用 1—10 分表示）

注：各国名称上方的第一条柱形图对应的是国家一级的政策协调水平。
资料来源：作者的计算系基于国别报告和专家调查的定性分析。

例如，美国通过在州一级设立劳动力发展委员会和制定《社区劳动力协定》（Community Workforce Agreements）在改善新职业和新兴职业的教育和培训的协调以及技能提升方面取得了一些进展（见下文第三章"3. 社会伙伴和其他利益相关方在决策上的参与"和专栏 3.8）。这些举措旨在系统化地协调培训和教育，并使其符合绿色经济雇主的需求。在澳大利亚，州级和地方级的行动对平衡联邦一级的政策变化也很重要，如第三章"3. 在部门、地方和项目各级采取政策行动"所述。

3. 社会伙伴和其他利益相关方在决策上的参与

如上所述，社会伙伴对绿色就业和技能政策的参与在一定程度上取决于其在国家中的总体地位。社会伙伴参与的制度平台设置增加了环境和技能政策之间的一致性，促进了政府和私营经济之间的想法和信息交流，并支持了相关的规划（见图 3.9）。在印度，由工业主导的行业技能委员会负责制定国家职业标准和国家技能资格框架内规定的各种工作的资格。通过让这些委员会更具代表性，扩大其服务范围并提高其效率，它们的作用将得到加强。在菲律宾，尽管《绿色就业法案》中没有提及社会伙伴的作用，但由政府主导的落实过程确保了三方伙伴都在整个过程中发挥了积极作用，从而加强了其社会对话。

然而，即使有些国家存在一般的社会对话机制，它们也不一定能成为绿色就业政策的一部分。例如，在孟加拉国，三方协商委员会或社会对话在绿色经济技能开发方面就没有发挥作用。此外，社会伙伴参与的现有体制框架与它们实际参与处理有关环境可持续性技能问题之间存在着差距。雇主和工人在政策的制定和实施方面的实际参与，与政策的协调一致性密切相关（见图3.9）。

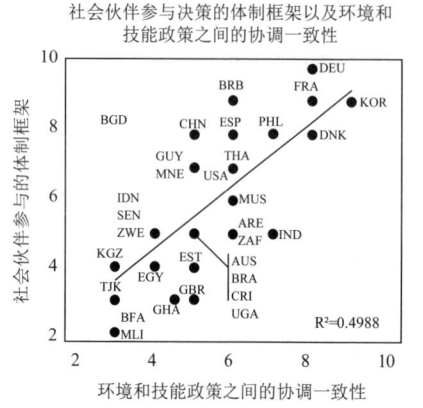

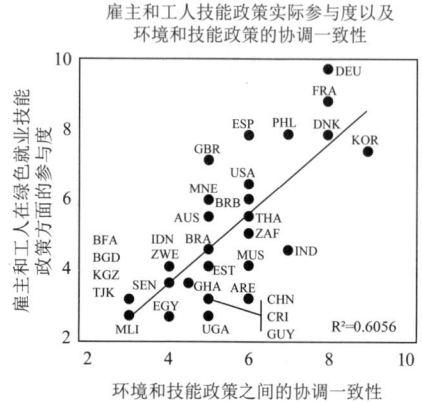

图3.9　社会伙伴参与决策的体制框架，实际参与以及环境和技能政策之间的协调一致性（用1—10分表示）

注：R^2数值：越接近1，变量间的正相关越显著。
资料来源：作者的计算系基于国别报告和专家调查的定性分析。

在社会伙伴参与度低的国家，这可能会对绿色就业技能产生负面影响。在美国，该国2009年金融危机后推出的经济刺激方案中，有近1000亿美元用于清洁能源，其中一部分用于培训项目。然而，尽管许多人接受过绿色就业技能培训，例如太阳能电池板安装工，但由于绿色就业劳动力需求不足，许多人无法找到相关工作。造成这种不平衡的一个重要原因是劳动力提供者和雇主之间缺乏协调。与此相反，2010年首次推出的《社区劳动力协定》（CWAs）已开始蓬勃发展，成为工会和雇主与技能和教育提供者协调的方式，以确保绿色产业存在体面的工作，如专栏3.8所示。

▶ 专栏 3.8

通过协同合作确保绿色经济领域的体面工作

美国

《社区劳动力协定》(CWAs)将工会、行业协会和雇主,有时还包括地方政府官员,聚集在一起,以确保就业机会和就业质量。迄今,该协定已成功地运用在建筑业。《社区劳动力协定》是劳资双方签订的具有法律约束力的协议,可包括私营及/或公共经济实体。为了确保体面的工作和职业生涯的创建,劳动者招聘目标应包括以下规定:指定百分比的总工作时间由目标劳动力群体完成;指定百分比的总工作时间由学徒完成;指定百分比的第一年学徒和/或总学徒来自目标招聘岗位类别。这些协定反映了社区的需要,因此《社区劳动力协定》有效地使传统上没有代表或代表人数不足的群体参与了劳资谈判或政策决定。《社区劳动力协定》已经在其他地区(如克利夫兰、洛杉矶、纽约、奥克兰和旧金山)开始实施。

中国

在中国,社会伙伴在决策中没有突出的作用,社会对话也很少涉及绿色技能相关条款。然而,近年来,中国限制煤炭消费的政策导致了成千上万的工人下岗,同时也在可再生能源、清洁能源和能源效率行业开辟了新的就业机会。值得注意的是,大多数新创造的工作都是体面的工作,对技术技能有更高的需求,也提供了更好的工作环境。为了解决下岗工人的安置问题,地方政府、企业和雇主代表正在协商就业安置计划。为一些下岗工人提供新技能培训是此类协商的内容之一。虽然不是明确的社会对话,但这些协商可以帮助工人要求雇主进行绿色技能再培训。政府已经推出了一系列积极的下岗人员安置就业政策。

资料来源:《美国绿色就业技能》(ILO, forthcoming 2019);

资料来源:《中国绿色就业技能》(ILO, 2018)。

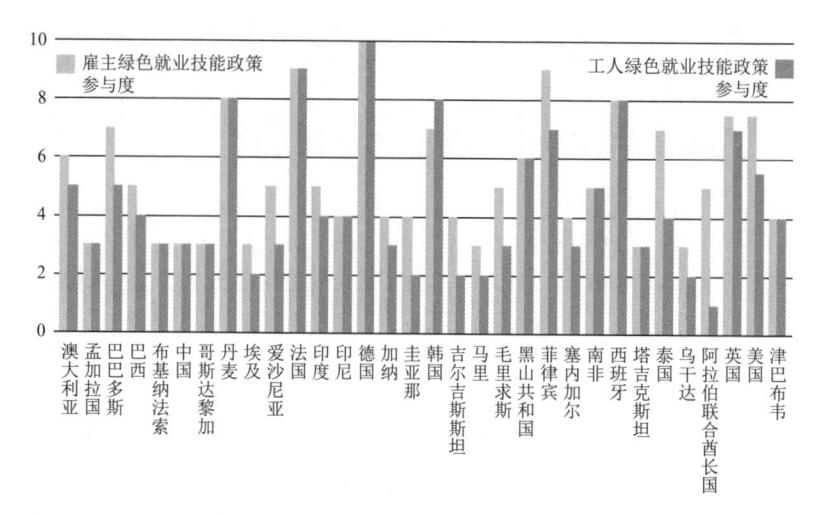

图 3.10 雇主和工人在绿色就业技能政策方面的参与度（用 1—10 分表示）

资料来源：作者的计算系基于国别报告和专家调查的定性分析。

工会可以通过参与立法设计和就实施战略开展合作的方式发挥重要作用，以确保绿色就业成为高质量、体面的就业机会。然而，在许多国家，工会在各收入水平群体中发挥的作用都不够，其参与程度往往低于雇主（图 3.10）。与此同时，在技能和环境政策协调方面表现最好的国家，可以发现雇主和工人在决策方面的高度平等的参与情况。

然而，许多国家都在推动工会参与绿色技能政策的工作，包括在那些工会作用不如企业主显著的国家，这些成功案例更需要广泛地推广。在美国，加州能源局与许多组织合作实施"39 号提案"（见上文的专栏 3.4），它们包括：州教育厅（the state Department of Education）、社区大学、校长办公室、资源保护队（the Conservation Corps）、加州公共设施委员会（the Public Utilities Commission）、人力资源发展委员会、行业关系部（Department of Industrial Relations）和总务厅内的州建筑师处（the Division of the State Architect in the Department of General Services）。在英国，与绿色技能相关的工会活动显著增加。英国工会联盟（the Trades Union Congress）的教育部门"学习联盟"（unionlearn）通过其绿色经济议程，利用宣传和提高认识活动、伙伴关系以及政策倡导，与许多不同的利益相关方开展了合作，并与它们建立了绿色技能伙伴关系。大学和学院联盟成立了"绿色就业联盟"，它们在地方和地区开展工会活动，并对学校、继续教育（16 岁以上）和高等教育的课程进行投入。在菲律宾，在立法和制定政策以及发展规划方面与利益相关方协商是其社会对话的主要形式。一方面，政府相关部门在制定"行业绿化路线图"时，咨询了行业协会和代表，但工人代表的意见在咨询中并没有得到重视。另一方面，劳动和就业部在其决策过程中已将与雇主和工人的协商制度化，例如通过三方产业和平委员会（tripartite industry peace councils）协商。

除了雇主和工会，还有其他利益相关方也参与到绿色就业技能开发相关的活动中，尽管他们并不一定会参与到政策制定中。这些利益相关方包括参与有关项目（通常由外国援助组织在低等收入国家中筹资创建的项目）的非政府组织。事实上，在一些国家，例如孟加拉国，这些非政府组织已经被认定为绿色就业的主要技能培训机构。在澳大利亚，人们发现他们可能需要扩大目前所关注的传统社会伙伴的范围，以涵盖其他民间团体行动者，包括环境和社会公正团体。这些团体持续关注减缓气候变化和体面工作等议题，在全国性辩论中发挥了重要作用。以绿色化为导向的非营利组织也越来越普遍。毛里求斯绿色建筑委员会聚集了社区领袖、专业人士、企业和创新者，以促进应用可持续的方式来规划、设计、建造和使用建筑环境。它是世界绿色建筑委员会和迅速发展的非洲绿色建筑委员会网络的成员。

三、政策协调性、治理和选定的指标

上一节讨论了各国在其环境政策规划和落实中覆盖技能开发议题的程度。[①] 在这方面做得最成功的国家被标注在上文图 3.1 的右上方象限中。国家建立这种政策协调性的难易程度可能会受到治理、收入水平、生产力和竞争力、环境背景和其他发展因素的成熟度的影响。

本节旨在探索政策协调性与若干指标之间的联系（见附录 3），并使

---

① 本节建立在 2011 年报告分析基础上（Strietska-Ilina et al., 2011），采用了与之相同的几项指标。

用回归分析的方法，尝试探讨哪些因素有助于强有力的协调机制和政策的问题。技能和环境政策之间的协调性（用0—10分表示）与治理有效指数、人均国内生产总值、全球竞争力指数和人类发展指数相关（图3.11）。

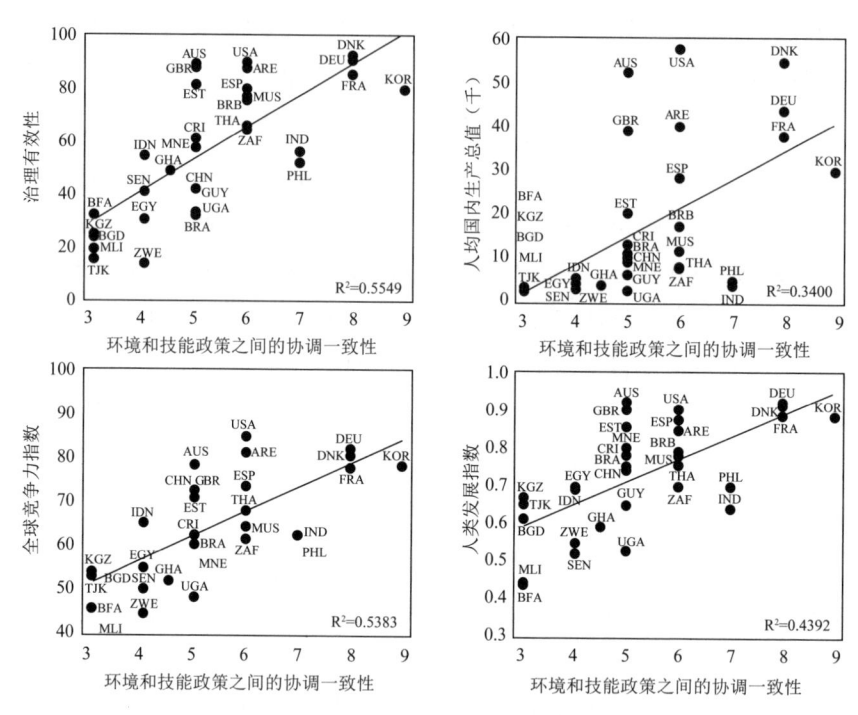

图3.11　环境和技能政策在指定的指标方面的协调性（用1—10分表示）

注：R^2数值越接近1，变量间的正相关越显著。所有计算所得数值都明显超出零，零代表没有相关性。没有找到巴巴多斯和圭亚那的全球竞争力指数。
资料来源：作者的分析和相关国家指标（见附录3）

当然，在政策协调性与这些指标之间建立统计相关性，本身并不能确定因果关系。然而，治理有效性和政策协调性之间的相关性强度确实表明了一定程度的因果关系。治理有效性是全球治理指标的六个综合指标之一。它体现了公共服务、公务员制度和公立机构的质量，政策制定和落实的质量以及政府对这些政策的承诺的可信度。如第三章"二、政策协调"所述，健全的治理是政策之间有效协调的重要的有利因素之一，但不是充分的有利因素：一些国家，如澳大利亚、爱沙尼亚、英国和美国，具备强有力的治理制度，但其技能和环境政策之间却并没有很强的协调性。

毋庸置疑，经济发展（以购买力平价代表的人均国内生产总值衡量）与绿色化方面协调的环境和技能政策相关：经济越发达，政策的协调程度就越高，这与图3.1所示的结果一致。颇有意思的是，政策协调性与人类发展指数排名的相关性略高于与人均国内生产总值的相关性。人类发展指数除了包括人均收入指标外，还包括教育和健康指标，因此它不仅提供了一些经济发展指标，还提供了一些社会发展指标。

全球竞争力指数也与政策的协调性有着积极和密切的联系，它由一系列关于生产力的指标和关于社会绩效的指标组成，其指标包括获得教育的机会和质量，当地研究和培训服务的可获得性，体制中的法律和行政框架，技术的获取和公司吸收技术的情况。

总体而言，这些趋势延续了2011年的报告中确定的趋势（Strietska-Ilina et al., 2011, pp. 42–44）。发达国家的体制结构和针对协调性政策制定、落实和监测的财政能力支持似乎有助于采用协调一致的绿色政策。因此，政策协调性基本上是一个发展问题，需要体制和能力发展相关举措和投资，包括通过国际发展合作提供支持。

四、结论

2011年以后，各国在制定涉及环境问题的法律、法规、战略和规划方面取得了进展，但这些进展转变为经济和/或就业政策，进而转变为技能和培训政策的速度各不相同。一些国家只是刚刚开始处理与环境可持续性技能和绿色就业政策有关的问题。尽管如此，促进绿色就业和绿色技能增长的政策和法规的出台仍取得了一定进展。

特别是，发展中国家已经开始构建并继续发展有关绿色就业技能的专项政策和战略，这往往是受到了气候变化协定的影响。在许多情况下，仍然存在差距，例如，政策的协调性、缺乏能力、数据收集和系统地预测技能开发和培训提供方面的需求，政策的落实和强化仍然是一个重大的挑战。发达经济体倾向于依靠总体的环境和经济政策及过程来考量绿色就业。其中一些国家的经验表明,政策的形成和落实具有非线性:向前发展的势头绝不是确定不变的。对于所有类型的国家来说,绿色就业技能领域涉及许多行业、地方和/或项目的政策和活动。

在有助于成功地制定和落实促进环境可持续性和绿色就业的技能开发政策的各项专题中,本报告分析并确定了部委间和部委与社会伙伴间进行合作的体制框架、行业举措、行动规划以及对政策实施的监测和评估。决策结构和过程不是为了处理跨行业的问题而制定的,特别是像绿色转型这类需要应对快速的职业变化的问题。在所有的政府部委中,与教育和培训相关的部门往往是最少与绿色就业相协调关联的部门。社会伙伴和其他利益相关方的融入,在很大程度上取决于它们参与决策的总体程度,而对于大多数发展中国家来说,这方面都有待改进。应更彻底地利用"国家自主贡献"及其周围的进程提供的协调性的经验。政策的落实和强化仍然是所有国家面临的最大的挑战之一,其中最大的挑战是监测和评估所有国家收入群体的政策落实情况(见图 3.12)。

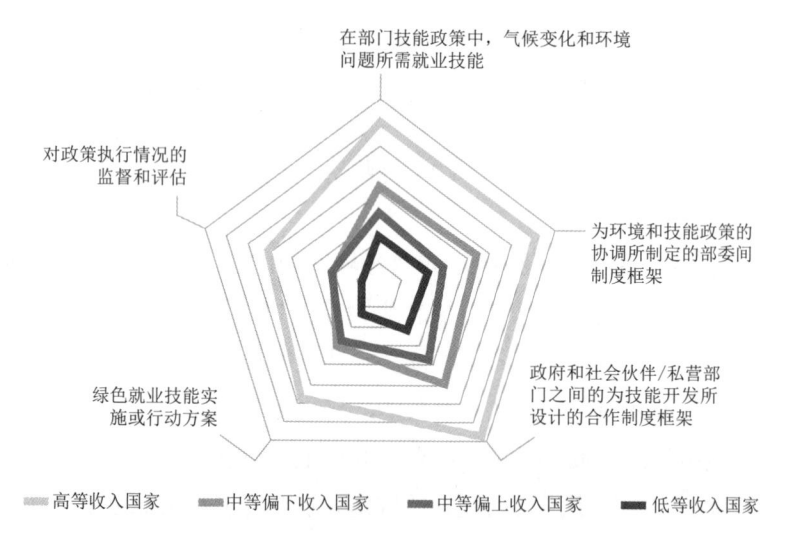

图 3.12　具有相对绩效的绿色化技能开发政策的重要影响因素,按国家收入水平划分

注:HIC:高等收入国家;LIC:低等收入国家;LMIC:中低收入国家;UMIC:中高收入国家(基于世界银行的划分方法)。

资料来源：作者的计算系基于国别报告和专家调查的定性分析。

政策协调性在很大程度上是一个发展问题，这可从两方面分析得出：一是看技能和环境方面的政策协调性如何与其他经济和社会相关联，二是看如何在国家各收入群体中部署促进成功的因素。这需要在对绿色经济投资的支持下开展能力开发和加强体制机制。然而，发达国家之间的一些政策撤销，以及新兴经济体和发展中国家所取得的进展，也表明协调的政策行动和政治意愿有助于取得绿色成就。它并不总是资源的事情，很大程度上也取决于政策选择。

第四章　绿色结构变革：绿色经济对就业的影响

2011年以后，"绿色经济"对就业的影响取决于各国的具体国情，包括它们的发展水平。这里面包含受气候变化和环境退化以及农业变化影响最大的发展中国家。近年来，一方面，随着新的绿色技术和法规的应用，绿色结构的变化越来越大；另一方面，就业再培训的需求和迎合新市场机会的需求也有所扩大。据预测，所有国家的绿色就业发展都将促进就业的增长，在发展中国家尤其如此，然而近年来的一些证据表明，发达国家出现了对绿色就业增长的自然限制。就业潜力最大的行业是可再生能源业、环境产品和服务业以及建筑业。各国在农业领域的绿色就业潜力天差地别。此外，还有证据表明限制绿色就业增长的主要因素有：贫穷、低等收入和非正式就业（主要出现在发展中国家），法规执行不力，以及由于政府支持不足导致的绿色产品和服务业市场疲软。其中"贫穷、低等收入和非正式就业"可能会迫使人们不得不从事危害环境的活动。

本章分析了2011年以后与经济绿色化相关的经济和就业趋势。首先探讨了绿色结构变革的本质，比较了不同类型国家之间的差异，然后分析了各行业中观察到的和潜在的就业影响，为第五章"不断变化的职业和职业的技能组成"中所探讨的职业和技能提供了背景基础。

一、2011年以后的绿色结构变革

各国在2011年就已经准备推进绿色经济的发展，但它们之后的进展情况却明显不一。在高等收入国家中，尽管绿色就业通常是就业增长的重要部分，其在总就业构成中所占比重有时会有所增长，但是绿色经济的增长模式通常还是与总体经济增长模式保持着同步。例如，在2012年至2015年期间，丹麦的绿色生产价值从1700亿丹麦克朗增长到1920亿丹麦克朗，其绿色就业岗位也从6万个增加到6.7万个。在德国，绿色就业占总就业人数的比例从2010年的4.8%上升至2012年的5.2%。在法国，"生态活动"领域在2004年至2015年期间的就业平均年增长率为2.6%，远远领先于同期的其他经济领域，后者的年均就业增长率仅为0.3%。就发展中国家而言，自2011年以来，从农业向其他行业长期就业转移的重大结构性变革一直在继续，尽管个别国家的经济经验表现差异很大，显示出其易受包括自然灾害在内的一系列不可预测因素的影响。这造成了发展中国家经济与发达国家经济二者之间完全不同的绿色转型背景，以下将就此做进一步讨论。

对许多国家而言，绿色就业增长的一个特别重要的来源是可再生能源产业。这与国家政策对实现气候变化目标的高度重视密切相关（见章节"政策和法规"）。例如在2010年至2013年期间，英国可再生能源的产量翻了一番，创造了269 800个就业岗位；同时，该国有11 550家企业直接参与到了2013年的低碳经济活动中（BIS，2015）。另外，2011年以后，美国的清洁能源产业规模已显著扩大，其太阳能和风能的发展以及提高能源效率的技术进步可谓居功至伟。在孟加拉国，太阳能光伏产业的增长最为显著，其次是沼气产业，该国太阳能领域的绿色就业岗位每年稳步增长18.5%。2011年，该领域创造了6万个绿色就业岗位，2016年该领域创造的绿色就业岗位增长到了14万个，相比之下，总体经济的就业岗位仅增长了1.9%。同时，由于其在全国各地开展了大量旨在提供农村家庭沼气池的项目（ILO，2018a），其沼气产业的就业机会每年增长17.7%以上。

然而，也有证据表明，一些国家经济上的困难可能会减少其绿色就业岗位的增长机会。巴西就是其中一个例子，其国别报告（第 2 页）对此进行了阐述：

在 21 世纪的第一个十年，人们对巴西将成为环保问题的领导者寄予厚望。然而，巴西经济在 21 世纪 10 年代中期并没有遵循其预期的转型趋势，因为它遭受了经济增长放缓的影响，包括导致失业率上升的两年经济衰退（2014 年和 2015 年）以及不断攀升的财政赤字，这些都减缓了其促进绿色经济和与绿色就业相关的技能开发。这一经济危机破坏了预期中的积极转型，严重的财政问题和创纪录的失业危机减少了绿色就业机会。从更广泛的角度来看，在对具有绿色就业技能的员工需求减少（而非增加）的背景下，提高劳动力市场可持续性的需求几乎没有发展空间。经验数据显示，在 2010 年至 2017 年期间，该国绿色就业在更广泛的经济领域中没有呈现出上升趋势。

表 4.1　2018—2030 年印度绿色就业预测：绿色企业累计就业（千）

序号	行业	子行业	截至 2020 年	截至 2030 年	2021—2030
1	可再生能源	太阳能光伏	180.0	900.0	720.0
2		太阳能	14.5	35.0	20.5
3		风能	60.0	180.0	120.0
4		小型水电	10.0	30.0	20.0
5		生物质发电/废热发电/热电联产	25.0	100.0	75.0
6		蓄能	50.0	300.0	250.0
7		生物燃料/生物气/球丸燃料/型煤	55.0	275.0	220.0
8		清洁炉灶	75.0	2968.6	2893.6
	可再生能源业小计		469.5	4788.6	4319.1
9	绿色建筑	绿色建筑/校园	2200.0	11 000.0	8800.0
10	绿色交通		750.0	7500.0	6750.0
11	碳汇		240.0	2100.0	1860.0

续表

序号	行业	子行业	截至 2020 年	截至 2030 年	2021—2030
12	水管理		3000.0	19 000.0	16 000.0
13	固废管理		4000.0	19 800.0	15 800.0
14	电子废弃物处理		170.0	582.0	412.0
合计			10 829.5	64 770.6	53 941.1

注：PV：光伏；CHP：热电联产。
资料来源：《印度绿色就业技能》（ILO，2018）。

展望未来，毋庸置疑的是，绿色就业在所有国家都将成为就业增长的一个重要来源，对于发展中国家来说尤其如此。表 4.1 展示了印度绿色就业（截至 2030 年）的相关预测。到 2020 年，埃及的太阳能光伏能源产业预计将创造 2.1 万个新就业机会，风能产业将创造 7.5 万个新就业机会；而到 2050 年，该国可持续农业预计将创造 800 万个新就业机会。

与此同时，考虑绿色就业增长是否存在自然限制也很重要。当然，自 2011 年起至今的这段时间，就已经有证据证明了自然限制的存在。这些年来，有些国家的绿色就业在其总体就业中所占比例已经趋于稳定。例如在丹麦，2015 年绿色就业岗位占总就业岗位的比例达到了 2.4%，此后便没有再出现过明显上升。在德国，2012 年以后，与环境保护和管理直接相关的职业几乎没有增长。法国国家绿色经济就业与职业观测站发现，该国绿色经济在 2004 年至 2011 年期间一直处于"启动"状态，在 2012 年达到了顶峰；从那以后直到 2015 年，"生态活动"的增长率平稳了下来，该地区的就业即出现了 1.4% 的下滑。

这样的模式可能是绿色转型过程中的一种自然结果，至少在可再生能源领域是这样，由于新产品需要设计、制造和安装，所以初期阶段就业岗位大幅增加，然而在之后的阶段，维护和更新变得越来越重要，这就使得需要的岗位越来越少了。这一发展规律已经在孟加拉国得到了证实。在那里，人们发现"随着安装工作的放缓，太阳能家庭系统方面的就业达到了一个平台期。相比之下，随着政府逐步将发展重点转向这些系统的应用，微型电网和太阳能发电领域的就业情况好转起来。"与此同时，与传统的化石燃料发电相比，更分散的可再生能源产业（例如利用当地的太阳能电池板设施、风力发电机和沼气池）可能会是劳动力需求更加密集的领域。因此，在就业方面，不仅在短期内，而且在长期内都可能会有净增长。此外，还应当考虑到，在某些行业，目前被视为独立的工作或职业以后可能将被合并到其他职业当中，这就好像过去曾经有"打字员"这个职业，但现在"打字"已经作为一种技能成为许多其他职业的一部分了；换句话说，随着时间的推移，一些工作（绿色和非绿色）可能会消失，并作为一种技能整合进入其他职业中（例如，绿色管道工将被整合成主流管道工）。

二、低等收入国家和高等收入国家对比

这项研究在经济、社会和文化各领域涉及的国家非常之多，这表示绿色转型正发生在一个非常多元化的背景之下。这一多元化影响着绿色转型的本质。对一些极端性情况的考虑有助于我们理解这一点，例如，低等收入国家和高等收入国家这两极。处于贫富两极之间的国家正在经历一个总体的转型过程，这一总体转型与绿色转型只有部分相关性，而且其相关程度在各国差异很大。各国国情都是低等收入国家和高等收入国家两者中的一些特征元素的独特组合。

如上文第二章所述，低等收入国家的一个主要特点是，在这些国家中，环境变化会对更多人的生活有更直接的影响，而在高等收入国家中则不是这样。这些国家最可能受到气候变化和环境恶化的影响，这一点反过来又会影响它们的发展前景。① 同时这些国家对农业和采掘业的依赖性也更强。例如，农业人口占了马里和乌干达劳动人口的80%之多。这意味着有许多人的工作与环境之间的关系更加密切。不良的农业实

---

① 欠发达国家关于自然灾害风险的指标之一：参见http://unohrlls.org/aboutldcs/criteria-forldcs/（访问于2019年8月25日）。

践——通常因贫困而产生——可能会加剧气候变化和环境退化。此外，许多低等收入国家还面临着这样一个困境：对环境有害的活动是经济增长的关键。例如，加纳的快速经济增长在很大程度上依赖于矿物和原油的开采，低生产率的农业，树木砍伐以及应用高排放车辆的运输业。树木砍伐，特别是在主要河流沿岸进行的森林砍伐，是造成河流（包括为阿科松博水电站提供水源的沃尔塔湖）干涸的主要因素，因此也进而造成了能源供应的问题。

同时，对这些国家来说，绿色转型是解决相互关联问题的一种方式。布基纳法索就是其中一个例子，如其国别报告所述：

农业扩张仍然是滥伐森林的主要原因……其他原因还有过度放牧、丛林火灾、对薪材和木炭的需求，对非木材森林产品（NTFPs）的过度开发以及采矿。

为了制止与粗放农业有关的滥伐森林，必须从粗放农业转向以有机投入为主导的集约农业，以便大大减少农业发展对环境的影响。因此，需要开展有机肥料生产技术（堆肥）方面的技能培训，以增强对这类投入的供应。

在欠发达经济体中，绿色政策议程为经济发展的基本要求提供了额外的刺激，同时也塑造了经济发展的方向。它为诸如建立基本卫生系统和废弃物处理系统等方面提供了额外的动力，以造福于人群健康和维护环境，并为改进货物和人员流动以及减少对环境的负面影响和碳排放提供了高效节能的大众运输系统。它推动了对可再生能源更好的开发利用以及对绿色能源技术的采用，前者减少了各国对昂贵的进口能源的依赖，后者为解决如何将"离网型"电能输送到电力网络未覆盖地区的问题提供了更廉价的途径。例如，加纳政府的目标是将可再生能源的普及率在2030年之前提高10%，其方法是建立55个太阳能微型电网，扩大20万个太阳能家庭照明系统——这些举措不仅将带来良好的环境效益，而且还将帮助迄今尚未通电的农村家庭通上电。因此，绿色技术现在已经融入了低等收入国家的发展议程。

正如移动电话的普及使许多国家能够在很大程度上绕过固定线路通

信系统的安装过程一样，绿色技术也很可能使各国能够通过建设或扩大从一开始就绿色化的基础设施来实现其发展目标——这一点与高等收入国家不同，后者的绿色转型需要替换或转换现有的非绿色系统。在就业方面，这意味着在低等收入国家中，经济发展过程中创造的大量就业都可能是绿色就业。正如孟加拉国国别报告所述：

孟加拉国正在进行的结构转型不仅源于经济增长，还源于其自发的绿色投资。然而，现有的和预期中的绿色结构变革，特别是在可再生能源、电信和制造业（制砖和成衣）发生的变革很可能会导致当前和未来就业转型和趋势的发生。

相比之下，在发达经济体中，绿色转型在经济和就业政策中并不那么突出。以下两个相互关联的过程非常重要：（1）将现有的活动转变为更绿色的过程（更节能，对环境的负面影响更少）；（2）政府政策刺激导致绿色产品市场的出现。在高等收入国家中，环境产品和服务行业已经是一个发展良好的行业。总体而言，绿色市场近年来一直是发达经济体就业增长的重要来源。同时绿色市场也在发展中国家中开始出现，尽管在这些国家它们面临着特殊的挑战（对比案例见专栏4.1）。

▶ 专栏 4.1

不断发展的绿色市场

美国

在节能型产品和降低能耗的服务需求增长的推动下，能源效率成了美国经济快速增长的一个领域。由于能源效率需求的增加而经历了经济最显著增长的行业有建筑业、家电制造业、建筑材料业和照明业。美国大约有200万人从事能源效率领域的工作，约占其劳动力总数的1.6%。这些能源效率行业的劳动力，约有70%受雇于建筑公司，25%受雇于专业性商业服务行业，2%受雇于制造业。在能源效率行业最突出的就业领域是加热和冷却设备，它贡献了能源效率行业48%的就业。能源效率行业第二大就业领域是先进建筑材料业，其就业人数占到了该行业的17%。

孟加拉国

根据目前的就业形势，预计到2021年，不断扩张的可再生能源产业将为约110万人提供就业机会。为了鼓励发展可再生能源市场，孟加拉国银行行长已经向参与可再生能源的中小型企业拨款50亿塔卡（折合6000万美元）。可再生能源应用的一个重要领域是太阳能灌溉。该国的拉希马弗罗兹（Rahimafrooz）可再生能源有限公司已经引进了一种太阳能灌溉系统。如果应用这一系统来将传统的灌溉泵转换成太阳能灌溉，那么该国每年将节省760兆瓦的电力和8亿升柴油。不过农民自身很难负担安装太阳能泵的高昂初始成本。针对这一情况，尽管政府尚未对太阳能灌溉泵提供直接补贴，但其他形式的政府融资和合作已经提供了可能的解决办法。

资料来源：《美国绿色就业技能》（ILO，2019）；《孟加拉国绿色就业技能》（ILO，2018）。

三、绿色转型与就业

本节从行业角度考察了绿色就业岗位正在哪些地方扩张和收缩。这反映了一个事实，即各国在经济和绿色就业政策分析和就业趋势报告方面，通常都会根据各行业特性的不同而采取相应的措施。这种举措自然有其局限性，特别是考虑到新的绿色产品和服务行业对数个其他行业都会产生影响这一典型案例（见第五章"二、重点行业领域的职业变化"）。一些国家试图通过在整个经济领域中跨行业评估绿色就业来应对这一复杂问题（见第七章"1.预测和监测技能的需求"），但这些国家只是本报告所依据的国家样本中的少数部分。

区分在总体绿色政策中重要性突出的行业和在与绿色就业相关的政策、战略和规划中重要性突出的行业十分重要。[①] 不清晰的区分可能会

---

① 在这一点上，报告的重点是绿色就业本身——即在就业破坏和就业创造方面，绿色转型对就业的影响。第5章讨论了绿色转型对技术和职业变化方面的影响。

造成一定的混淆，因为人们很容易认为，一个对气候变化政策很重要的行业，在创造绿色就业机会方面也会很重要。这是错误的。有些行业，例如运输业（物流），对减少碳排放极为重要，但不太可能对就业产生重大影响：这一领域大多数的就业影响通常发生在节能车辆的生产方面，而不是发生在运输活动本身。

表4.2概述了不同行业在一般环境政策、战略和规划，以及在与绿色就业有关的政策、战略和规划中所发挥的重要作用。它还展示了哪些国家的各个行业在后一政策组中的重要性更为突出。这是一项广泛的评估，旨在说明各行业在这两个方面的对比情况。

由于该领域政策制定的特殊性，绿色就业相关维度的排名可以作为绿色转型实际或预期就业影响规模的一个广泛代表。正如我们在前一章所看到的，绿色就业经常被当作个别经济行业政策规划的一部分来处理，因为这种类型的行业举措是许多国家决策的内在部分。因此，绿色就业机会往往在那些被预计会造成大量就业消失或创造大量就业机会的行业受到最多关注。在下面的小节中我们可以看到，对某个行业绿色就业政策的关注程度与该政策经历过或预期会经历的就业影响规模之间存在很强的相关性。

从表4.2可以看出，在我们搜集的国家样本中，可再生能源和环境产品和服务业在大多数国家的一般环境政策和绿色就业政策中都占据了重要地位。在这两套政策中，建筑业的重要性都很突出。而重要性通常不突出的行业有零售、旅游、商业和金融服务行业。教育和培训服务被评价为中等重要，因为它们很少在有关绿色转型的国家政策中以行业性的形式出现，但往往在环境意识方面被认为十分重要。运输业对环境的影响异乎寻常的大，但如上所述，其对就业的影响相对较低。其余行业（农业和林业、采掘业和制造业）的表现各异，这取决于各国国情和相关活动的具体类型。在制造业，我们可以在与绿色转型直接相关的产品的生产领域和其他行业之间做一个有意义区分，前者对就业的影响可能很高，而后者的就业影响则更多地体现在一般的环境意识、废弃物管理/循环利用等方面，而不是在实际的就业人数上。在农业和林业方面，绿色化进程的净收益并不明显，但在某些情况下则可能是很大的。

表 4.2 评估各行业在一般环境政策、战略和规划及与绿色就业直接相关的政策、战略和规划中的重要性

行业 a	在一般环境政策、战略和规划中的重要性	在与绿色就业直接相关的政策、战略和规划中的重要性	与绿色就业直接相关的政策、战略和规划占据突出地位的国家
农业和林业	中等偏上	中等偏下	澳大利亚、巴巴多斯、巴西、布基纳法索、哥斯达黎加、埃及、爱沙尼亚、法国、加纳、圭亚那、印度尼西亚、韩国、吉尔吉斯斯坦、马里、毛里求斯、黑山、菲律宾、塞内加尔、西班牙、泰国、乌干达、津巴布韦
商业及金融服务业	低等	低等	圭亚那、吉尔吉斯斯坦
建筑业及建筑服务业	高等	中等偏上	巴巴多斯、中国、丹麦、爱沙尼亚、法国、德国、印度、印度尼西亚、韩国、吉尔吉斯斯坦毛里求斯、菲律宾、西班牙、泰国、乌干达、阿拉伯联合酋长国、英国、美国
教育和培训服务业	中等	中等	毛里求斯、菲律宾、塞内加尔
环境产品和服务行业，包括水和废弃物处理、循环利用	高等	高等	澳大利亚、孟加拉国、巴西、布基纳法索、哥斯达黎加、丹麦、埃及、法国、德国、圭亚那、印度尼西亚、马里、菲律宾、塞内加尔、西班牙、南非、泰国、乌干达、阿拉伯联合酋长国、英国、美国
采掘行业	依情况而定	低等	布基纳法索、加纳、圭亚那、吉尔吉斯斯坦
制造业（子行业）：生产"绿色产品"。	高等	高等	孟加拉国、巴巴多斯、巴西、哥斯达黎加、丹麦、埃及、法国、圭亚那、印度尼西亚、马里、毛里求斯、菲律宾、塞内加尔、南非、西班牙、泰国、乌干达、英国、美国、津巴布韦
制造业（子行业）：生产其他产品	低等	低等	

续表

行业[a]	在一般环境政策、战略和规划中的重要性	在与绿色就业直接相关的政策、战略和规划中的重要性	与绿色就业直接相关的政策、战略和规划占据突出地位的国家[b]
可再生能源	高等	高等	澳大利亚、孟加拉国、巴巴多斯、布基纳法索、中国、哥斯达黎加、丹麦、埃及、爱沙尼亚、法国、德国、加纳、印度、印度尼西亚、吉尔吉斯斯坦、马里、毛里求斯、黑山、菲律宾、塞内加尔、南非、塔吉克斯坦、泰国、乌干达、阿拉伯联合酋长国、英国、美国、津巴布韦
零售业	低等	低等	
旅游业	中等偏下	低等	巴巴多斯、哥斯达黎加、法国、圭亚那、印度、印度尼西亚、吉尔吉斯斯坦、毛里求斯、黑山、菲律宾、西班牙、塔吉克斯坦、泰国、乌干达
运输服务业（物流）	高等	低等	巴巴多斯、中国、哥斯达黎加、爱沙尼亚、法国、印度尼西亚、吉尔吉斯斯坦、菲律宾、西班牙、乌干达、阿拉伯联合酋长国

[a] 电子通信行业在绿色转型中具有促进作用（见第四章"7.电子通信"），由于国别报告中对此很少提及，因此没有将之包含在本表中。

[b] 各国国家名称缩写如下：澳大利亚（AUS）、孟加拉国（BGD）、巴巴多斯（BRB）、巴西（BRA）、布基纳法索（BFA）、中国（CHN）、哥斯达黎加（CRI）、丹麦（DNK）、埃及（EGY）、爱沙尼亚（EST）、法国（FRA）、德国（DEU）、加纳（GHA）、圭亚那（GUY）、印度（IND）、印度尼西亚（IDN）、韩国（KOR）、吉尔吉斯斯坦（KGZ）、马里（MLI）、毛里求斯（MUS）、黑山（MNE）、菲律宾（PHL）、塞内加尔（SEN）、南非（ZAF）、西班牙（ESP）、塔吉克斯坦（TJK）、泰国（THA）、乌干达（UGA）、阿拉伯联合酋长国（ARE）、英国（GBR）、美国（USA）和津巴布韦（ZWE）。

[c] 这些都是与绿色转型直接相关的产品，如电动汽车、太阳能电池板、风力发电机和绿色建筑材料。

资料来源：作者基于国别报告《绿色就业技能》的分析，（ILO，2018；for Zimbabwe, forthcoming 2020）。

以下几个小节概述了几个行业是如何响应绿色议程的，主要针对那些受影响最大的行业（因此不包括零售业、商业和金融服务或教育和培训服务）。一般来说，按经历过的和预期的就业影响的程度降序处理这些行业。首批考察的行业（可再生能源和环境产品和服务）是那些在许多国家已经看到就业显著增长的行业，并且它们仍持续为所有国家的未来发展提供着巨大的潜力。最后考察的行业是采掘业：尽管在采掘业已经存在失业趋势，并且这一趋势还将继续，但是采掘业对一些经济体仍然很重要。如上所述，这个领域的绿色化就业在减少环境破坏和支持体面就业这两方面都发挥着重要的作用。

1. 可再生能源

可再生能源是实现国际商定的碳减排目标不可或缺的一个行业，它的发展已经在一些国家显示出增长趋势，而且世界各国都将其视为具有创造大量就业机会潜力的行业。例如，在美国，风力发电能力在 2010 年至 2016 年期间增长了一倍多；在 2013 年至 2016 年期间，该领域的就业岗位每年增长逾 25%，在随后一年已超过 10 万个。① 在英国，可再生能源的子行业风能和海洋能源行业创造的就业机会在 2010 年至 2013 年间增加了 74%，达到至少 3.5 万个；预计如果这些技术在英国海岸线的部署能有足够的增长，将有可能增加 7 万个主要集中于海上风能行业的新就业机会，在中国，风力发电从业人员 2012 年有 26.7 万人，2013 年达到 36.5 万人。预计到 2020 年，这一数字将达到 80 万人。如上文第四章"一、2011 年以后的绿色结构变革"所述，在孟加拉国，太阳能和沼气领域的绿色就业在 2011 年至 2016 年期间大幅增加，而且，这一增长中有相当数量可能是全新的工作，而不是传统化石燃料发电领域工作的替代品，因为这些领域需要安装和维护新系统。特别是在低等收入国家，基于可再生能源的新的收入和就业来源可能包含一些尽管"技术含量低"，但在解决当地需求方面非常有效的解决方案，例如马里的炉灶改装和创新生物质煤球。

认识到有必要促进发展中国家环境法规的有效执行也是 2011 年的一个主题内容。2018 年的报告将执行问题归因于缺乏有效的制度框架和体制机制（如孟加拉国、巴西、中国、马里和乌干达），以及不同行

---

① 但正如美国国别报告所指出的那样，当前美国联邦政府的政策对可再生能源已经不那么积极，因此目前这些趋势可能不会持续。

动者之间缺乏协调一致性（如泰国）。尽管存在这些不匹配现象，而且需要加强政策决定的实际执行，但2011年以后，情况已经有所改善。可持续增长和绿色就业方面正不断取得重大进展。例如，在发达国家和发展中国家，其政策和法规往往已经开始设法支持和促进绿色技术和创新。然而，可再生能源行业的进展关键取决于政府立法及其实施。2011年以后，一些国家的发展没有达到预期水平（见专栏4.2）。

▶ 专栏4.2

印度尼西亚的可再生能源：潜力有待挖掘

印度尼西亚计划到2025年23%的能源消耗来源于新能源和可再生能源。2017年8月，印度尼西亚国家电力公司与53家可再生能源公司签署了购电协议。如果其政府太阳能发电年产能达到1000兆瓦，那么该行业将新增3.5万个绿色就业岗位，包括可行性研究专家、光伏及组件工厂工人、光伏工程师及设计人员、光伏并网或离网安装人员、太阳能系统维护技术人员、能源管理人员以及能源监察员/审计员等。然而，该行业尚未取得重大发展。这是因为太阳能和海洋能源仍然相对昂贵；由于投资者仍认为市场具有不确定性，光伏产业仍不发达；目前尚不清楚在可再生能源方面是否有足够数量的专家；此外水电设施位于农村或偏远地区，需要额外投资才能连接到国家电网。

资料来源：《印度尼西亚绿色就业技能》（ILO，2018）。

这一行业还有很大的发展潜力。例如，鉴于津巴布韦目前还有60%的人口没有获得电力供应，其能源赤字占到35%，因此其可再生能源领域在满足所有人的电力供应并消除能源赤字方面还有很大的发展空间。通过可再生技术和系统改善能源供应也将有助于扩大农业和非农业领域的正式和非正式经济活动（ILO，2020）。2019年，津巴布韦出台了新的可再生能源政策，该政策倡导追求可持续能源并与该国的"国家自主贡献"减排目标和"人人享有可持续能源（SE4ALL）议程"关联起来。① 随后其能源监管局启动了 39 个、总发电能力达到 1151.87 兆瓦的太阳能发电项目，所需投资超过 23 亿美元。②

2. 环境产品和服务行业，包括废弃物和水处理

由于政府出台的政策和采取的举措，包括废弃物、能源和水管理在内的环境产品和服务行业也得到发展。2011 年以后，这一行业已经在欧洲经济体中站稳了脚跟，在其他国家也取得了进展。在英国，该行业的产值在 2010 年至 2014 年期间增长了 18.7%，占其国民生产总值的 1.6%，提供了 33.75 万份全职工作。在韩国，该行业的雇员人数从 2010 年的 21.5 万人增至 2015 年的 44.3 万人（占全部就业人数的比例从 0.9% 增至 1.7%），该行业的企业比例从 2009 年的 4.4% 上升至 2014 年的 6.3%。

在低等收入国家和高等收入国家中水和废弃物处理行业采取了不同的模式。后者的就业增长重点在于重新设计现有体系，使其变得更加环保，例如通过循环利用。这一活动能创造大量的就业机会。2012 年有报道称，到 2020 年英国废弃物处理行业将创造 3.6 万个新就业岗位，其中大部分是操作员和体力劳动岗位。相比之下，低等收入国家的水和废弃物处理系统通常还不发达，因此其从一开始就将重点放在安装绿色的新系统上。因此，塔吉克斯坦的国别报告指出，"家庭固体废弃物的处理被认为是'绿色'经济的重要发展方向"。

这一领域也将影响到环境的管理和改善。这类活动在高等收入国家中已经运作良好，然而在低等收入国家中还有很大的发展空间。在这一行业领域，环境保护和恢复项目的规模往往较小，但也有可能产生有价值的经验以便更广泛的应用，专栏 4.3 对此进行了阐述。

---

① 网址：https://www.seforall.org/（访于 2019 年 11 月 24 日）。

② 网址：https://www.esi-africa.com/industry-sectors/renewable-energy/39-solar-power-projects-approved-for-de- velopment-in-zimbabwe/（访问于 2019 年 11 月 24 日）。

> **专栏 4.3**

圭亚那红树林恢复计划

近几十年来,圭亚那的红树林不仅受到气候变化的影响,而且还受到人类活动的威胁,如放牧、非法固体废弃物处理、非法采集红树林木材用作燃料、打猎和划船等。红树林恢复计划试图以新的谋生方式取代一些非法和不可持续的创收活动,以支持红树林的保护和周围社区的可持续经济增长。到目前为止,该计划已经直接创造了 900 多个就业岗位,并且让 78 名社区志愿者在八个社区红树林行动委员会任职;其中一些志愿者还被派去担任红树林社区管理员。不同时期的重点活动也创造了一些临时就业:例如,种植红树幼苗活动给 300 人提供了临时就业,随后还有 300 人受雇监测植物生长情况。此外,还有三个妇女团体参与到了芒果、罗望子、肉类、食品调味料和辣椒酱的加工和分销活动中。这些团体的妇女通过各自的组织成了"圭亚那国家妇女农业加工商网络"的成员。

资料来源:《圭亚那绿色就业技能》(ILO, 2018)。

3. 建筑业与智慧城市

建筑业的绿色化过程对于所有国家都很重要,然而,与可再生能源业和环境产品与服务业相比,这一行业的就业影响在某种程度上更多变。如专栏 4.4 所示,对现有的建筑环境进行绿色化翻新的领域,可能会对就业产生强烈影响。而对于重点是确保新建筑绿色化建造的领域,可能也会创造一些新的就业机会,但更多的影响可能是将新的技能整合到现有工作中——在这个行业已经广泛观察到这一趋势(见第五章"不断变化的职业和职业的技能组成")。

建筑行业在建设绿色化经济和社会的基础设施方面也发挥了至关重要的作用,从小规模的地方倡议到整个城市的规划都受到了它的影响。比如说在建筑业绿色化这一方面,沼气池的开发就很关键。通过一些政府项目的实施,其可能在短期内促进就业大幅增加,详见专栏4.5所示。

▶ 专栏4.4

英国绿色建筑业就业增长

2014年,英国研究机构发现,一项为了在2035年之前提高英国家庭能源绩效的重大基础设施投资计划,将使2020年至2030年期间每年的就业岗位净增长达到10.8万个,其中大部分岗位将产生于服务业和建筑业。该研究认为,即使最初的投资刺激逐渐消退,到2030年就业岗位仍将净增7万个。

资料来源:《英国绿色就业技能》(Cedefop,2019)。

▶ 专栏4.5

在布基纳法索打造新的本地可再生能源项目

自2010年以来,布基纳法索国家沼气池项目(the Burkina Faso National Biodigesters)启动并筹划了沼气池的推广和建造。沼气池可用于生产一种可再生能源——沼气。迄今为止,该国已经建造了超过8500个沼气池。这一改造工程由经过该项目培训的专业人员(泥瓦匠)进行,他们受雇于该国各区域的沼气池建造公司。该项目不仅为行业专业人员提供培训和就业,同时也资助各个家庭生产用于照明和烹饪的家用沼气——牲畜粪便沼气。沼气池项目给人们带来了一系列利好,包括更好地利用当地农副产品,改善卫生环境以及分离利用动物粪便中的甲烷。

资料来源:《布基纳法索绿色就业技能》(ILO,2018)。

在建筑业的另一侧,一些国家为了自身发展和应对气候变化,把关注重点放在了"智慧城市"的规划上。例如,在阿拉伯联合酋长国的迪拜,一个由500栋别墅、89套公寓和一个商业区组成的"可持续城市"

已经建成。这是迪拜运营的首个零能耗城市（一个无车区），它具备了许多环保功能：包括采用太阳能供电，用紫外线反射涂料来减少室内的热量吸收等。

4.制造业

制造业在绿色转型中的角色是多变且复杂的。一些制造行业，尤其是汽车行业，正在逐步将它们的产品线转变为更节能的同类产品，比如电动汽车。然而，由于在这一领域，新的绿色就业岗位将在很大程度上取代现有的就业岗位，因此其净就业增长可能并不明显。从就业角度看，该行业总的发展趋势更为显著，例如进一步的自动化和公司的并购和重组。而其他的一些制造业也正在为其他行业的绿色化过程提供产品支持，例如风力发电机、沼气池、智能电表和绿色建筑产品等。总体而言，制造业正在努力提高自身的能源效率，以减少其对环境的影响，例如通过循环再利用等，专栏4.6中孟加拉国的案例对此作了阐述。

▶ **专栏**4.6

孟加拉国环保成衣制造业

就增长、就业和外汇收入而言，成衣行业是孟加拉国目前最大的产业。该行业超过5000家工厂直接雇用了约440万名工人，这一数量约占其制造业就业总数的55%。迫在眉睫的是如何确保成衣制造（RMG）行业的增长同时不以环境退化和资源利用率低下为代价。实现上述目标的关键在于提高该行业的环境意识并对该行业提供相关的技能输出。在成衣制造行业，应优先考虑能源效率、废水处理和绿色可再生技术。根据过往经验，投资绿色技术不仅有利于降低成本，而且有利于获得更多的国际客户。来自国际时尚品牌和为绿色化成衣制造购买厂房的压力越来越大。一些品牌已经有了向更完善的可持续性迈进的战略。这包括支持那些投资于能源效率提升、节水与水循环、可再生能源和其他绿色技术的工厂。一项能源审计发现，成衣制造行业功能区域的潜在节能量约为 67 000—110 000 千瓦时/年。目前已经有很多成衣制造工厂通过了美国绿色建筑委员会的环保认证。

资料来源：《孟加拉国绿色就业技能》（ILO，2018）。

5. 农业和林业

农业和林业与气候变化和环境影响的直接关系在经济领域中占据了独特的地位。在许多低等收入国家中，农业和林业出现非常重要的雇主。例如，在马里，农业人口占其总就业人口的80%，在乌干达这一比例为70%。即便在中等偏下收入国家菲律宾，农业仍贡献了全国总就业的33%至37%。这一领域的绿色转型包括了采用更可持续的耕作和土地管理方法，以及推广有机农业。在低等收入国家中，农业的绿色转型是在就业从农业向制造业和服务业普遍转移的背景下发生的，这种转型通常在各国已进行多年；例如，2000年，塔吉克斯坦农业就业占总就业的比例为33%，到了2014年，这一比例已经降到了12%。尽管如此，对于该国的就业来说，农业仍是提供最多就业机会的行业。

这些因素使得我们很难将绿色转型对就业的影响与一般就业趋势区分开来。此外，这些就业影响在本研究涵盖的国家中也天差地别，这反映了农业制度和实践之间存在的广泛差异性，就像马里等低收入国家的自给农业及小农场和高收入国家的大型机械化农业企业（如美国的大草原）之间的差异一样。

如上文第二章所述，许多低等收入国家把大力发展绿色农业，作为减少环境危害和支持发展的一种手段。（对此，专栏4.7阐述了两个案例）

▶ 专栏 4.7

乌干达和毛里求斯的绿色农业

乌干达

提高农业生产率、增加农业收入和改善气候适应能力的"绿色增长"干预措施，有可能显著促进经济增长并减少贫困。据估计，作为"绿色增长"途径的一部分，对于农业干预措施的投资将在 2040 年为该国国内生产总值贡献 28 亿美元的增长，这一增长主要通过提高产量实现。对于一个有大比例（70%）劳动力在从事农业活动的国家而言，对提高生产率和促进贸易的投资将产生深远的影响。事实上，农业改革是乌干达结构变革的先决条件。它还将为那些正要离开农村去城市的人们提供就业机会。他们的到来给这些城市的公共服务带来了压力。参与这一转型的主要工人群体有农业工人、农业顾问、化学家、贸易商和农民。在这个领域，通过再培训创造新的绿色就业机会的空间广阔。

毛里求斯

在毛里求斯，绿色农业的尝试包括"智慧农业"项目和"毛里求斯良好农业标准"[the Mauritian Standard for Good Agricultural（MauriGAP）]。

- "智能农业"项目是由毛里求斯农业协会（the Mauritian Chamber of Agriculture）和该国的食品与农业研究所 [Food and Agriculture Research Institute（FAREI）]一起颁布的一项私营经济倡议。它力求促进农业实践，使其产量最大化，同时控制农药、化肥和水的使用。该项目目前正以十个小种植户为试点进行为期三年的基础实践。

- "毛里求斯良好农业标准"规定了作物生产的良好农业实践，包括土壤保持方法、堆肥和粪肥的使用以及通过作物轮作来保持土壤健康。为了获得标准的资格认证，农民将需要学习土壤管理和农艺措施方面的绿色技能，并对所种植的作物种

> 类使用合适的混合肥料，以及保持土壤健康的其他做法。此外，鉴于与银行和其他"绿色金融"问题的交易可能增加，同时绿色营销的机会可能增多，未来将需要一些通用类的绿色技能，包括组织技能（例如准确的记录、保存的认证文书、担保和劳动合同）和建立商业网络。
>
> 资料来源：《乌干达绿色就业技能》（ILO，2018）；《毛里求斯绿色就业技能》（ILO，2018）。

据估计，到2050年，埃及的可持续农业将多创造800万个就业机会。在马里，根据其国别报告（第11页）所述，

环境友好型技术和科技的引进正在改变农业工作，以使该领域的活动变得更具可持续性。在农业领域创造大量绿色就业机会是促进经济快速增长的好方法，这能够帮助降低当前的失业率，并为劳动力市场上的新手们提供良好的就业前景。

在一些国家，农业和林业向生态旅游的多元化转型也提供了许多就业机会（见第四章"8. 旅游和服务业"）。

在津巴布韦，农业和畜牧业中存在的绿色就业类型已经得到了确认，与此同时"气候智能型"农业活动的推广越来越广泛，"气候智能型"农业加工活动也与日俱增。2017年，土地、农业和农村移民部（Ministry of Lands, Agriculture and Rural Resettlements）与《联合国气候变化框架公约》的气候技术中心和网络（Climate Technology Centre and Network）、联合国环境规划署和其他机构共同合作，出台了新的《津巴布韦气候智能型农业教育手册》。表4.3展示了津巴布韦在绿色化农业及其价值链方面的培训需求。

在一些高等收入国家（如丹麦、德国、阿拉伯联合酋长国、英国和美国），国别报告中没有突出农业与绿色就业之间的重要关联。农业就业人数在这些国家的总就业人数中只占很小的比例（例如，在德国这一比例仅为4%）。尽管如此，从农业的定义上讲，其对这些国家的环境影响重大，因此，有必要从现有绿色就业岗位的角度来考虑农业对环境

的影响。在支持绿色农业化实践方面，法国和西班牙在高等收入国家中脱颖而出。在所有欧盟国家中，西班牙用于有机生产的土地占国家总土地面积的比例最大。在 2010 年至 2015 年期间，这一面积增长了 22%。法国的国家绿色经济就业与职业观测站已经发表了一份农业报告。正如该国在最近的立法中所宣布的以及在第 21 次缔约方会议上所承诺的那样，其农业的现代化过程是以"农业生态"的概念为基础的。因此，所有与农业生产有关的文凭都在发生变化，其标准正在进化，并明确包含了替代性技术的教学（特别是有机农业和植物保护）。

在绿色转型的背景下，有机农业常被提及。它具有提高土壤肥力、提高农业生产力、减少环境污染和破坏以及防止自然资源枯竭的巨大潜力。在低等收入国家中，这是一个被特别优先考虑的领域，而在高等收入国家中，考虑到农业企业的突出地位，其影响可能不大。2010 年，菲律宾通过了《有机农业法》，以促进国内的有机农业的发展。与此同时有机农业从业人员的数量急剧增加，2011 年该国有机农业就业人数约 9000 人，2016 年这一人数已经超过了 43 000 人。向生态旅游和农业旅游的多元化转型也是农业企业最常见的举措（见第四章"8. 旅游和服务业"）。

表 4.3 津巴布韦与农业和畜牧业价值链相关的绿色就业类型

活动领域与相关就业	培训要求	技能培训机构类型
农场电力安装，维护和维修：用于照明、制冷、钻孔、灌溉、管道供水的太阳能系统	电气工程，管道工程，焊接工程	农业学院、科技专科学校、职业培训学院（VTCs）
减少农业能源消耗：建造节能型烟草谷仓；清洁技术和节油技术在农业加工/增值方面的应用	机械/电气工程建设、节能农业、气候智能型农业	大学、农业学院、科技专科学校、职业培训学院
设计、建造、调试、维护和维修沼气池：利用禽畜粪便、人类废弃物、木工/铣削废料、农业废物等。	土木工程、建筑	大学、科技专科学校、职业培训学院
堆肥及蚯蚓养殖	节能农业、气候智能型农业	农业学院、科技专科学校、职业培训学院
利用可再生能源的农业加工/增值过程：以太阳能为基础的食品烘干机、农业加工设备、孵化机、铣削机、贮存和加工易腐物品的冷藏室等。	机械/电气工程建设、木工	大学、科技专科学校、职业培训学院

续表

活动领域与相关就业	培训要求	技能培训机构类型
采收后保存:利用可再生能源进行储存和保存,升级版筒仓等。	机械/电力/土木工程、建筑、木工	大学、农业学院、科技专科学校、职业培训学院
种植生物燃料型作物:例如甘蔗、麻疯树等	节能农业、气候智能型农业	农业学院、科技专科学校、职业培训学院
设计、建设、运行和维护风力水泵	机械工程、管道工程、焊接工程	大学、科技专科学校、职业培训学院
生产和销售替代性烹饪燃料和废弃物衍生品:例如生物凝胶、转化成燃料颗粒或煤团的农业废弃物、用废弃玉米棒制成的瓦片等。	机械工程、电气工程	科技专科学校、职业培训学院
实践节能农业:耕作最小化、作物残茬管理、饲料作物、抗旱高营养作物、粮油轮作、间作、干式种植、种子库/管理等。	节能农业、气候智能型农业	农业学院、科技专科学校、职业培训学院
实施气候智能型农业:土壤侵蚀控制、养分管理、减少耕作、覆盖和残留管理、碳汇、小粒和短季品种、早播和覆盖、综合肥力管理、耐旱品种、作物多样化、小规模灌溉	节能农业、气候智能型农业	农业学院、科技专科学校、职业培训学院
高效水管理:高效率灌溉系统——滴灌、地下灌溉、原地水分保护、雨水收集技术、水耕栽培等。	节能农业、气候智能型农业、管道工程	农业学院、科技专科学校、职业培训学院
畜牧本土育种和改良管理:抗热抗旱的地方品种、放牧管理、品种管理、牧群管理、养殖管理	节能农业、气候智能型农业	农业学院、科技专科学校、职业培训学院
病虫害防治:使用杀虫剂/肥料替代产品、监测系统、预警系统和响应系统。	节能农业、气候智能型农业	农业学院、科技专科学校、职业培训学院
温室技术的引进	节能农业、气候智能型农业	农业学院、科技专科学校、职业培训学院
有机农作物的种植	节能农业、气候智能型农业	农业学院、科技专科学校、职业培训学院
废弃物处理:回收和处理农业废弃塑料(如农药容器、地面覆盖物)和袋子以避免牲畜窒息等。	节能农业、气候智能型农业	农业学院、科技专科学校、职业培训学院
信息和通信技术应用的开发:气候/天气方面的应用,害虫预警系统等。	信息和通信技术	大学、科技专科学校

资料来源:摘录自初步调查研究材料,详见国际劳工组织 2020 年发布的报告之表 7 (ILO,2020,table 7)。

6. 运输服务业（物流业）

交通运输业的绿色化包括两大趋势：向污染少、温室气体排放低的车辆转型；引入大规模公共交通系统，以减少对个人交通的依赖。第一个趋势在短期内对就业的影响可能微乎其微，尽管在技能方面会有一定的影响，正如第五章"改变职业和职业的技能组成"所述。相比之下，大规模公共交通系统的引入在短期内会对建筑业的就业产生重大影响（见专栏 4.8），但在较长时期内，则可能会导致一些工作岗位的流失，例如出租车司机和巴士司机。

在低等收入国家中，交通运输的发展是一个关键问题，因为它通过缩短产品与市场的距离并创造商业机会促进了整体经济的发展。正如塞内加尔国别报告所指出的那样："这整个概念必须得到绿色和包容性治理的支持。"不幸的是，许多低等收入国家正面临着运输系统质量低下、易造成污染且能源利用率低的问题，其主要以个体交通模式而不是高效的公共交通系统为主导。而且在个别国家，解决这一问题并不是一个优先选项（如在布基纳法索，迄今为止，其在交通运输业的绿色就业发展一直处于"落后"状态）。

▶ 专栏 4.8

迪拜的交通运输业绿色化过程

绿色化交通运输业是迪拜政府的重点发展项目。2009 年，迪拜完成了第一段地铁的建设。从那以后，迪拜已经完成了 75 公里的地铁线路。截至 2017 年 9 月，该国地铁接待的乘客总数已超过 10 亿人次。此外，2014 年，该国的轻轨系统开始运营。一条长达 15 公里的通往 2020 年世博会会址的线路和 7 个新车站将在 2020 年之前竣工。未来扩建计划包括 400 公里的地铁线路和 268 公里的电车线路。在就业方面，据信早在 2008 年就有 24000 名工程师、技术人员、工人以及 105 名分包商参与到了该国交通系统的建设工作。近年来,该领域就业需求持续增长,这一需求主要针对电气、机械和土木工程师、有铁路经验的项目经理以及轨道工程师等其他铁路专家。随着建设阶段的逐步结束,这些新就业机会能否在未来持续下去还有待观察。然而,即便施工阶段结束,也会继而产生额外的永久性的操作和管理工作。

资料来源:《阿拉伯联合酋长国绿色就业技能》(ILO,2018)。

7. 电信业

这一领域的情况在 2011 年的报告中有所提及(Strietska-Ilina et al., 2011, p.75, 表 4.3),但在 2018 年的国别报告中却对其鲜有关注,当然,这本身也是该领域情况的一种呈现。我们对这一领域的评论是在国别报告中对其所提供的资料总体缺乏的背景下提出的。

在孟加拉国的国别报告中,只有一份报告强调了电信业在其绿色转型中的作用。这种信息缺乏值得注意,因为电信不仅本身是绿色的,而且在绿色转型过程中广泛地发挥了重要的促进作用——无线技术和节能产品具备大幅度减少碳排放的潜力——例如它们在"智慧城市"中发挥的作用(见上文关于"毛里求斯智慧城市计划"的专栏 2.1)。

在电信业的"内部"绿色化方面,孟加拉国的移动电话网络正在逐步取代地线(通过使用太阳能,电信网络运营商的碳排放量将大大减少),并且其电子废弃物的回收行动也已加快脚步。尽管如此,绿色就业技能的开发,特别是对于网络工程师和技术人员而言,仍处于成型阶段。而在较低的技能水平范围内,例如针对材料的回收和再利用,目前的在职培训已经足够。这种情况表明需要对目前已经受雇于电信行业的工程和技术人员进行(再)培训。

8. 旅游业与服务业

在旅游业,其绿色转型的就业影响总体上可能是小规模的。虽然对一些农村地区和部分国家来说,旅游业的潜力是巨大的。例如,据预测，黑山共和国将通过更好地利用国内和当地供应链等手段，在2012年至2020年期间创造1.6万多个新就业机会。然而，旅游业的绿色化过程可能会面临重大挑战，如专栏4.9所述。

▶ 专栏4.9

毛里求斯的旅游业绿色化：机遇和挑战

在毛里求斯，旅游业可持续发展的概念已经确立。"毛里求斯可持续性旅游标准"[The Mauritian Standard for Sustainable Tourism（MS165）]规定了旅游业经营者必须满足的要求，经营者只有满足要求才能获得"可持续性旅游"的生态标签。采用"毛里求斯可持续性旅游标准"的好处包括改善环境绩效、充分利用资源、减少废物、符合环保的法律法规，以及提升企业形象、竞争优势和业务效率。为了促进"毛里求斯可持续性旅游标准"的认证，毛里求斯旅游管理局（Mauritius Tourism Authority）2015年出台了一项扶持旅游业的发展规划。然而，尽管旅游管理局提供了相当于该项目成本的50%的配套拨款（高达4.4万卢比），但反响并不热烈，这是因为该国旅游业经营者尚未将该标准视为一种营销工具。为了使该标准更具吸引力，目前正在展开对该标准的审核，以使其符合全球可持续旅游理事会（Global Sustainable Tourism Council）对认可和认证的要求，并将拨款上限提高到15万卢比，以覆盖认证和咨询的费用。

资料来源：《毛里求斯绿色就业技能》（ILO，2018）。

在十个高等收入国家样本中尽管有八个国家的旅游业收入潜力巨大，但其旅游业的绿色化，包括该行业现有的就业，并不是它们最优先考虑的问题；只有在西班牙和巴巴多斯——旅游业的收入已经在其国内生产总值中占了相当大的份额——旅游业才成为其显著的特色。

生态旅游，不同于一般的绿色化旅游业，在一些国家被认为具有相当大的潜力。各国对此的定义不一，但是菲律宾对此的定义很有代表性："根据《国家生态旅游战略和行动规划（2013—2022）》（National Ecotourism Strategy and Action Plan 2013—2022）的定义，生态旅游是一种可持续性的旅游形式，旨在在自然和文化遗产区内促进和追求社区参与、自然资源保护和管理、文化与本土知识及实践、环境伦理教育以及经济效益，以丰富当地社区并满足游客的需求"（ILO，2019）。① 该规划已经确立了一个可吸引150万至1420万生态游客的潜在市场。在津巴布韦，生态旅游和生物多样性保护有潜力为旅游业创造更多就业机会，目前该行业的就业占总就业的5.2%（WTTC，2017；ILO，2020）。然而，到目前为止，很少有人注意审查和绿色化旅游和服务业现有的培训课程（ILO，2018a）。

对农民来说，生态旅游和农业旅游也是可行的选择，能帮助他们实现收入来源的多元化，这在农业面临环境压力时可能是有益的。2016年，菲律宾通过了《农场旅游发展法案》（Farm Tourism Development Act），旨在促进环境友好、高效和可持续的农场实践；为家庭、学生及其他客户群体提供另类的康乐设施及农场旅游活动；通过农场生产的高质量的食品来提升游客健康水平。在泰国，其国家职业资格评定机构正在一些具有很大发展潜力的关键行业制定行业技能标准，这些行业包括"丰富的医疗和保健旅游业"、农业以及生物技术和食品的创新。这项工作属于地方级的技能开发规划内容，由省级职业培训协调委员会实施。该委员会由省长担任主席，其成员包括来自公共经济的代表和私营经济的代表（来自泰国行业联合会、商会和一个与旅游有关的组织）。

9. 采掘行业

采矿业等采掘业对绿色转型提出了一个挑战，特别是对发展中经济体而言，因为其虽然对环境有重大的负面影响，但往往却在经济增长中发挥了重要作用。虽然技术的进步正在导致这一领域对劳动力的需要持

---

① 网址：http://www.fao.org/faolex/results/details/en/c/LEX-FAOC179040/（访问于2019年11月24日）

续减少,但在有些国家,这些行业仍在继续扩大其业务。在这一领域创造体面的就业是一项挑战,部分原因是非正规就业人数众多和工作条件恶劣。在中国,限制煤炭消费将对燃煤发电和煤矿业产生重大消极影响,预计到 2030 年,中国将失业 396.2 万人;但风能、太阳能和水力发电的就业机会将抵消这些影响,预计同期将创造 591.1 万个新就业机会(*Skills for green jobs in China*,ILO,2018,p. 21)。

▶ 专栏 4.10

布基纳法索的采矿业绿色化——为了环境和体面就业

2009 年以后,布基纳法索经历了一段采矿业繁荣期。仅黄金一项,就占该国出口总值的近 43%。该国有两种淘金方式:有监督的工业开采和手工开采。前者创造了 9000 个直接就业岗位和 27 000 个间接就业岗位;后者为 700 000 人提供了就业机会,另外还有超过 500 000 人间接受益,但这是一项高危活动,特别是在污染物排放和用水方面。采矿在绿色就业方面潜力很大,但要实现这种潜力,就需要对该领域的企业进行培训,使其运营过程满足环境要求,例如化学品的使用和废弃物的处理过程。采矿业的绿色化需要有以下方面的专家:采矿废物的处理,工业、半工业和工业采矿场地的绿化,采矿和采石以及作业结束后采矿场地的恢复。此外,该行业还为采矿经纪人(从事与黄金开采的服务和销售有关的工作)和与矿山的建造和商业化有关的工作提供了就业机会。

资料来源:《布基纳法索绿色就业技能》(ILO,2018)。

四、结论

本章研究了绿色转型带来的就业结构变化,包括不同国家和行业之间的差异。上述就业效应对职业和技能有着重要的影响,特别是对现有工人的再培训和技能提升影响很大。对于这些议题,第五章和第七章分别做了探讨。

虽然很难对各个行业和国家一概而论，但在目前阶段可以得出三个广泛的结论。首先，值得注意的是，一些行业的"故事"在各国之间都有相似的情况上演。无论一个国家处于收入/发展领域的哪个水平，可再生能源和环境产品与服务业都提供了相当大的就业潜力，同样，建筑业也为几乎所有国家提供了明显的就业潜力。此外，还有一个有意义的发现：各国之间存在着巨大的经济和社会差异，而且不同的新技术或材料可能适用于非常不同的背景环境——从发展中国家农村地区的沼气池，到高等收入国家的大规模太阳能发电业务。相比之下，各国就业潜力差异最大的行业可能是农业。农业在低等收入国家中受到的关注要大得多，因为它在这些区域贡献了占更大比例的就业人口。

其次，也是比较明显的一点，一个经济行业中绿色活动所取得的进展可能会被另一个行业中危害环境的活动的持续或扩大所抵消。在巴西，减少温室气体排放的承诺主要是基于 21 世纪头十年森林砍伐的减少。然而，由于扩大农业边界的压力越来越大，加之环境立法发生变化以及环境机构资源不足，导致 21 世纪 10 年代，为了将自然栖息地变为牧场或农田，人们对森林的滥砍滥伐的现象出现了反弹。与此同时，农业和畜牧业的就业持续下降。2000 年其就业占全国总就业的 21.2%（1670 万个就业岗位），到了 2015 年其就业占全国的比例仅剩 12.9%（1320 万个就业岗位）。在一些对环境影响很大的活动的推动下，该国恢复了初级出口模式，这一举措破坏了社会融入，因为该国无法创造高生产率的工作，因而无法提高工资并增加正式工作的数量。

第三，也是最后一点，绿色化的过程轨迹很少是线性的。从 2011 年以后的这段时期可以看出绿色转型所面临的挑战，这主要反映在这几年转型过程中的政策放缓和"开倒车"上。很明显，绿色就业的增长存在着一些关键的障碍和制约因素：

- 贫困、低等收入和非正规就业构成了重大挑战，特别是对低等收入国家的就业者而言。在农业地区，贫穷迫使人们从事低生产力的边缘活动，以便在短期内维持生计，但这却可能使他们在中期和长期所依赖的环境恶化。近年来，由于土地沙漠化等环境变化，这一情况加剧恶化。此外，在所有行业中都存在的一个更普遍的问题就是非正规就业。这一问题在低等收入国家尤为突出。2016年，印度尼西亚有58%的劳动力属于非正规就业。在加纳，非正规的采矿业达到了73%，在那里，由于非法活动使用低水平技术而威胁到环境的安全；该国在交通运输业的非正规性就业也常体现在雇用低等技能水平的司机和汽车机械师方面。从定义上讲，各地的非正规工人都不在政府环境法规的管辖范围之内，也不太可能接受为绿色转型而提高技能或重新学习技能的培训。

- 环境立法缺乏执行或执行不力仍然是许多国家的问题。在孟加拉国，可再生能源业的快速发展与其他具有绿色就业潜力的行业形成了鲜明的对比，例如材料管理、电信、运输、制砖和成衣。这些行业缺乏进展的主要原因是可再生能源以外的政策和体制支持不足。

- 绿色产品和服务业的市场机会往往得不到充分开发。这类市场的启动往往离不开政府的支持。许多国家缺乏对绿色行业的充分激励（例如税收补贴）和对绿色产品的认证和管理制度。此外，即便对于绿色创业相对发达的高污染地区来说，从它们2011年以来的经验看，政府补贴和激励措施可能还需要持续一段时间，以便市场能够开始自主持续运转。

第五章　不断变化的职业和职业技能组成

绿色转型持续影响着现有的职业，这一过程需要进行技能再培训和/或技能提升，难得的是它也会创造全新的绿色职业。新的职业往往出现在更高的技能水平范围，而低等技能水平的职业通常只需要具备更多的环境意识或对工作过程的适应性。目前还不清楚2011年以后有多少职业可能已经"绿色化"了；转型的过程需要时间，而且往往是越往后时间就越长。在行业一级，可再生能源业和环境产品与服务业的发展最为迅速。建筑业大都在某种程度上受到了影响。农业的绿色化过程虽然面临着严峻的挑战，但迄今似乎并没有在技能方面发生过什么重大变革。在制造业，对绿色就业技能的需求不一样。绿色就业所需的技能既具备技术性（不同职业特有的）特征又具备一般性（核心技能）特征。技能差距和短缺可能会普遍存在。发展中国家主要面临的是较高水平技能不足的挑战，而发达国家则在技术型技能和软技能两方面都存在差距和短缺。

本章探讨了与目前绿色转型相关的职业技能变化的本质（第六章将分析未来的职业和技能需求）。本章将首先对受绿色转型影响最大行业的职业变化情况进行分析，然后对随着绿色转型势头的增强而出现的技能需求以及对技能差距和短缺进行分析。

一、随着经济转向绿色化，职业和技能如何发生变化

职业和技能随着产品和服务的变化而变化。新的产品和服务，比如那些涉及绿色转型的产品和服务，引入了新的工作任务，这反过来要求人们学习新的技能并积累适当的技能组。在绿色转型中，这一过程主要有两种形式：

- 现有的职业可能会经历再培训或技能升级，因为需要将现有的技能应用到新产品或新材料上（这种情况需要增加新的相关知识），或者将新技能添加到现有技能组中。例如，许多建筑行业现在都需要使用新型绿色材料，这就需要工作人员具备新的知识和技术。
- 新型绿色职业应运而生，因为这些工作任务需要新的技能组。太阳能电池板安装工或风力发电机技术员就属于这一类。此外，也可能存在一些复合型职业，它们通过整合不同的专业领域来建立新的工作形式，例如发展中国家的农业气象学家，就属于整合了气象学和农业科学两方面专业知识的专家。

如专栏 5.1 中所示，绿色转型过程的这两种形式未必是直接的或简单的。

> ▶ **专栏 5.1**
>
> **在行业的绿色化过程中，职业如何演变：以塞内加尔的建筑业为例**
>
> 在塞内加尔，一种当地生长的植物香蒲正被应用于绝缘材料的生产。这类新型材料的生产和应用涉及的技术可以分为四大类：
> - 工程和技术技能（主要在设计、建筑、生态设计、建造和技术评估领域）；
> - 在价值链开始阶段（研究和开发阶段）需要的（物理、化学等方面的）科学技能；

- 运营管理技能（全生命周期管理能力或与包括监管机构或客户的外部参与者合作能力）；
- 监督技能（以确保运营过程符合技术标准、法律和环境标准）。

这些技能本身都不是新技能，但在增加了对环境问题的关注后，其专业业务发生了重大变革，这一变化对大部分建筑行业都产生了影响。"环境管理"一词现在也被用于建筑物，这表明在建筑物的整个生命周期中，从生态设计阶段到翻新阶段，都需要考虑到其环境影响和能源效率。这些环境友好型的新方法要求专业人员习得更专业的专门技能，包括从其他行业汲取的一些技能（例如，对环境影响的上游分析，为满足能源要求与其他专业人员协同采取的干预措施，以及现场管理人员的咨询能力和环境意识）。

资料来源：《塞内加尔绿色就业技能》（ILO, 2018）。

到底是现有职业绿色化转型还是创造一个新职业？这一点要由什么来决定？这在很大程度上取决于技能变化的程度。正如2011年的报告所指出的那样：当一个领域的技能发生实质性变化时，就会出现新的职业。此外，它还取决于各利益相关方（社会伙伴、培训机构、政府部门、教育与技能政策联盟）做出的决定，这些利益相关方会决定是否需要正式确定一个新的职业并将其列入国家职业分类体系当中。这些职业的正式确立可以通过设立新的职业资格和/或通过将其纳入正式的职业数据库或进行登记注册来完成。例如在德国，这一过程就是由企业发起，在工会的参与下，通过商业协会来完成的。在其他一些国家，如英国，对大多数职业而言，根本不存在这样的正式定义和认证程序，因为它们的劳动力市场是高度灵活的。这两个例子可以说代表了一个连续统一体的两极，大多数国家的情况都介于这两者之间。当然，各国情况不一。

职业和技能变化的性质也因技能水平的不同而不同。大多数新型绿色职业都是高等技能水平的职业，因为它们涉及大量新的（科学）知识和技能（Strietska-Ilina et al., 2011, p.98）。基于2018年的国别报告，表

5.1 把各种技能变化的性质分成了三类。从这些报告中可以清晰地看出，由于绿色转型的出现，所有职业都在以某种方式发生着变化，即使这一变化仅仅是提高了环境意识，或者不过是确保废弃物材料得到回收之类的活动。这类变化尤其适用于低技能职业。中等技能水平的职业变化程度各不相同。有些职业正在进行转型，也有一些新的职业正在出现。

表 5.1　由于绿色转型而产生的技能变化（按技能水平划分）

技能水平	变化的性质	相关职业举例
低等技能职业	一般性变化，例如环境意识；对工作程序的简单适应	垃圾回收工人、垃圾倾卸工人
中等技能职业	出现了一些新的绿色职业；在技术技能和知识方面对现有职业进行了重大变革	新绿色职业：风力发电机操作工人、太阳能电池板安装工人。转型职业：屋顶建筑工人、暖通工程师、水管工
高等技术职业	大多数绿色新型职业集中地在技术技能和知识方面对现有职业进行重大变革	新型职业：农业气象学家、气候变化科学家、能源审计师、能源顾问、碳交易分析师。转型职业：建筑设施经理、建筑师、工程师

资料来源：作者基于国别报告《绿色就业技能》的分析，（ILO，2018）。

专栏 5.2 中的例子阐释了不同职业的"绿色反应"的差异（按所技能水平划分）。

▶ 专栏 5.2

菲律宾建造行业的技能反应

绿色业务培训对某些职业而言比其他职业更为重要。例如，虽然建筑工人在绿色建筑工地上的工作可能有所不同，但这些工人的工作转型通常不需要太多的专业培训。而专业技术人员需要熟练地安装节能和节水电器，并且可能会应用到新技术。他们通常需要更多的培训。那些从事设计职业的人，比如建筑师和工程师，则需要大量的针对绿色建筑的教育和培训。

资料来源：《菲律宾绿色就业技能》（ILO，2018）。

绿色转型还会催生与现有职业并存的新职业。表 5.2 以菲律宾为例很好地阐释了这一点。

表 5.2　菲律宾的新职业是如何与现有职业并存的

当前职业	所需的新低碳技能	新岗位
电气技师	屋顶施工，太阳能电池板安装	太阳能光伏装配工
海上石油/风力设备维修技术员	海上风力发电技术	海上设备维修技术员
航天技术员	专门的技术知识	风力发电机技术员

资料来源：《菲律宾绿色就业技能》（ILO，2018）。

显然，从引进新的绿色产品与服务到将技能"固化"到现有或新职业中的这一过程需要时间来完成，而且这段时间是逐步递增的。2011 年的报告指出，许多绿色职业以及这些职业所需的技能在当时都处于发展阶段（Strietska-Ilina et al.，2011，p. 97）。目前尚不清楚这些职业大概在多大程度上已经完成了这一阶段。2011 年的报告还指出，国家职业数据库在定期更新，一些绿色职业在某些国家（如美国）已经被正式纳入国家职业分类文件。对于 2011 年以后这些绿色职业被纳入数据库的速度和程度，以及新的职业资格或修订的职业资格被列入国家资格框架或登记注册系统中的情况，目前很难就此给出清晰的说法。现在可以确定的是这一进程仍在继续。例如，西班牙有 21 个专门针对绿色就业的职业教育文凭，其中 17 个是在 2010 年以后设立的（见表 7.2）。绿色技术和职业被正规化的速度可能反映了各个行业变革的速度（见第五章"二、重点行业行域的职业变化"）以及不同国家现有的机制情况。

认识到新职业很可能与现有职业有相似的技能内容是很重要的。就像一个国家数据库或注册系统上的两个不同职业可能会有很多内容是重叠的一样，一个现有职业的绿色版本也可能会与原来的"老版"共享很多技能。这并不奇怪：新的技能集合几乎必然是建立在现有的技能集合之上的，而新的职业标准和资格证书很少（如果有的话）是从零开始制定的，而更可能是自现有的标准和学习成果调整产生的（Cedefop，forthcoming a）。对于这一点，可以通过比较相关资格的职业标准或学习成果来进行实证检验（Cedefop，forthcoming b）。然而，很明显，大多数国家仍然缺乏关于职业变化和与绿色转型有关的新职业的全面数据，因为必要的结构和程序尚未到位（关于这一点存在少数例外，如法国就已设立了国家绿色经济就业与职业观测站）。新型职业肯定会逐步出现在相关数据库/注册系统中，但人们很少从绿色经济的角度来概述其实际的进展。这可能是因为职业标准和资格设计是通过现有的系统来处理的，而这些系统往往是按行业划分的。

此外，也不能保证新的职业资格会在劳动力市场自动获得接受。例如，在韩国，持有可再生能源发电机构（太阳能）新资格的人不能从事光伏发电机构的工作，因为《电力公用事业法案》（2017）要求后一机构的工人具备电气工程专业资格（如功能工程师或工业工程师）或其他同等资历。此外，对于新的资格标准是否充分反映了工作任务的要求，还存在一定的疑问。这些困难减缓了职业绿色化的脚步。为了克服这些障碍，利益相关方之间需要密切合作。

二、重点行业领域的职业变化

职业变化的程度因行业而异。表5.3列出了截至2018年受绿色转型影响最大的职业变化的性质和程度，国别报告中对此作了相关论证。该表大致按行业变化的程度降序排列，从变化最大的行业（可再生能源和环境产品与服务业）开始。值得注意的是，建筑行业绿色化过程在某种程度上涉及了该领域所有职业，但其创造新职业的情况却不如上述两个行业。农业也在发生变化，但迄今为止的证据表明，该领域的绿色转型情况良莠不齐。此外，制造业内的职业变化天差地别。迄今为止，被波及的其余行业受到的影响都是小规模的。虽然许多行业的低技能职业都发生了一些转变，但这些职业的转型通常只需要短期培训或在职学习，因此没有被包括在表5.3中。

表 5.3　截至 2018 年，重点行业的职业变化性质和程度

行业	迄今为止职业变化的性质和程度	相关新职业和转型职业举例 [a]
可再生能源	这是各国发展新职业最有成效的行业之一。新职业也可能与密切相关的现有行业一起出现，例如太阳能系统安装。	中等技能水平：太阳能光伏发电机/风力发电机/生物质发电系统：相关安装人员、技术人员、工厂经理、质量工程师。 具备新的相关知识和技能的现有行业：电气技师、水管工、暖通工程师。 高等技能水平：工程师和系统设计师（与制造行业有重叠）。
环境产品和服务行业，包括水和废弃物处理	此为职业变化最重要的行业之一，其转型与人们更周密地管理环境影响和环境本身有关。 废弃物处理与回收职业转变显著，其中包括研究与开发职能的转变（以创建新型的或经改进的废弃物处理和回收职业），废弃物回收，回收再利用机构的管理和运营环境咨询和环境审计就是新的职业或职业类别。就目前而言，相较于在其他国家的发展，其在高等收入国家的发展要更好一些。	中等技能水平：环境工程技术人员、水土资源保护人员、环境科学与保护技术人员（包括卫生与环境工程技术人员）。 高等技能水平：大气和空间科学家、水土资源保护人员、景观设计师、环境工程师、气候变化分析师、环境修复规划师、环境认证专家、环境经济学家、工业生态学家、水资源专家和水/废水工程师、能源经理、能源审计。 （上述许多职业可能是由其他行业的大公司的员工所从事）
建筑与建造业	在这一领域，绿色转型主要表现为现有职业增加和/或调整的技能；各国所有主要行业和职业都可能以某种方式受到越来越多的影响。	中等技能水平：木匠、水管工、电工、供暖工程师、屋顶建筑工、油漆工和装饰工、泥瓦工、建筑服务技术人员。 高等技能水平：设施经理、架构师、工程师、能源审计师和能源顾问（与环境产品和服务行业有重叠）。
制造业	所有制造商都将需要与减少环境不良影响有关的技能，这可能涉及新的职业，例如污染管治主任。 受影响最显著的是那些参与"最绿色"行业产品设计和制造的制造商，这些行业包括可再生能源（太阳能电池板系统、风力发电机、沼气池）和绿色建筑（隔热、能源效率）。这些领域可能主要涉及现有职业的适应，而不是创造全新的职业，尽管生态设计是一个崭新的领域。	中等技能水平：与减少环境不良影响有关的职业，例如污染管治主任、能源审计师（与环境产品与服务产业有重叠）。 高等技能水平：与新产品和系统的设计和生产相关的职业，如产品设计师、生产工程师。

续表

行业	迄今为止职业变化的性质和程度	相关新职业和转型职业举例
农业和林业	主要是现有职业增加和/或调整的技能。 对职业的最大影响可能会体现在需要产生新职业的高等技能水平上缺乏广泛和实质性变化的证据；在一些高等收入国家中，很少有证据表明绿色技术被广泛采用。	中等技能水平：有机种植技术的采用；农业技术人员发展（包括农作物多样化领域）；改良技术的应用。 高等技能水平：水土资源保护论者、环境修复规划师、环境认证专家、环境经济学家、水资源专家和有水/废水工程师、农业气象学家。
交通运输业	主要通过额外的知识和技能改变现有职业，如使用环保交通工具以减少排放。电动车的使用；将现有车辆转化为新技术车辆（如使用压缩天然气，这就需要车辆力学/技术人员具有相关的知识和技能）。	中等技能水平：与现有车辆的使用、改造（绿化）和维护相关的职业。 高等技能水平：与更绿色交通系统设计相关的研发职业，如工程师，系统分析师。
旅游业	主要通过额外的知识和技能改变现有职业，如生态旅游。	中等技能水平：与生态旅游相关的职业。
采掘行业	主要通过额外的知识和技能改变现有职业。迄今还没有广泛影响的证据。	高等技能水平：与绿色萃取工艺系统设计相关的研究与开发职位，例如，工程师。

ª 表中列出的职业提供了一些职业名称的例子，但该名单并不详尽。
资料来源：作者基于国别报告《绿色就业技能》的分析，（ILO，2018）。

表5.3所强调的职业绿色转型的一个重要特征是，其影响往往是跨行业的，且涉及广泛的职业类别。表5.4中的案例对此做了很好的阐释，展示了一系列在将野生香蒲绿色化应用过程中产生的职业，这些过程包括在塞内加尔把它用作可持续建筑的绝缘材料以及用作维持生计的生物能源。

表5.4 在塞内加尔开发和使用香蒲科植物作为绝缘材料所需要的职业列表

执行的任务	相应的职业
采收并烘干香蒲	农场工人、机械操作员
运输原材料以存储	马车司机、汽车司机、见习司机
原材料交货	司机、批发商

续表

执行的任务	相应的职业
手工制作	篮子编织工人
设计和开发材料（块、板等）	生态设计师、工业分析实验室的控制主任、工业化学分析技术员、工业产品开发工程师
采购生产设备	金属/铁匠、工业设备安装技术员、售后服务维修技术员
初始材料加工	生产组长、磨床操作员、普工
材料生产	砌筑组长、建筑材料挤压机操作员、砌砖工、泥瓦工、普工、生产设备维修技术员
建筑材料供应	批发商
生物气候建筑设计	生态设计师、建筑设计师、声学工程师、土木工程师、建筑节能和暖通工程师、建筑和公共工程造价工程师
建造新建筑	砌筑组长、砌砖/砌块工和装修工、保温层安装工、抹灰工、密封敷料工、茅草屋顶工、屋顶工、复合木材安装工、组长、施工现场经理、气候工程经理、建筑声学家、建筑能效工程师
翻新建筑物	能源改造经理、装修工、建筑节能工程师
维护与保养建筑用香蒲材料	生物基材料维修技术员、生物基材料保养技术员
废弃建筑中香蒲材料的回收利用	回收技术员、回收操作员
培训	培训研究员
管理	建造、气候和能源工程师、建筑声学顾问、建筑师、建筑成本核算员、房地产诊断专家
监测	能源管理顾问、热合规检查员、建筑能效工程师、声学工程师、房地产诊断专家
沟通	环境协调主任、环境意识提升师/培训师

资料来源：《塞内加尔绿色就业技能》（ILO，2018）。

三、绿色转型需要的技能类别

"绿色转型"所需技能既包括技术、职业技能，也包括通用的软技能。关于技术技能，可再生能源行业很好地展示了可能需要的各种技能（见表5.5），虽然这可能是目前最极端的例子，因为这是绿色转型过程中职业和技能开发最显著的领域。

表 5.5 可再生能源行业当前和未来所需的职业和技能：以巴巴多斯为例

当前的需求	新兴需求
职业 • 有交流和直流电经验的电气技师（经认证的） • 电气和机械工程师 • 了解电气规范的太阳能光伏设计师 • 能够使用卫星图像的场地评估人员 • 能够看懂图纸且熟练使用手动工具的太阳能光伏安装人员 • 能源审计师：能够应用良好的科学知识及熟练的系统动力学知识进行审计工作 • 熟悉太阳能加热系统的水暖工	职业 • 非屋顶安装工人（地面/杆/压载物） • 能够研究电池和燃料电池技术的机械师 • 能够设计电池和离网系统的太阳能光伏设计师 • 具有可持续性改造设计知识的工程设计师（可再生能源/能源效率、空气流量和质量、废水再利用等）
其他知识和技能 • 节能和能效知识及技能 • 网络信息技术 • 熟悉逆变器和转换器系统 • 建筑标准和操作知识 • 项目管理培训和经验 • 卫生与安全培训	其他知识和技能 • 混合系统知识 • 微电网知识（能源资源、发电、负荷和边界） • 了解风力发电机技术，海洋和水上发电技术，垂直风力发电技术 • 了解智能电网技术 • 了解废弃物能源系统（厌氧消化过程及相关系统） • 具备能源管理系统的电气和计算机技能，用于自动管理太阳能、交流电、直流电和电网连接 • 智能计量知识及培训 • 具有电池（锂）、压缩气罐、水、合成燃料和替代燃料等方面的能源存储知识及工程技能 • 先进气象学在太阳能光伏系统中的应用 • 使用太阳能光伏系统进行农业冷藏储存活动 • 养耕共生和水培知识 • 智能和可持续的农业培训 • 用于渔船的风力发电机技术

资料来源：《巴巴多斯绿色就业技能》（ILO，2018）。

可再生能源行业的案例也很好地展示了与绿色转型相关技能的一个重要特征：对新绿色产品和服务的技能需求，在整个供应链中，从设计和制造到安装和运营，都产生了涟漪效应。表 5.6 中印度的案例对此做了很好的阐释。

表 5.6　印度可再生能源业中从产品设计到安装过程的技能差距

行业	领域	技能差距
生物能源	研究与开发	·了解可产油树木（如麻疯树）的相关知识 ·具有生物柴油、农学、作物、土壤和气候研究等方面的专业知识 ·病虫害防治
	项目管理	·项目实施、管理、计划和协调
	制造业	·生物气化炉的设计和制造技能 ·热气调节系统 ·工艺流程设计
	建筑/安装	·大规模并网型生物发电项目的安装和调试
	运营	·操控生物燃烧系统 ·维护与维修 ·用于生物收集的物流
太阳能	研究与开发	·接触过先进技术，如晶圆片和半导体 ·具有安装建筑集成光伏系统的设计技能
	项目管理	·项目实施、管理、计划和协调（特别是在操控聚光太阳能发电系统时）
	制造业	·组件装配 ·太阳能光伏系统集成
	建筑/安装	·大规模并网型太阳能发电项目的安装和调试 ·第三方安装人员的安装技能 ·大型并网工程
	运营	·太阳能光伏电路故障排除 ·技术–商业营销技巧 ·售后服务和客户关怀
风能	研究与开发	·海上风力发电技术 ·风资源评估 ·工程设计优化 ·电池技术 ·耐疲劳材料 ·加速变速箱的设计
	项目管理	·与风力资源、额定功率和安装相匹配的设计技术
	制造业	·制造高容量涡轮变速箱 ·制作设计复杂的风力发电机叶片
	建筑/安装	·安装大容量风力发电机
	运营	·变速箱故障分析

资料来源：《印度绿色就业技能》（ILO，2018）。

表 5.7　绿色就业所需的主要核心技能（按职业技能水平划分）

所有劳动力都需要的核心技能	・环境意识；学习可持续发展的意愿 ・适应性和可迁移技能，可以使工人有能力通过学习和应用新技术和新工作流程，来实现工作绿色化 ・团队合作能力，反映组织需要共同努力应对他们的生态足迹 ・随时应对所需改变的灵活性 ・沟通和谈判技巧，用以促进同事和客户尽快做出必要的改变 ・能抓住低碳技术和环境缓解与适应先机的创业技能
中高技能职业需要的核心技能	・分析思维能力（包括风险和系统分析），以解释和理解改变的需要和所需的措施 ・结合经济、社会和生态目标且涵盖综合和跨学科方法的协调、管理和商务技能 ・能识别机遇并制定应对绿色挑战策略的创新技能 ・推广绿色产品和服务的市场营销技能 ・就绿色化解决方案向消费者提供咨询建议并推广绿色技术使用的咨询服务技能 ・在全球市场中发挥作用的网络、信息技术和语言技能 ・战略和领导力，以使决策者和企业主管能够制定正确的激励措施并创造条件以实现更清洁的生产和运输

资料来源：作者基于国别报告《绿色就业技能》的分析，（ILO，2018）。

私营企业在投资可再生能源的同时，也准备为其员工提供技能、知识和运营技术的革新计划，这些计划可以进一步促进该行业的技能开发，例如，"氧气能源"公司正在与米德兰兹州立大学孵化中心及其他利益相关方合作，制订一项此类计划。

除了这些技术技能，核心（或软）技能在整个劳动力大军中也有很大需求。2011年以后，这些情况基本没有变化。有些核心技能是所有工人都需要具备的，不论其职业的一般技能水平如何。如表5.7所示，中等至高等水平技能职业可能需要更多这类技能。

无论什么新产品或新服务出现，几乎都不可避免地会面临技能差距和短缺的情况，绿色经济也不例外。目前尚不完善的技能预测系统（见第七章"1.预期和监测技能的需求"）限制了各国确定可能的技能差距以及系统和全面地分析未来的培训需求和短缺的能力。尽管如此，已经有足够的例子表明，这两种技能的差距和短缺很可能普遍存在，特别是在那些低等收入国家中，而这些差距和短缺很可能会阻碍各国向环境可持续经济的转型。没有证据表明这种状况在2011年以后有任何明显改善。

一般性和特殊性技能方面都存在差距及短缺。在巴西，已确认一般性技能短缺的类型，其中包括需要更好地了解环境立法及其背后的原因；提高全体员工的环境意识，使生产过程能够以"自下而上"的方式绿化，而不是强制实行"自上而下"的管理；通过普通学校教育，使工人更好地理解绿色化必要性背后的科学依据；以及扩大"环境公民"的范围。[1]

如上所述，绿色经济中技能和职业的许多重要的变化都出现在更高的技能需求中，这些变化需要通过大学教育来实现。这对许多低等收入国家来说是一个严峻的挑战，因为这些低等收入国家一般都缺乏高水平的技能。例如，在加纳，缺乏工程师、技术员和技术专家等专业人员是其面临的技能挑战的关键部分。该国只有不到五分之一的大学毕业生修读了与科学、技术、工程和数学技能相关的课程。在孟加拉国，大多数高级技能（环境科学、经济、工程、工业生态学等）是通过外国的教育和培训获得的。该国相关的教育供应不足，需要制订进一步的技能开发计划对此进行强化。培训和发展专家及人力资源专家不足也是一个挑战，正如加纳所指出的，这些专业人员在将技能培训与绿色化经济联动起来这方面发挥了关键作用。

与绿色转型相关的特殊性技能差距难以计数。这差距取决于所涉及的具体工作流程（如表5.6所示）。它们还涵盖了不同的技能水平：存在短缺的往往不只是高水平的技能，也包括中等/行业水平的技能，如表5.8中孟加拉国的例子所示。

技能差距和短缺并不局限于低等收入国家。在美国，太阳能行业在2016年经历了快速增长，当时该行业约80%的公司报告说很难找到合格的申请人来填补空缺。2016年最难填补的职位包括销售、市场营销和客户服务人员；经理、主管、监事或副总裁；工程师；安装工和电工/施工人员。从这个名单中可以清楚地看出，这些职业中有许多并

---

[1] "环境公民"的理念是，我们每个人都是一个更大的生态系统不可或缺的一部分，我们的未来取决于我们每个人能做到迎接挑战，并对我们的环境采取负责任的、积极的行动。网址：http://www.cep.unt.edu/citizen.htm［访问于2019年11月24日］。

不是新的绿色职业：有些职业，例如销售和市场营销，具有很高的通用技能成分，但"绿色化"知识——在这个例子中是太阳能方面的知识——对其也是一个至关重要的组成部分。同样，2017年，调查发现大约70%的美国风力发电企业很难招聘到合格的岗位申请者，同时约四分之三的美国"能源效率"行业雇主发现招聘合格的工人"非常困难"（31%）或"有点儿困难"（45%）。

至于雇主面临的招聘困难的原因，大多数国家并没有按常规流程收集过这类信息。尽管原因要针对每个国家、区域和地方的劳动力市场情况具体给出，但美国提供的相关数据仍是可资借鉴的。关于上述太阳能行业，求职者通常有两个主要不足：（1）缺乏经验、培训或技术技能；（2）资质（证书或教育程度）不足。

表 5.8　孟加拉国绿色就业技能短缺

行业	存在技能短缺的职业
农业和渔业	农业：可持续农业专家；精密水土保持技术员 养虾：分级工、刮鳞工、去头工、机器操作员
建筑业	棕色地带（待重新开发的城市用地）重建专家和场地经理；泥瓦匠；可持续设计专家
环境产品与服务业	碳交易：碳信用交易员、碳交易分析师和投资核保人 气候适应：地理空间信息科学家和技术专家 废弃物处理：危险废弃物处理专家、固体废弃物（能源）专家
制造业	砖制造：砖制造技术专家和供应链经理 皮革鞣制：主管和机器操作员 成衣制造：电气、印染和纺织工程师，主管，机器操作员
可再生能源	太阳能安装经理，太阳能光伏安装工人及技术人员
交通运输业	压缩天然气工程师和节能运输技术人员

资料来源：《孟加拉国绿色就业技能》（ILO，2018）。

导致招聘困难的另一最重要的因素是申请人数太少和非技术性技能的不足（例如职业道德、可靠性、批判性思维）。在风能行业，招聘困难的主要原因包括缺乏经验、培训或技术技能（44%），资质不足——证书或受教育不足（33%），以及竞岗人数较少（19%）。2018年对美国雇主的一项调查显示，84%的建筑雇主、82%的专业与商业雇主以及 72% 的制造业雇主表示，在能源效率领域招聘新员工有困难或非常困难。招聘困难的主要原因有两类：缺乏经验和技术性技能不足，非技术性技能不足和应聘者人数太少（见表 5.9）。

然而，需要注意的是，填补空缺的困难是衡量技能短缺的一个相当不精确的指标。如"欧盟技能与工作调查"（Cedefop，2015）所示，上报的技能短缺只有大约三分之一归因于真正缺乏技能和资格。该调查中发现的其他原因还有缺乏具有竞争力的薪酬和糟糕的人力资源管理实践。因此，通过提供有竞争力的工资来改善工作条件并让市场运作起来，对于解决一些技能短缺问题是很重要的。为此，开展社会对话活动至关重要。

表 5.9　美国能源效率行业：2018 年第四季度招聘困难的原因

建筑业	制造业	批发贸易、供应与运输业	专业和商业服务行业
缺乏经验、培训或技术技能（48%）	缺乏经验、培训或技术技能（55%）	缺乏经验、培训或技术技能（49%）	缺乏经验、培训或技术技能（40%）
竞岗人数少（24%）	非技术行技能不足（39%）	非技术行技能不足（27%）	竞岗人数少（22%）
非技术行技能不足（24%）	难以找到行业知识、技能和兴趣（18%）	竞岗人数少（19%）	学历、证书、教育程度不足（19%）

注：百分比指出现聘用困难的雇主比例。
资料来源：美国各州政府能源部门全国联合协会（NASEO）和成立为法团的能源联合会（EFI），2019 年。

四、结 论

绿色转型正带来广泛的技能变化，技能变化程度高的地方，正在催生新的职业。职业和技能变化的性质随技能水平的不同而不同。最重要的变化发生在中高等技能水平的职业中，而大多数新出现的职业都处于高等技能水平。

各国职业和技能变化的速度不一，这部分取决于行业变化的速度，但也取决于职业资格开发和正式确定这些职业的制度安排。在技能改变的最初阶段，私营企业会根据他们的即时需求对员工进行重新培训或技能提升培训，但随着时间的推移，公共领域的其他过程会与企业的培训一起发挥作用。有些国家出台措施确定正式的职业和开发资格标准，而且多年来运作良好。这些举措涉及与政府和社会伙伴的合作。而对于另一些国家而言，这些举措尚处于开发阶段。2011年以来，各国不断推出新的资格证书，并通过将它们纳入职业数据库来正式确立新的职业，这种变化可谓有目共睹，尽管很难对其总体速度和规模做出衡量。

职业与技能变化的速度也因行业不同而各异。职业和技能方面的变革多发生在再生能源和废弃物处理等领域，这些领域的变革速度非常之快。旅游业等其他行业尚未感受到绿色转型的全面影响。正如第三章所述，法规的制定以及它的落实在这里发挥着关键作用。例如，关于建筑隔热和回收再利用的立法在开发建筑和制造业技能方面发挥了关键作用。

绿色转型需要广泛的技术和核心技能。此外，任何一项创新通常都会对各行业的技能和职业产生广泛影响，这一影响在供应链中会产生连锁反应，从研发阶段到企业和消费者的终端使用，再到随后的服务活动都会受到波及。大多数国家缺乏关于绿色就业技能的差距和短缺的全面信息，但这些差距和短缺很可能在各国普遍存在，而且没有证据表明2011年以后这一情况有明显改善。高水平技能的差距对低等收入国家来说是一个特别重要的挑战，它们通常会在这方面遇到困难。即使在高等收入国家，包括那些拥有完善的技能预测系统的国家，技术和软技能的缺乏仍然是造成雇主招聘困难的重要原因。在第六章中，我们将在两种场景下考察与绿色转型有关的就业和技能的未来前景。在第七章中，我们将转而审视人们为解决本章和下一章中所述的与技能相关的挑战而采取的措施。

第六章　在能源可持续性和循环经济场景下量化职业技能需求

对招聘广告进行的实时大数据分析和量化建模，揭示了对绿色经济两个维度下的职业、技能和性别的影响：能源可持续性或脱碳化；以及循环经济或材料利用率。整体而言对于净就业的影响将是积极的。由此带来的就业机会流失将对男性占主导地位的中等技能水平职业的影响最大，因为大部分就业机会的创造和重新分配都将发生在这些职业上。预计将产生三种主要影响：第一，某一行业中一些消失的工作岗位将重新出现在同一国家另一些增长行业的相同岗位上，为来自萎缩行业的工人提供就业机会；第二，全新的就业岗位将被创造，这一过程的实现需要通过为潜在的劳动力市场进入者提供正式的相关技能培训；第三，如果不同行业的相同岗位没有职位空缺，一些工作将会流失。能够在同一职业内被重新分配的工人将能重复使用软技能、半技术性技能或可转移技术性技能，但也会需要一些额外的培训。无法得到重新分配的工人仍可以通过重新培训和技能提升从其他职业中获得新的就业机会。职业技能需求的这种转变将需要一套复杂的政策措施，包括重新培训和技能提升、积极的劳动力市场政策、职业指导，旨在促进性别平衡的有针对性的培训措施，以及促进工人流动性和社会保护的措施。

本报告前几章根据32个国家的研究进行了定性分析。本章则采用定量的方法，使用一个多地区投入产出模型（EXIOBASE v3）分析了

44个国家163个行业之间的交易。利用国际劳工组织对能源可持续性和循环经济场景的探讨结果（2018），本章对早期研究结果进行了扩展，使该分析超越了行业水平的估计，量化了向低碳和资源高效经济转型对职业技能和性别的影响（ILO，2018）。本章分析了空缺岗位的实时大数据，以进一步探讨在两种场景下受转型影响的职业技能组成以及相关的再培训需求。

一、向可持续性环境过渡对就业的影响评估

为落实《巴黎协定》采取的措施（旨在将全球平均气温较前工业化时期的上升幅度控制在2℃以内，并努力将之限制在1.5℃以内），还有那些"国家自主贡献"中规划的措施（见第三章"5.技能开发举措在'国家自主贡献'中的作用"），将同时影响就业的数量和构成。本章重点讨论向环境可持续性转型的两个重要因素：向清洁能源的转型和对循环经济的采用。这些因素将影响经济领域就业的数量及就业在各行业的分布（ILO，2018a；Montt，Wiebe et al.，2018）。

之前的分析强调了各行业就业分布可能发生的变化。例如，国际劳工组织和蒙特（Montt）、维贝（Wiebe）等指出，在能源可持续性的场景下，建筑业、电机制造和铜矿开采行业的就业将增加，而石油炼化、采煤和煤炭发电行业的就业将减少（ILO，2018；Montt，Wiebe et al.，2018）。国际劳工组织、威克曼（Wijkman）和斯坎伯格（Skånberg）以及维贝等强调了在根据循环经济相关原则的情况下，就业将从采掘业重新分配到再加工行业的变革（ILO，2018；Wijkman，Skånberg，Wiebe et al.，forthcoming，2018）。

之前针对能源可持续性或循环经济转型对就业的影响所做的估计认为，劳动力市场将自然地适应对可再生电力、能源效率、回收再利用和其他"绿色"商品与服务的需求变化。但是，如果劳动力市场上没有新工作岗位所需的技能，就无法实现这一转型。

国际劳工组织探讨了能源可持续性和循环经济两种场景及其对各行

业就业的影响（ILO，2018）。在此，进一步对早期研究结果进行了扩展，使该分析超越了行业水平的估计，量化了向低碳和资源高效经济转型对职业技能和性别的影响。

在能源可持续性和循环经济的场景下，就业机会的创造速度超过了其销毁速度。能源可持续性场景创造净就业岗位约1800万个，循环经济场景创造净就业岗位超过700万个。很多受影响的就业岗位可以得到重新分配：也就是说，对大多数消失的就业岗位而言，其消失会促使同一国家的另一些行业开放同等岗位的需求。在循环经济场景下以这种方式进行重新分配，可以填补大约4000万新就业，即便是在可持续性能源场景下，也可以填补超过500万新就业。然而，无论如何努力以这种方式重新分配工作，一些就业机会都将会消失，且其他行业也没有相同岗位的空缺。在能源可持续场景下，这种情况下的就业岗位流失会有超过150万个，而在循环经济场景下这一数字则会接近3000万个。不过，如果工人接受再培训，以匹配在这两种过渡场景下可能出现或扩张的新职业，这些失业是可以避免的。

调查研究结果还显示，大多数就业机会的创造和重新分配都集中在中等技能水平职业中，对男性占主导地位的职业的影响最大。在能源可持续性场景下中等技能水平职业净增长会超过1200万个，而在循环经济场景下这一净增长为800万个。①

---

① 技术变革可能会使许多在能源可持续性和循环经济转型中创造的中等技能就业岗位转变为自动化的岗位。就建筑工艺及有关行业人员而言，在向能源可持续性的转型中，预计将创造超过350万个就业岗位。弗雷（Frey）和奥斯本（Osborne）指出，尽管这项工作需要高度的适应性（因此自动化风险较低），但旨在推进建筑构成组件预制化的技术降低了其适应性需求，也增加了其自动化的可能性（Frey and Osborne 2017）。就销售人员而言，在向循环经济转型的过程中，该职业预计将创造近1500万个就业岗位。弗雷和奥斯本认为，尽管由于这一职业涉及社交能力，其自动化风险较低，但销售人员从事的大部分工作对创造性智能的要求较低，这一点又使他们面临很高的自动化风险（Frey and Osborne 2017）。这些观点，以及用来定义哪些职业有被自动化的风险的方法，都受到了批评，因为它们都忽略了可自动化的任务的多样性，这一点很可能导致只有岗位中涉及的一些工作任务发生技术自动化，而不是整个工作岗位都因自动化而消失（Arntz，Gregory and Zierahn，2016；Autor，2015）。

> 专栏 6.1

利用 EXIOBASE 模型预测绿色经济就业场景

本章探讨的场景是使用 EXIOBASE v3 构建的，这是一个多地区投入产出模型（MRIO），描绘了世界经济和世界各地产业之间的联系（Stadler et al., 2018）。使用多地区投入产出模型预测场景可以模拟出技术和流程的详细规范，并充分理解产生结果的机制。EXIOBASE v3 提供了比其他多地区投入产出模型更高的精确度，详细描绘了 44 个国家和 5 个地区的 163 个行业之间的交易。这些模拟出的场景设定在区域和行业层面，对各种场景下预计将创造和流失的直接和间接就业机会的数量进行了评估和定位。

这些场景预测了到 2030 年就业和环境受到的影响。将每个特定的环境可持续场景与传统经营场景进行了比较。所有这些场景都基于国际货币基金组织（IMF）和国际能源署对国内生产总值增长的预测，以及联合国对人口增长的预测。这些场景没有假定绿色经济中有意料之外的投资，而是假定预计的国内生产总值增长和政策措施将促进对绿色技术的投资。重要的是，在基于多地区投入产出模型的分析中，通常假定相对价格和世界贸易结构保持不变。在做出这些假设时，这些模型忽略了调整的影响，但清楚地说明了在每种场景下各行业之间的联系以及受影响最大的行业。例如，如果技术变革降低了特定绿色技术的成本，并且该技术已经成熟，那么相关的劳动力需求就会减少，也就减少了采用这种技术带来的就业好处。此外，每个场景都预估了技术变化或对特定产品集合需求变化的影响。为了确定对每个行业的具体影响，此处姑且认为对其他未指明产品和工艺过程的相对需求固定不变。同时，为了验证这些场景的具体影响，这些预测没有考虑未来工作的其他驱动因素，特别是技术变革、全球化和替代商业模式。这些模型没有考虑到的技术变革对相对不成熟的行业可能特别重要，这些行业随着技术的发展，可能会通过提高材料/能源效率或减少劳力需求来降低成本。

> 资料来源：改编自国际劳工组织 2018 年的报告（ILO，2018a）。关于数据集合和预测的进一步方法学细节，见国际劳工组织 2018 年的报告，附录 2.1（ILO，2018a，Appendix 2.1）。

由于低技能职业的净就业岗位损失（循环经济场景下略低于 1000 万）和高技能职业的净就业机会创造（循环经济场景下近 600 万，能源可持续场景下 150 万），经济领域的总体技能水平将会提升。

在这两种场景下的职业层面上，创造就业机会最多的职业有销售人员，建筑和相关行业的工人，采矿、建造、制造和运输行业的劳工，而就业再分配最多的职业有金属、机械和相关行业的工人，科学与工程助理和专家以及驾驶员和移动设备操作员。

下文章节"二、能源可持续性场景"及"三、循环经济场景"详细列出了每种场景对就业及技能的影响。专栏 6.1 提供了对行业层面就业预测的方法学阐述（关于如何在行业层面获取预测结果的更多内容，详见国际劳工组织 2018 年的报告；关于在职业、性别和技能等方面取得预测结果所用方法学细节，见下文附录 5）（ILO，2018a）。

二、能源可持续性场景

1. 跨行业的就业再分配

向能源可持续性转型意味着能源产量及其生产方式的改变，能源行业的就业情况也因此会发生改变。[①] 此外，能源行业的变化也会影响到其他行业的就业，因为企业会购买能源生产过程的相关商品和服务。

[①] 蒙特、马特（Maitre）和阿莫-阿吉（Amo-Agyei）2018 年绘制了发电行业就业与可再生能源份额趋势的对比关系图，凸显出电力行业向可持续性的转型为该行业创造了就业机会。（Montt，Maitre and Amo-Agyei，2018）。

事实上，能源行业与其余经济领域有着相当密切的联系（WEF and IHS CERA，2012），因此能源行业的变化会影响到整个经济领域的就业。

国际劳工组织发现，根据国际能源署的预测，如若在能源行业采取行动，以实现控制气温涨幅在2℃以内的目标，到2030年可新增1800万个净就业岗位。此举估计会创造近2500万个就业岗位，这些岗位将主要集中在建筑业、电机制造业和铜矿开采业。此外，估计此举将导致超过600万个就业岗位流失，这主要集中在石油开采和精炼、煤矿开采和煤炭发电（ILO，2018）。

表6.1列出了就业机会新增和流失最多的行业。蒙特、维贝等指出，尽管一些国家或地区可能会经历相对较小的净就业增长，但它们仍将通过重新分配就业机会经受巨大的劳动力市场转变（Montt，Wiebe et al.，2018）。

2. 职业和性别的影响

如果劳动力市场通过区域流动、培训以及提供至少体面的工作条件和薪酬来适应不断变化的技能需求，那么与能源转型相关的就业潜力将得以实现。例如，按照能源可持续性场景的假设，到2030年全球太阳能发电量将增加59%，届时太阳能安装、太阳能电池板制造以及硅的开采和加工方面的技能需求将会增多。国际劳工组织预计，太阳能行业将创造约80万个就业机会；其他行业，如建筑和电机制造以及它们各自的价值链也将获得更多的就业机会，前提是这些就业所需的技能是可获取的。

表6.1 截至2030年在能源可持续性场景下受转型影响最大的行业

就业需求增长最多的行业		就业需求减少最明显的行业	
行业	就业创造（百万）	行业	就业流失（百万）
建筑业	6.5	石油加工	1.6
电机和仪器制造	2.5	原油开采及相关服务，不包括测量	1.4

续表

就业需求增长最多的行业		就业需求减少最明显的行业	
行业	就业创造（百万）	行业	就业流失（百万）
铜矿及精矿的开采	1.2	煤炭发电	0.8
水力发电	0.8	煤炭开采	0.7
蔬菜、水果和坚果的种植	0.8	家庭服务业	0.5
太阳能光伏发电	0.8	气体燃料制造；气体燃料管道运输	0.3
零售业（除汽车、摩托车）；个人和家庭用品维修	0.7	天然气开采及相关服务，不包括测量	0.2

注：到2030年在能源可持续性场景与国际能源署6℃场景（传统经营场景）下各行业就业情况的差异（IEA，2015）。关于数据和研究方法的进一步细节，见国际劳工组织2018年的报告，附录2.1（ILO，2018a，Appendix 2.1）。

资料来源：国际劳工组织，2018a。

然而，行业层级的单一研究结果对于辨识需求较高的具体技能、技能水平或职业并没有多大用处，因为它们不能提供关于未来会大量出现的新工作类型的信息。它们也没有提供可能会流失的就业机会，或是可能需要工人在另一行业重新分配就业的相关职业信息。为了确定可能出现的职业级别变化，我们使用了劳动力调查方法来分析国际劳工组织（ILO，2018a）所分析的163个行业中每个行业的典型职业结构。附录5详细阐述了如何利用劳动力调查来确定每个行业的职业结构。①

图6.1展示了高、中、低等技能水平职业的预期变化，详细标明了在全球范围内每个技能水平中将创造和流失的就业岗位数量。从图中可以清楚地看出，能源可持续性场景下创造的就业机会主要集中在中等技能水平的职业上。到2030年，在这一场景下创造的近2500万个

---

① 如附录5所述，这些结果是基于2014年前后在每个行业中观察到的职业结构，这是因为还没有对每个行业的未来职业构成变化的预测。因此，研究结果假设，2014年前后，某一特定行业中每种职业所占的份额与其在2030年的情况在很大程度上将是相似的。对这些职业的性别构成而言，情况也是一样的。附录5提供了关于这一假设的更多细节说明，且表明了这一假设是站得住脚的，因为大多数职业在5年、10年或15年内都保持了相对稳定的份额。

就业岗位中，有近 1600 万个属于中等技能岗位，其余的则大致平均地分布在高技能和低等技能水平的职业中。[①] 就流失的就业岗位而言，高技能职业和中等技能职业在数量上可谓平分秋色，低技能职业则几乎未受波及。从全球范围来看，对每一种技能水平的职业，新增就业机会都大于流失的就业机会。这些结果表明，在向能源可持续性经济转型的过程中，中等技能职业的增长可以部分抵消许多发达和新兴经济体中中等技能工作外包和被自动化取代所导致的偏重技能的技术变革趋势。

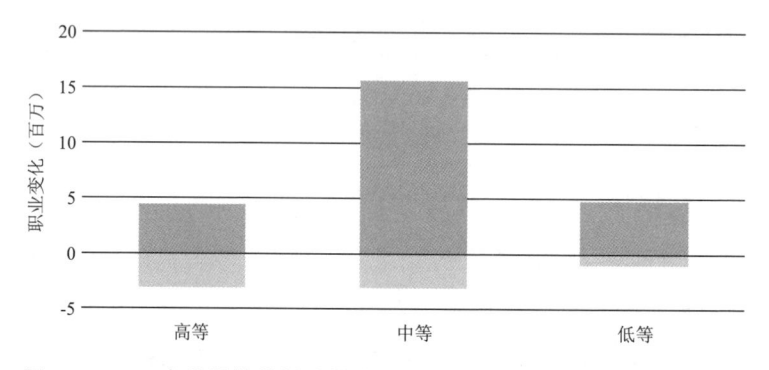

图 6.1　2030 年前按技能划分的能源可持续性场景下创造和流失的职业

注：将按两位数分类测量的职业合计为一位数版本，以便将那些需要高水平技能的职业列入《2008 年国际标准职业分类》的代码 1、2、3 之下；并将那些需要中等水平技能的职业列在国际标准职业分类的代码 4、5、6、7、8 之下；而那些需要低水平技能的职业则将被列在国际标准职业分类的代码 9 之下。方法学细节参见附录 5。

资料来源：国际劳工组织基于 EXIOBASE v3 数据库和劳动力调查的计算。

流失的就业机会主要集中在男性占主导地位的职业中。在能源可持续性场景以及传统经营场景下，新增和流失的就业机会都集中在以男性为主的职业上。因此，如图 6.2 所示，虽然能源转型将会减少目前由男性承担的工作机会，但它也将在以男性就业人口为主的职业中创造更多的就业机会。

这种性别效应突出了本章所依据的模型的关键假设。这些预测假

[①] 遵循文献中的惯例，我们将高技能职业定义为《2008 年国际标准职业分类》中代码 1、2 或 3 所列的职业，中等技能职业定义为其代码第 4、5、6、7、8 下所列的职业，最后将低技能职业定义为其代码 9 下所列的职业。

设，除了那些明确建模的趋势外，潜在趋势保持不变。这适用于各国的产业和贸易结构（受益最大的是那些已经发展了在能源转型中增长最快的行业的国家），也适用于各行业工人的性别分布。

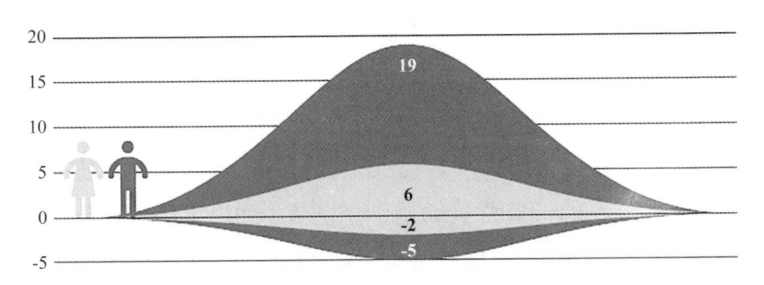

图 6.2　2030 年前按性别划分的能源可持续性场景下创造和销毁的职业（百万）

注：方法学细节参见附录 5。
资料来源：国际劳工组织基于 EXIOBASE v3 数据库和劳动力调查的计算。

但是，做出这一假设并不等于这一性别预测一定就会实现，因为这取决于相关政策决定。因此，制定技能开发政策时必须考虑到这一点，并考虑到性别问题，以使能源转型不会加重性别不平等。如果不采取政策干预措施，促进女性在能源转型下获得更多职业培训和就业机会，这种转型很可能会为男性创造比女性更多的就业机会。

在向能源可持续性过渡的过程中，总共将创造近 2500 万个就业机会。在这些就业机会中，有 500 万个可以通过劳动力重新分配来完成。也就是说，有 500 万因特定行业收缩而失去工作的员工将能够在自己国家的另一行业中找到同一职业的工作。这就意味着，将创造不到 2000 万个新就业岗位，这些岗位将不能通过重新分配来填补，而只能由受过相关职业培训的劳动力担任。

由于能源转型而失去工作的 150 万至 200 万工人可能无法在其他行业找到同等职位：这些职位是无法进行重新分配的。然而，在报告分析的 84 种职业中，只有不到 5 种职业将在全球范围内经历超过 10 万个就业岗位的净销毁，这意味着，由于特定行业的收缩，有 700 万工人可能会失去工作，而对于其中绝大多数人而言，他们可以在另一个行业中找到同等职位。

3. 特定职业的变化

有些职业可以创造大量的就业机会，且很少或几乎没有流失就业机会，这类职业需要聚焦技能开发的相关政策的支持。另外一些职业将经历大量的就业机会的创造和流失，这类职业需要另一些政策的支持。这类政策应聚焦于技能再培训和跨行业重新分配，同时对工人进行一些可以帮助他们适应新的行业背景的培训。图6.3列出了净就业创造水平最高的20种职业（A组）和重新分配水平最高的20种职业（B组）。附录6提供了关于每种职业的更详细的预测以及相关的技能水平。

A组. 低碳能源场景下创造净就业机会最多的职业

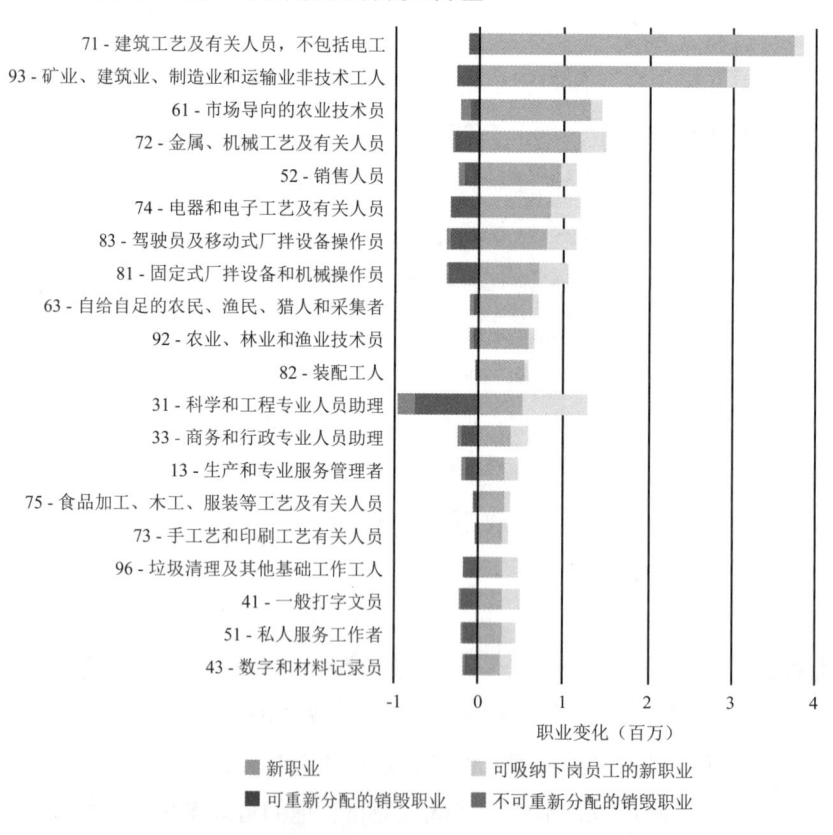

71 - 建筑工艺及有关人员，不包括电工
93 - 矿业、建筑业、制造业和运输业非技术工人
61 - 市场导向的农业技术员
72 - 金属、机械工艺及有关人员
52 - 销售人员
74 - 电器和电子工艺及有关人员
83 - 驾驶员及移动式厂拌设备操作员
81 - 固定式厂拌设备和机械操作员
63 - 自给自足的农民、渔民、猎人和采集者
92 - 农业、林业和渔业技术员
82 - 装配工人
31 - 科学和工程专业人员助理
33 - 商务和行政专业人员助理
13 - 生产和专业服务管理者
75 - 食品加工、木工、服装等工艺及有关人员
73 - 手工艺和印刷工艺有关人员
96 - 垃圾清理及其他基础工作工人
41 - 一般打字文员
51 - 私人服务工作者
43 - 数字和材料记录员

职业变化（百万）：-1 到 4

■ 新职业　　■ 可吸纳下岗员工的新职业
■ 可重新分配的销毁职业　　■ 不可重新分配的销毁职业

图6.3　2030年前能源转型场景下创造和消亡的职业

B 组．低碳能源场景下，跨行业或跨经济重新分配就业最多的职业

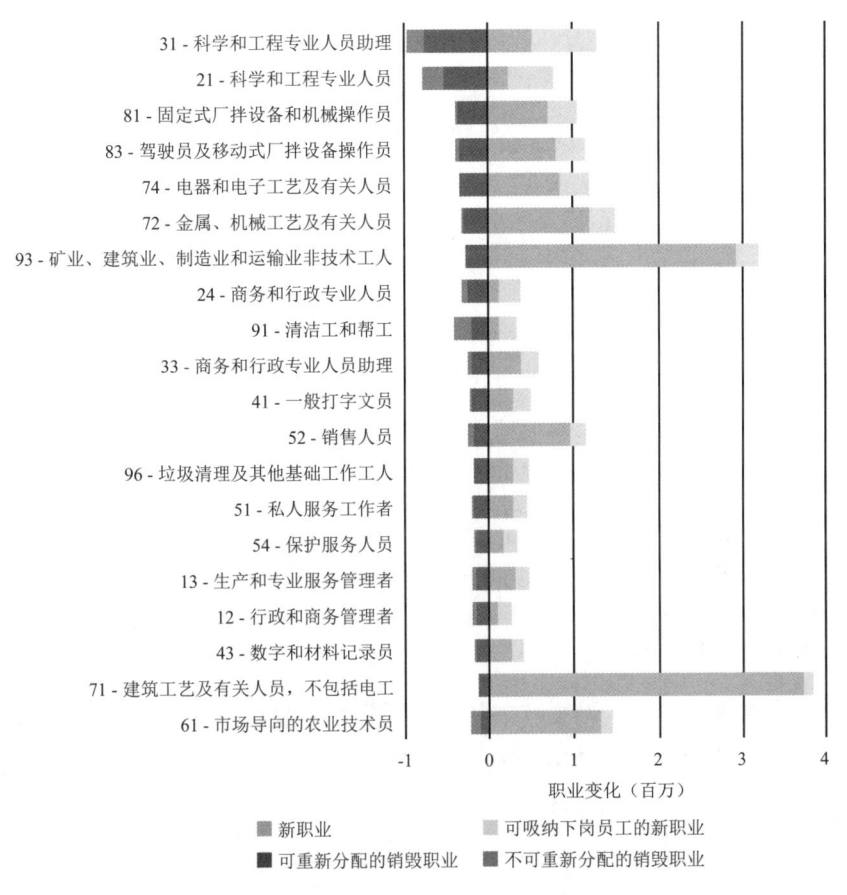

31 - 科学和工程专业人员助理
21 - 科学和工程专业人员
81 - 固定式厂拌设备和机械操作员
83 - 驾驶员及移动式厂拌设备操作员
74 - 电器和电子工艺及有关人员
72 - 金属、机械工艺及有关人员
93 - 矿业、建筑业、制造业和运输业非技术工人
24 - 商务和行政专业人员
91 - 清洁工和帮工
33 - 商务和行政专业人员助理
41 - 一般打字文员
52 - 销售人员
96 - 垃圾清理及其他基础工作工人
51 - 私人服务工作者
54 - 保护服务人员
13 - 生产和专业服务管理者
12 - 行政和商务管理者
43 - 数字和材料记录员
71 - 建筑工艺及有关人员，不包括电工
61 - 市场导向的农业技术员

职业变化（百万）

图例：■ 新职业　■ 可吸纳下岗员工的新职业　■ 可重新分配的销毁职业　■ 不可重新分配的销毁职业

图 6.3（续）

注：按《2008 年国际标准职业分类》两位数版本测量的职业，A 组展示了新增就业岗位最多的 20 种职业。B 组展示了新就业岗位吸纳下岗工人最多的 20 种职业。"吸纳下岗工人的新就业岗位"是指可以被同一国家或地区其他行业流失的类似的／可重新分配的职位（"可重新分配的被销毁就业"）填补的就业岗位。"新就业机会"是指不能为在同一国家或地区的其他行业中失业的人员所填补的就业岗位。"流失的且不能重新分配的就业岗位"指在同一国家或地区的其他行业中没有同等职位空缺的就业岗位。更多方法学细节参见附录 5，所有职业的底层数据参见附录 6。

资料来源：国际劳工组织基于 EXIOBASE v3 数据库和劳动力调查的计算。

新增净就业数量最多的职业（A 组，新职业）——要求新工人和那些可能需要转移到另一个行业的工人提高技能——包括建筑工人和相关产业技术工人［《2008 年国际标准职业分类》（ISCO-08）两位数分类代

码71：超过350万人]、矿业、建筑业、制造业和交通运输业工人（代码93：接近300万人），以及市场导向的农业技术员（代码61），金属、机械工艺及有关人员（代码72）和销售人员（代码52）：数量均超过100万人。如下文进一步的探讨所述，在循环经济场景下，将有许多建筑工人和采矿工人失去工作，这表明，如果在建立循环经济的同时采取措施促进能源可持续性的转型，这些新的净就业机会就可以通过劳动力重新分配来填补。

其他行业会同时经历就业机会的新增和就业机会消亡，这促使工人把他们的技能组合迁移到同一国家其他行业中（见B组：吸纳下岗工人的新就业和可重新分配的消亡的就业机会）。这将需要重新分配近75万名科学和工程专业人员助理（代码31），约50万名科学和工程专业人员（代码21），以及超过30万名固定式厂拌操作员（代码81），驾驶员和移动式厂拌设备（代码83），电器和电子工艺及有关人员（代码74）。

4. 就业转型路径举例

在这种场景下，无法被重新分配到其他行业同一岗位的失业人数在150万到200万之间。其中，科学和工程专业人员（代码21）、科学和工程专业人员助理（代码31）以及清洁工和帮工（代码91）所占比例最高。这里所探讨的场景没有考虑到国际流动的可能性，这种流动可能会促进这些工人的再就业，因为这些职业也将创造净就业机会。在一项对将国际流动性的分析中，上述三个群体可能遭受的所有就业流失几乎都不存在了。

失去工作且不太可能在增长行业找到同等职位的工人，可以通过重新培训和提升技能水平来博得能源转型所带来的新就业机会。为了阐明这些工人的一些可行的转型路径，我们使用了伯尼格雷斯技术公司在美国搜集的招聘广告的实时大数据作为全球技能数据的代表。当然，这种方法有其局限性，应对其谨慎使用，它可以作为一种对可能的就业路径的描绘，但不能作为职业或政策的指导。

就业转型的可行性取决于需要在特定工作中完成的任务组。因此，相似度评分的主要假设是，目前从事需要特定技能和知识的工作的人，通常都具备相关的技能和知识。应用实时大数据方法的目的是，通过计算任何给定的两个工作的就业要求之间的相似性——根据需要执行的活动或任务的重叠——来评估就业转型的可行性。同样的方法曾应用于世界经济论坛（WEF and BCG，2019，p. 64）。相似度评分还考虑了就业转型前后的工资连续性，理想情况是新工作的薪酬至少与前一份工作一样高。更多细节见附录 7。

石油工程师
采矿、冶金学家及相关专业人员

7
在 64 个相似度得分较高和中等的就业机会中，有相同或更高的薪资

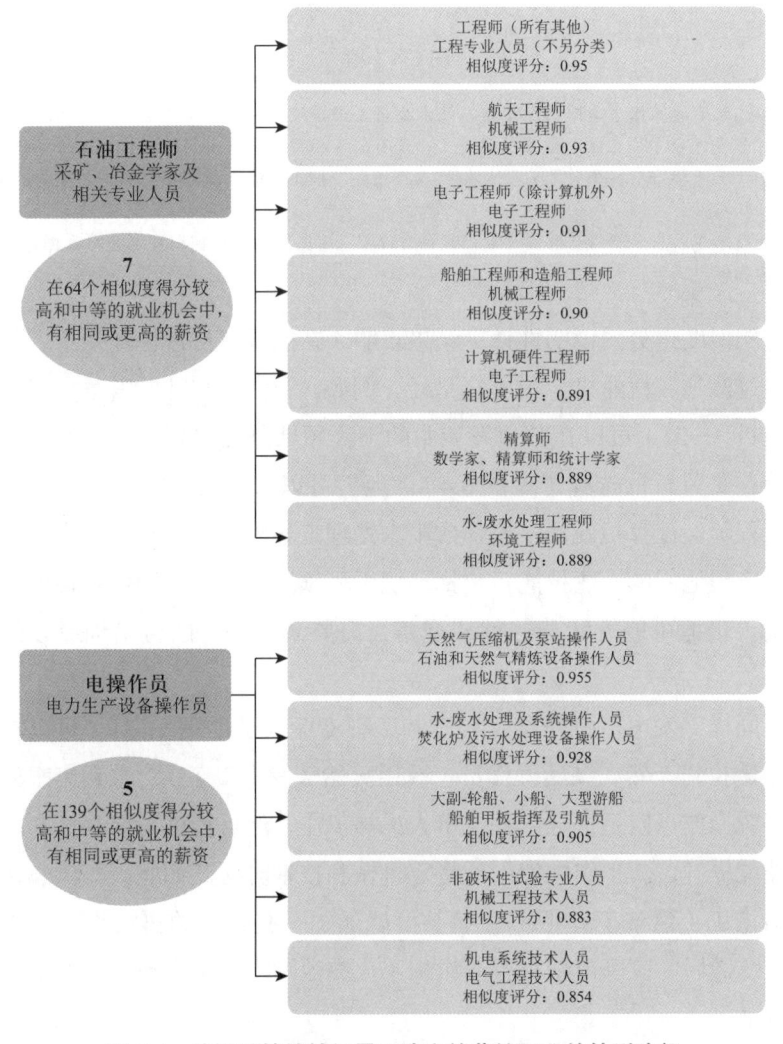

- 工程师（所有其他）
  工程专业人员（不另分类）
  相似度评分：0.95
- 航天工程师
  机械工程师
  相似度评分：0.93
- 电子工程师（除计算机外）
  电子工程师
  相似度评分：0.91
- 船舶工程师和造船工程师
  机械工程师
  相似度评分：0.90
- 计算机硬件工程师
  电子工程师
  相似度评分：0.891
- 精算师
  数学家、精算师和统计学家
  相似度评分：0.889
- 水-废水处理工程师
  环境工程师
  相似度评分：0.889

电操作员
电力生产设备操作员

5
在 139 个相似度得分较高和中等的就业机会中，有相同或更高的薪资

- 天然气压缩机及泵站操作人员
  石油和天然气精炼设备操作人员
  相似度评分：0.955
- 水-废水处理及系统操作人员
  焚化炉及污水处理设备操作人员
  相似度评分：0.928
- 大副-轮船、小船、大型游船
  船舶甲板指挥及引航员
  相似度评分：0.905
- 非破坏性试验专业人员
  机械工程技术人员
  相似度评分：0.883
- 机电系统技术人员
  电气工程技术人员
  相似度评分：0.854

图 6.4　能源可持续性场景下选定的萎缩职业的转型路径

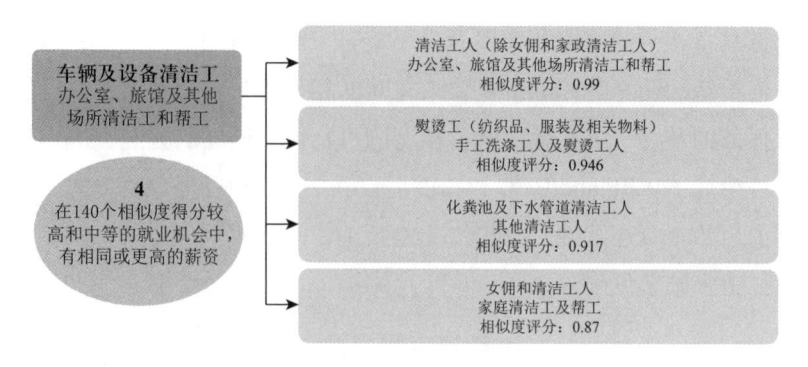

```
                                              清洁工人（除女佣和家政清洁工人）
                                              办公室、旅馆及其他场所清洁工和帮工
         车辆及设备清洁工                         相似度评分：0.99
         办公室、旅馆及其他
         场所清洁工和帮工                         熨烫工（纺织品、服装及相关物料）
                                              手工洗涤工人及熨烫工人
                                              相似度评分：0.946

              4                               化粪池及下水管道清洁工人
         在140个相似度得分较                      其他清洁工人
         高和中等的就业机会中，                    相似度评分：0.917
         有相同或更高的薪资
                                              女佣和清洁工人
                                              家庭清洁工及帮工
                                              相似度评分：0.87
```

图 6.4（续）

注：此项计算基于美国伯尼格雷斯技术公司为世界经济论坛（WEF and BCG, 2019）制定的相似度评分方法。该分数评估的是（以没有薪资损失为前提）两份工作之间转换的可能性大小，参考标准有：工作要求的相似性以及任务、知识技能、教育背景和工作经验的重叠性。

数据来源：基于职位空缺实时数据的自有计算，以美国伯尼格雷斯技术公司数据（2017）为参考指标。

相似度得分的说明性计算结果表明，在能源可持续性场景下，将有许多过渡到新就业机会的可选路径。例如，石油工程师（科学和工程专业人员—21）可以在其他发展中的工程领域分支找到工作，就收入而言，这是可行的选择（见图6.4）。他们可以选择成为海洋工程师、电子工程师、计算机硬件工程师或废水处理工程师，或者在其他类型的工程中应用他们的专业技能，包括环境工程领域。当然，即使相似度分数很高，仍然可能意味着这种转型路径需要某种程度的再培训或技能提升。

同样，发电厂操作员（科学和工程专业人员助理—31）可以在其他领域找到天然气泵站操作员（改用天然气发电设备）、水和废水处理厂系统操作员以及机电工程技术人员等工作，但可能就需要一些再培训和技能提升，新工作中使用到特定机械和技术时尤其如此。车辆和设备的清洁工（清洁工和帮工—91）可以通过一些最少的再培训，成为办公室、酒店、家庭或新兴行业机构（化粪池污水管道服务）等的清洁工和保洁员。

5. 在增长行业可以再利用的技能

在确定某些将在衰退和增长的行业同等岗位之间重新分配的职业时，我们假定其核心技术技能和软技能以及相关知识的集合是可以直接被再利用的，因为原则上这些知识技能在该职业内是相同的。以美国 2017 年的实时大数据（伯尼格雷斯技术公司的数据集合）作为参考指标，我们可进一步看清在以下行业中同一职业技能要求的分类级别，这些行业要么在能源可持续性场景下预期会创造或消灭就业机会，要么可能会发生就业转型。

招聘科学和工程专业人员及相关专业人员的广告中对技能要求的分析——针对那些预期会增长和预期会下降的行业——以字云的形式呈现出来（图 6.5、图 6.6），这一结果是基于职业分类和行业部门中对这些技能提出要求的频率高低而定（那些被提出最多次的技能需求在图中的字体更大）。行业类别被分为预期会增长的和预期会衰退的两类。中间的重叠区域表示无论是夕阳产业还是朝阳产业均对之有要求的职业技能。此图清楚地表明，有三种类型的技能可以被再次利用，它们因此构成了一组有利于获得新工作的核心就业技能。例如，对于职业类别 21，即科学和工程专业人员，这三类核心就业能力技能包括（图 6.5）：

1. 软技能，包括认知和非认知技能：沟通、解决问题、团队合作、协作、创造力；

2. 可转移半技术性技能，即具有实质性软技能成分的技能：客户处理、项目管理、调查研究、日程安排、预算、销售和市场营销；

3. 可转移技术技能：机械工程、制图和工程设计、质量保证与控制、产品开发。

能源可持续性

低需求 | (中间重叠区) | **高需求**

低需求区（左侧）：
- 地震反演
- 硅
- 能源交易
- 地质数据判读
- 地质图
- 苯
- 恩富软件
- 核对船舶线型图
- 仪器设备设计
- 结构地理
- 运输安全
- 水力压裂
- Petrel软件
- 地质导向
- 岩石物理学
- 测井电缆
- 核电站设计
- 地球物理学
- 试井
- 水库模拟与评估
- 天然气勘探
- 了解meridium系统
- 辐射防护
- 销售
- 转矩/摩阻分析
- 油井增产措施
- 商业开发
- 沉积相

中间重叠区：
- 零售业知识
- 维修
- 微积分原理知识
- 图表和视觉设计软件
- 质量保障与管控
- 产品开发
- 组织技能
- 书写能力
- 工程制图和设计
- 机械工程
- 创新能力
- 规划
- 客户处理
- 问题处理能力
- 沟通能力
- Office办公软件的使用
- 项目管理
- 团队协作
- 研究
- 调度
- 预算
- 市场营销技能
- 故障排除
- 计算机技能
- 细节处理能力
- 制造工艺
- 技术支持
- 施工管理
- 多任务处理
- 工业工程专业知识

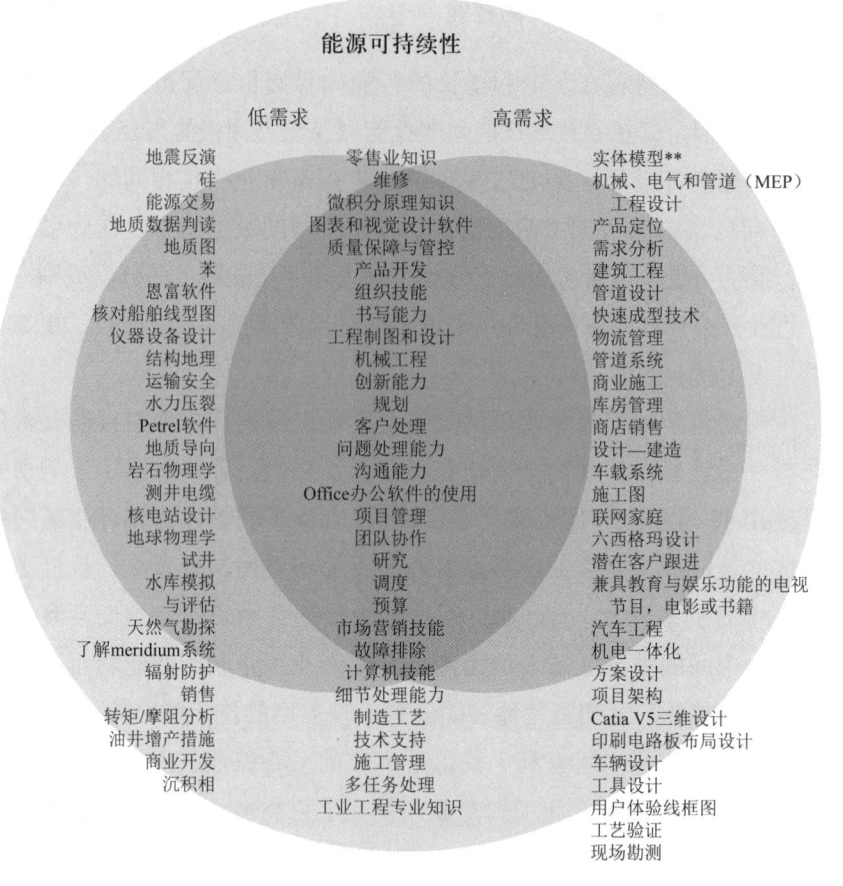

高需求区（右侧）：
- 实体模型**
- 机械、电气和管道（MEP）工程设计
- 产品定位
- 需求分析
- 建筑工程
- 管道设计
- 快速成型技术
- 物流管理
- 管道系统
- 商业施工
- 库房管理
- 商店销售
- 设计—建造
- 车载系统
- 施工图
- 联网家庭
- 六西格玛设计
- 潜在客户跟进
- 兼具教育与娱乐功能的电视节目，电影或书籍
- 汽车工程
- 机电一体化
- 方案设计
- 项目架构
- Catia V5三维设计
- 印刷电路板布局设计
- 车辆设计
- 工具设计
- 用户体验线框图
- 工艺验证
- 现场勘测

图6.5 夕阳产业和朝阳产业中科学工程专业人员技能的重叠部分（能源可持续性场景下）

注：根据夕阳和朝阳产业在职业分类中对不同技能提出要求的频率，对技能进行了排名，要求最多的技能字体更大。中间的区域显示了在夕阳和朝阳产业中，同一职业的技能有很大的重叠。以美国数据作为参考指标。

资料来源：基于伯尼格雷斯技术公司对实施空缺岗位数据的计算（US data, 2017）。

可转移技术技能可能是针对特定职业的。例如，对于科学和工程专业人员助理（31）而言，这种技能属于维修和预防性维护类的职业（图6.6）。然而，特定的职业并不意味着特定的工作，因为这些技能对于在一系列增长的行业中获得工作都很重要。这一观察结果对职业教育的相关政策有重要影响，它表明有必要调整未来劳动力的初步培训，使一套

第六章 在能源可持续性和循环经济场景下量化职业技能需求　107

良好的软技能、半技术性和可转移性技术技能成为培训课程和能力标准的核心。

能源可持续性

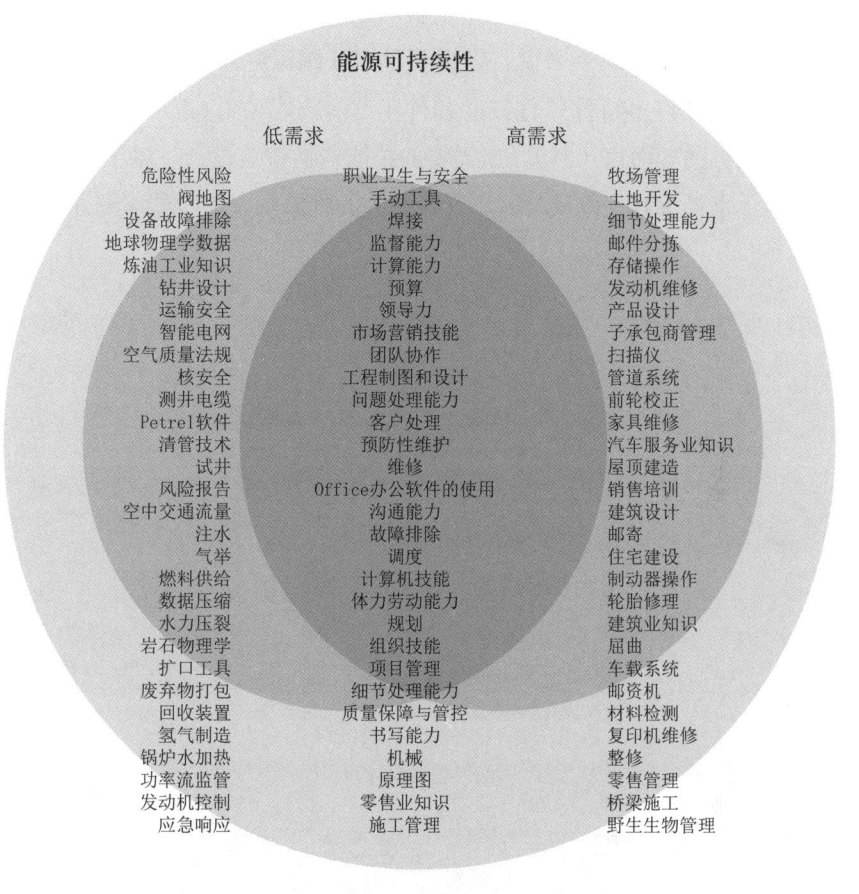

低需求 / 高需求

低需求区域技能：
危险性风险、阀地图、设备故障排除、地球物理学数据、炼油工业知识、钻井设计、运输安全、智能电网、空气质量法规、核安全、测井电缆、Petrel软件、清管技术、试井、风险报告、空中交通流量、注水、气举、燃料供给、数据压缩、水力压裂、岩石物理学、扩口工具、废弃物打包、回收装置、氢气制造、锅炉水加热、功率流监管、发动机控制、应急响应

中间重叠区域技能：
职业卫生与安全、手动工具、焊接、监督能力、计算能力、预算、领导力、市场营销技能、团队协作、工程制图和设计、问题处理能力、客户处理、预防性维护、维修、Office办公软件的使用、沟通能力、故障排除、调度、计算机技能、体力劳动能力、规划、组织技能、项目管理、细节处理能力、质量保障与管控、书写能力、机械、原理图、零售业知识、施工管理

高需求区域技能：
牧场管理、土地开发、细节处理能力、邮件分拣、存储操作、发动机维修、产品设计、子承包商管理、扫描仪、管道系统、前轮校正、家具维修、汽车服务业知识、屋顶建造、销售培训、建筑设计、邮寄、住宅建设、制动器操作、轮胎修理、建筑业知识、屈曲、车载系统、邮资机、材料检测、复印机维修、整修、零售管理、桥梁施工、野生生物管理

图6.6　夕阳产业和朝阳产业中科学工程专业人员助理技能的重叠部分（能源可持续性场景下）

注：根据夕阳和朝阳产业在职业分类中对不同技能提出要求的频率，对技能进行了排名，要求最多的技能字体更大。中间的区域显示了在衰落和增长的行业中，同一职业的技能有很大的重叠。以美国数据作为参考指标。

资料来源：基于伯尼格雷斯技术公司对实施空缺岗位数据的计算（US data, 2017）。

明白这一点很重要：实时招聘广告不太可能提及所有职业要求的技术技能类型，因为职位头衔本身就暗含着某一技术技能集合。因此，雇主往往会在广告中提到其他从职业头衔中无法看出的技能（多为一些软技能)。事实上,要想找到一份工作,软技能和技术技能都是必不可少的。非迁移性技能(那些没有出现在重叠部分的技能)往往对技术和行业更敏感,也是人们最需要通过重新培训获得的技能。例如,对于科学和工程专业人员(21)来说,将需要学习联网家庭系统、车辆系统、设计与建造以及许多特殊软件技能和行业专门技能(图6.5);就科学和工程专业人员助理而言(31),所需要的技能包括建筑设计、屋顶建造、住宅建造、家具维修,以及与汽车行业有关的维修和安装技能(图6.6)。

高等技能岗位:
职业卫生与安全
零售业知识　　监督能力
质量保障与管控
调度　　预算
细节处理能力　体力劳动能力
组织技能
解决问题能力　估算
商业施工　书写能力　领导力
施工管理
Office办公软件的使用
成本控制　　项目管理
时间管理　采购　　物流
规划　　人事管理
计算机技能　　质量管理
团队协作
客户处理　　市场营销技能
沟通能力
建立有效的人际关系

中等技能岗位:
Office办公软件的使用　故障排除
沟通能力　　问题处理能力
体力劳动能力　包装　　木工
零售业知识
建立有效的人际关系
客户处理　　起重机操作技能
暖通工程
烹饪　清洁打扫技能　维修　计算能力
管道工程
书写能力　　电动工具
多任务处理
市场营销技能
组织技能　食品安全
产品知识与管理　手动工具
叉车作业　　工作区维护
团队协作　　细节处理能力

图6.7　高、中、低等技能岗位的高需求技能(能源可持续性场景下)

第六章　在能源可持续性和循环经济场景下量化职业技能需求　109

```
                    工作维护区
                         团队协作
              细节处理能力    起重机操作技能
                     家具业知识
              解决问题能力    扫描设备
              机械        英语
低     计算机技能        手动工具
等           调度    清洁打扫技能  维修
技
能     体力劳动能力    Office办公软件的使用
岗              客户处理
位     书写能力          组织能力
              计算能力        沟通能力
                    产品知识与管理
              手推车          零售业知识
              手工操作熟练度    分拣
                    市场营销技能
                    材料运输技能
              订单拣选技能    叉车作业
```

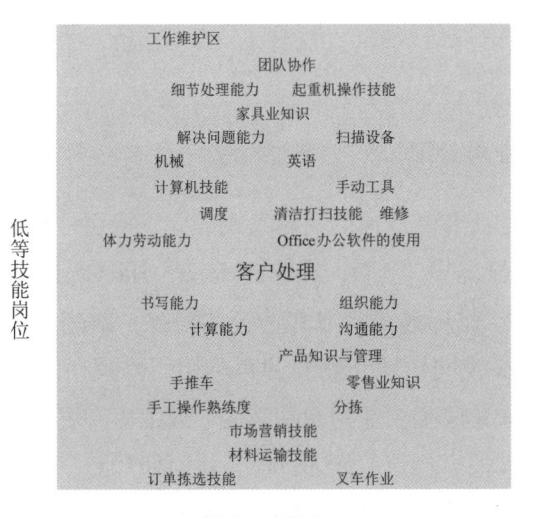

图 6.7（续）

注：图片展示了按照《国际职业标准分类（2008）》的技能水平分组，在增长型产业中发展最快的职业所需的技能（《国际职业标准分类（2018）》，国际劳工组织，日内瓦，2012：https：//www.ilo.org/w-cmsp5/groups/public/–dgreports/dcomm/–publ/documents/publication/wcms_172572.pdf）。此图片的描绘源于频数分析，以美国数据（2017）为参考指标。

数据来源：基于伯尼格雷斯技术公司职位空缺实时数据的自有计算（US data, 2017）。

实时大数据分析还能够让我们确定每个职业技能水平上最需要的技能（图 6.7）。该分析证实了之前的调查结果，软技能同半技术性和技术性可迁移技能一样重要。例如，就高等技能水平职业而言，其对项目管理、调度、预算以及沟通技能的需求最高。而中等技能水平职业对沟通、客户管理、销售和市场营销技能的需求最为突出。此外，暖通工程技术、管道工程技术和烹调技术对其也同样重要。对于低等技能水平职业而言，需求最高的则是软技能和基础技能。

尽管技能（软技能、半技术性技能和技术可迁移技能）的重复使用将会提高工人的就业能力，但这一过程的落实可能需要得到外力的协助。眼下需要对工人们的当前技能进行检验和认证，与此同时，还需要针对一些新的技术性技能的应用采取技能升级和再培训措施。

三、循环经济场景

1. 跨行业的就业再分配

资源效率是所有经济体的关键组成部分，特别是在全球经济增长触及地球极限的情况下（ILO，2012；Montt，Harsdorff and Fraga，2018；UNEP，2011）。循环经济将取代传统"提取、制造、使用和处理"的经济模式，转而投向依赖于物料的再利用、修理、回收和保留等活动上。循环经济通过改变企业的激励结构，鼓励生产更耐用的以及不再可用时可以作为其他生产流的投入产品，从而使产品、零部件和相关材料保持较高的效用和价值水平。循环经济也通过促进投入物和零部件的再利用、翻新、再制造和回收，使得产品寿命和资源价值最大化（EMF，2013）。

采用循环生产模式对企业有很多好处。它为企业降低了短期成本（通过降低材料成本和保修风险），增加了新的盈利工具，并且有助于长期战略机会的识别和实现长期战略的多元化。在生产层面，循环经济降低了其复杂性，使产品周期更易于管理，同时也提高了客户的互动性和忠诚度。目前，发展循环经济的技术具有高性价比，并且各大企业均已就此采取具体措施（EMF，2013）。由于激励政策在鼓励企业走向循环经济方面发挥了重要作用，各国政府也开始制定相关规划，以加强对浪费的预防，同时促进对产品的设计，以延长产品寿命，增强其可重复使用性、可修复性和可回收性（e.g. European Parliament，2016；Scottish Government，2015）。

国际劳工组织、威克曼和斯坎伯格以及维贝等对采用循环经济对就业的影响进行了评估（ILO，2018；Wijkman，Skånberg，Wiebe et al.，forthcoming，2016）。上述组织和个人都指出循环经济场景创造净就业机会的潜力很小，同时也都关注到就业机会会从采掘业到废弃物处理及材料改造再利用领域进行重新分配。

表 6.2　2030 年前在循环经济场景下受转型影响最大的行业

就业需求增长最多的行业		就业需求减少最明显的行业	
行业	就业创造（百万）	行业	就业流失（百万）
将二手钢材重新加工成新钢材	17.5	基础钢铁和铁合金及其第一产品的制造	15.6
零售业（除汽车、摩托车）；个人和家庭用品的修理	16.7	铜矿及精矿的开采	14.1
太阳能光伏发电	8.7	制造木材、木制品及软木制品（家具除外）；用稻草和编织材料制作的产品	5.8
批发业和委托贸易（除汽车、摩托车）	7.7	玻璃及玻璃制品的制造	5.2
销售、维护、修理机动车辆，机动车辆零件，摩托车，摩托车零配件	4.3	铁矿开采	4.8
研究和开发	3.4	煤炭开采	3.2
将二手木材材料加工成新的木材材料	3.0	镍矿石及精矿开采	3.1

注：到 2030 年在循环经济场景与国际能源署 6℃场景（传统经营场景）下各行业就业情况的差异（IEA，2015）。关于数据和研究方法的进一步细节，见国际劳工组织 2018 年的报告，附录 2.1（ILO，2018a，Appendix 2.1）。

资料来源：国际劳工组织基于 EXIOBASE v3 的计算。

特别是，国际劳工组织以材料的回收再利用和产品的维修为主的增长模式，取代了开采原材料和生产新产品的模式，并对之进行了模拟（ILO，2018）。由于材料的开采和重新利用以及最终产品和相关收益的生产过程都会涉及价值链，因此这一转型会产生直接、间接和诱发型的就业影响。

与传统经营场景相比，国际劳工组织提出的循环经济场景将净创造 700 多万个新就业机会。[①] 这一整体净就业创造包含了涉及近 5000 万个岗位的行业间重要的就业重新分配。如表 6.2 所示，就业机会的创造是

---

① 这里列出的结果是对 2018 年国际劳工组织（ILO）提出的结果的更新，与韦博（Wiebe）等人即将发表的结果一致。

由材料（例如钢铁、木材、锌、铜、铝）的再加工所带动的，这些材料将用于原本是从与开采自然资源有关的价值链中提取这些材料的行业中。创造就业机会的其他主要行业包括零售业和研发等。零售业的增长反映了一种诱导效应：由于维修和回收再利用，家庭收入增加了，而这些额外的钱又可以用于购买其他产品和服务。就业机会的销毁集中在与原材料加工有关的价值链中，因为原材料由回收再利用的材料所取代，这些材料不需要开采且减少了该行业对化石燃料能源的需求。

2. 职业和性别的影响

实施循环经济将带来就业机会的创造和重新分配，从而影响对技能的需求。与上面讨论的能源可持续性场景一样，循环经济场景对就业的影响在中等技能职业中最为突出，也就是说在这些职业中预计会出现最多的重新分配和净就业创造。

与循环经济场景相关的变化导致了这样的技能的总体分布：变化主要集中在中等技能职业，且稍有向高技能职业总体转移的倾向。这将净创造 800 多万个中等技能岗位及近 600 万个高等技能岗位，净减少近 700 万个低技能岗位（图 6.8）。

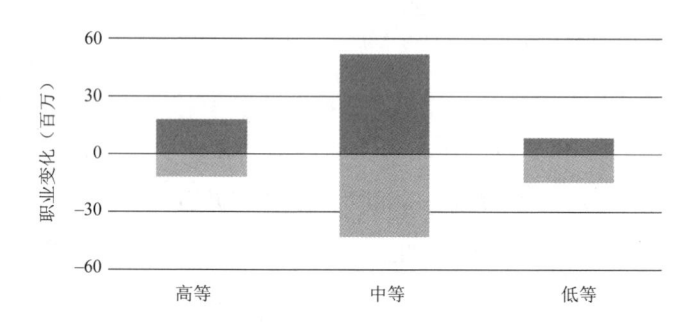

图 6.8　2030 年前按技能划分的循环经济场景下创造和销毁的职业

注：将按两位数分类测量的职业合计为一位数版本，以便将需要高水平技能的职业列入《2008 年国际标准职业分类》的代码 1、2、3 之下；将需要中等水平技能的职业列在国际标准职业分类的代码 4、5、6、7、8 之下；而那些需要低水平技能的职业则列在国际标准职业分类的代码 9 之下。方法学细节参见附录 5 两位数。

资料来源：国际劳工组织基于 EXIOBASE v3 数据库和劳动力调查的计算。

与能源可持续性场景一样，循环经济中就业机会的消亡和创造都集中在以男性为主导的职业中。超过 5000 万个男性就业岗位可能会转换行业，这一过程中就业岗位的损失会略高于新就业岗位的创造，最终导致男性就业岗位净损失约 500 万个。而在不改变就业和职业的性别分布的情况下，这一过程将为女性创造 2400 万个就业岗位，同时也会减少 1200 万个女性就业岗位（图 6.9）。

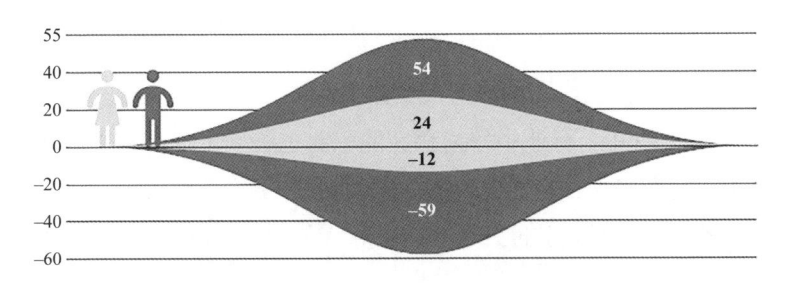

图 6.9　2030 年前按性别划分的循环经济场景下创造和消亡的职业（百万）

注：方法学细节参见附录 5。
资料来源：国际劳工组织基于 EXIOBASE v3 数据库和劳动力调查的计算。

因此，推动循环经济增加了女性的就业机会，尽管规模不够大，不足以抵消就业上普遍存在的性别不平等，同时需要注意的是，这种平等趋势的一部分是以男性的净就业机会流失为代价的。

在这个场景中，循环经济通过回收再利用和产品维修来提高材料利用率。由于价值链的效应，这些变化会影响到广泛的经济产业，而不仅仅是那些与维修和回收再利用行业的收益以及材料开采行业的损失直接相关的行业（见表 6.2）。在这种场景下，大约创造 7800 万个就业机会，7100 万个就业机会消亡。在那些失业人员中，会有很大一部分（将近 4900 万人）将在同一国家的其他行业中找到同等职位的空缺，也就是说他们将通过重新分配找到新的就业岗位。剩下的大约 2900 万个新就业岗位则需要受过另外培训的劳动力。同时，大约 2200 万个就业岗位将会流失，且这些失业人员无法在同一国家其他行业找到同等职位空缺。图 6.10 显示，在循环经济场景下，有 20 个职业将主导净就业创造（A 组）和就业重新分配（B 组）（每一种职业的详细调查结果参见附录 6）。

3. 特定职业的变化

销售人员［在《2008年国际标准职业分类》中的两位数代码为52］这一职业净创造的就业岗位最多，总共创造了1500万个岗位，其中大约有100万个来自销售岗位是从某些行业到新行业的重新分配。这是家庭消费增长（诱导效应）和零售业随之增长的结果。同样的道理，企业管理（33），行政和商业管理（12）和酒店管理（14）预计都将位列净增长最高的职业之列，也就是说会成为职位空缺数量最多的职业，这些职业无法由来自其他行业类似工作岗位的工人填补（见图6.10中的新就业）。与循环经济直接相关的几个行业中普遍存在的职业也有望出现高水平的净增长：电气和电子行业工人（74人）、金属、机械及相关产业技术工人（72人）、科学和工程专业人员及其助理（21人，31人）以及垃圾处理工人（96人）。

A组. 循环经济场景下创造净就业最多的职业

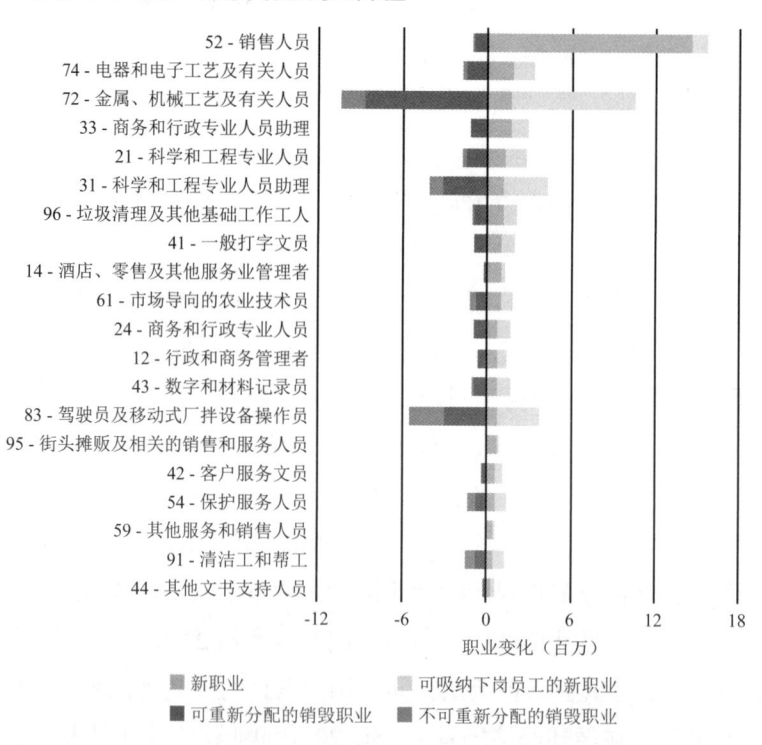

- 52 - 销售人员
- 74 - 电器和电子工艺及有关人员
- 72 - 金属、机械工艺及有关人员
- 33 - 商务和行政专业人员助理
- 21 - 科学和工程专业人员
- 31 - 科学和工程专业人员助理
- 96 - 垃圾清理及其他基础工作工人
- 41 - 一般打字文员
- 14 - 酒店、零售及其他服务业管理者
- 61 - 市场导向的农业技术员
- 24 - 商务和行政专业人员
- 12 - 行政和商务管理者
- 43 - 数字和材料记录员
- 83 - 驾驶员及移动式厂拌设备操作员
- 95 - 街头摊贩及相关的销售和服务人员
- 42 - 客户服务文员
- 54 - 保护服务人员
- 59 - 其他服务和销售人员
- 91 - 清洁工和帮工
- 44 - 其他文书支持人员

职业变化（百万）

- ■ 新职业
- ■ 可吸纳下岗员工的新职业
- ■ 可重新分配的销毁职业
- ■ 不可重新分配的销毁职业

图6.10　2030年前按职业划分的循环经济场景下创造和消亡的职业

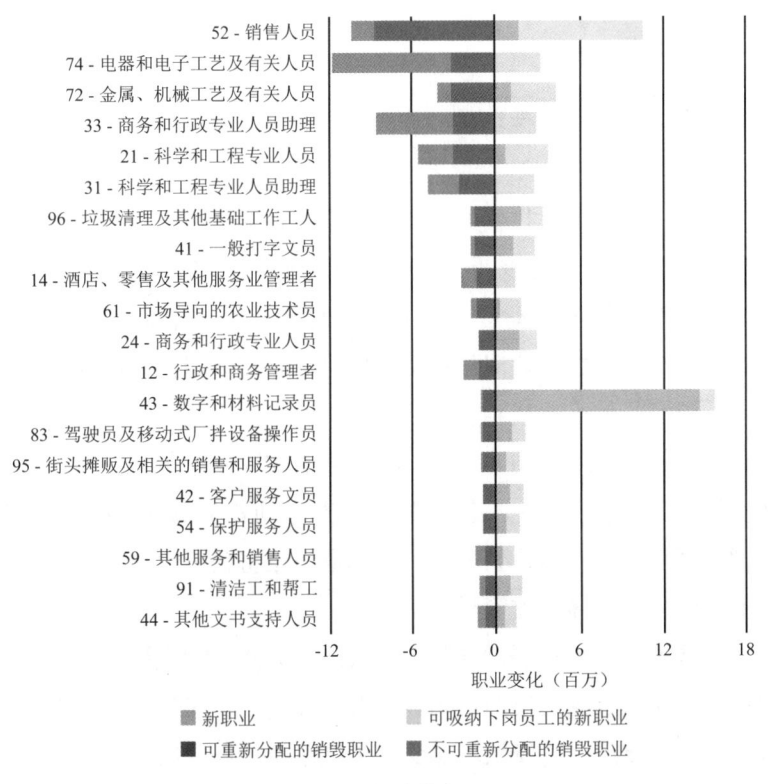

B 组.循环经济场景下跨行业或跨经济重新分配就业最多的职业

职业代码	职业名称
52	销售人员
74	电器和电子工艺及有关人员
72	金属、机械工艺及有关人员
33	商务和行政专业人员助理
21	科学和工程专业人员
31	科学和工程专业人员助理
96	垃圾清理及其他基础工作工人
41	一般打字文员
14	酒店、零售及其他服务业管理者
61	市场导向的农业技术员
24	商务和行政专业人员
12	行政和商务管理者
43	数字和材料记录员
83	驾驶员及移动式厂拌设备操作员
95	街头摊贩及相关的销售和服务人员
42	客户服务文员
54	保护服务人员
59	其他服务和销售人员
91	清洁工和帮工
44	其他文书支持人员

职业变化（百万）

图例：
- 新职业
- 可吸纳下岗员工的新职业
- 可重新分配的销毁职业
- 不可重新分配的销毁职业

图 6.10（续）

注：按《2008 年国际标准职业分类》两位数版本测量的职业。A 组展示了新增就业岗位最多的 20 个职业。B 组展示了新就业岗位吸纳下岗工人最多的 20 个职业。"吸纳下岗工人的新就业岗位"是与经历就业流失的行业流失的职业相同的岗位，这些就业流失是可以由同一国家或地区其他行业类似的 / 可重新分配的就业岗位来填补的（"可重新分配的消亡的就业机会"）。"新就业机会"是指不能为在同一国家或地区的其他行业中失业的人员所填补的就业岗位。"销毁的且不能重新分配的就业岗位"指在同一国家或地区的其他行业中没有同等职位空缺的就业岗位。更多方法学细节参见附录 5，所有职业的底层数据参见附录 6。

资料来源：国际劳工组织基于 EXIOBASE v3 数据库和劳动力调查的计算。

在循环经济下创造的许多就业机会都有可能吸收经历就业流失行业中类似岗位的下岗工人，为了实现这一可能性，需要制定促进职业间流动性的政策，同时辅以技能再培训、职业咨询和社会保护措施（这一重新分配过程如图 6.10 所示）。例如，金属、机械和相关产业技术工人（72）以及科学和工程专业人员助理（31）可以从与材料开采和产品制造相关的行业转到与材料再利用和产品维修相关的行业。

4. 就业转型路径举例

虽然在能源可持续性场景中流失的绝大多数就业岗位都会重新分配到其他行业相同职业的新就业岗位上,但在循环经济场景中这一情况却不同。在后者中,更大比例的下岗工人不会在同一职业找到同等职位空缺(见图 6.10 中"不可重新分配的销毁就业")。这一情况在矿业、建筑、制造业和运输业劳动者（93）中尤为突出。在循环经济的场景下,超过 800 万个低技能职业岗位找不到同等的新就业岗位。同样,如果无法在同一国家其他行业找到相同职业类别的就业岗位,目前由固定式厂拌设备和机械操作员（81）、驾驶员和移动式厂拌设备操作员（83）以及建筑工艺及有关人员[不包括电工（71）]所占据的约 1000 万个就业岗位则将会消失。然而,其中有一些就业岗位将会出现在其他国家,这就需要讨论相关的移民政策了。

针对这种情况,需要对这些工人目前掌握的技能进行认证,以便能够设计满足新兴行业需要的再培训方案,并（或）在受影响最大的区域引入产业激励政策,以发展能够受益于这些技能集合的行业。它也指出了保持政策连贯性的重要性,即必须将气候变化、公正过渡政策与部门性和投资性政策、主动型劳动力市场政策、有效的劳动力市场制度和职业咨询服务,以及获得再培训和提高技能的可能性相结合。

图 6.11 给出了对循环经济场景下可行的就业转型的一些说明,并考虑到了任务组成的相似度评分、知识和技能的相关要求以及薪资连续性（方法学的进一步细节见附录 7）。例如,建筑工人可以成为铁路铺设和维护操作员或水管工；装载机操作员可以转而操作金属、造纸、纺织、制鞋或热处理设备；工业卡车和拖拉机驾驶员可重新接受培训成为机车驾驶员、起重机操作员、水手和海上工人、货运服务和出租车司机；屋顶建筑工人可以成为其他类型的修整工人和材料铺设工人；而铺管工人则可以成为上釉工人、其他材料铺设工人和修整工人,或者太阳能热安装工和技术人员。

然而，一些可行的转变仍然集中在较广泛的职业中。在循环经济场景下，转换到销售人员等就业数量可能会上升的新岗位的过程相似度评分较低，这意味着由于任务以及相关技能和知识的差异，需要开展更大规模的技能再培训或技能提升培训。

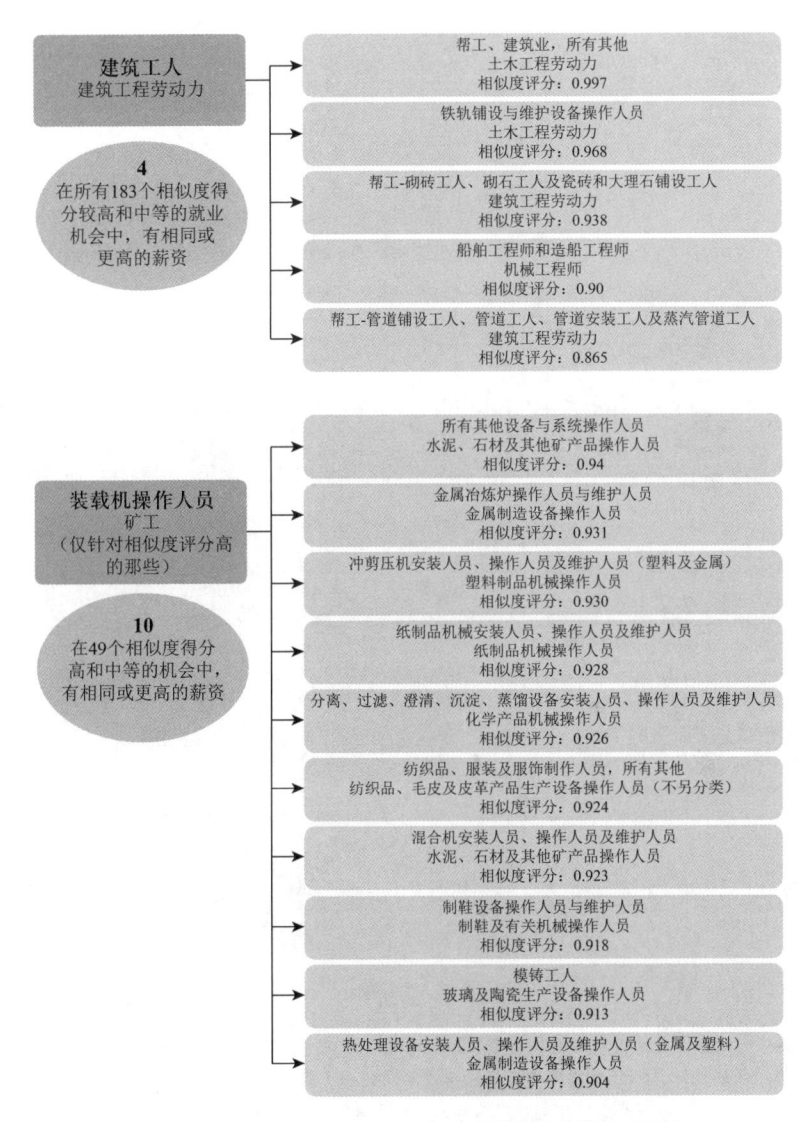

```
建筑工人                    帮工、建筑业，所有其他
建筑工程劳动力              土木工程劳动力
                           相似度评分：0.997

                           铁轨铺设与维护设备操作人员
                           土木工程劳动力
                           相似度评分：0.968

    4                      帮工-砌砖工人、砌石工人及瓷砖和大理石铺设工人
在所有183个相似度得          建筑工程劳动力
分较高和中等的就业           相似度评分：0.938
机会中，有相同或
更高的薪资                  船舶工程师和造船工程师
                           机械工程师
                           相似度评分：0.90

                           帮工-管道铺设工人、管道工人、管道安装工人及蒸汽管道工人
                           建筑工程劳动力
                           相似度评分：0.865


                           所有其他设备与系统操作人员
                           水泥、石材及其他矿产品操作人员
                           相似度评分：0.94

装载机操作人员              金属冶炼炉操作人员与维护人员
矿工                       金属制造设备操作人员
(仅针对相似度评分高          相似度评分：0.931
的那些)
                           冲剪压机安装人员、操作人员及维护人员（塑料及金属）
                           塑料制品机械操作人员
                           相似度评分：0.930

   10                      纸制品机械安装人员、操作人员及维护人员
在49个相似度得分             纸制品机械操作人员
高和中等的机会中，           相似度评分：0.928
有相同或更高的薪资
                           分离、过滤、澄清、沉淀、蒸馏设备安装人员、操作人员及维护人员
                           化学产品机械操作人员
                           相似度评分：0.926

                           纺织品、服装及服饰制作人员，所有其他
                           纺织品、毛皮及皮革产品生产设备操作人员（不另分类）
                           相似度评分：0.924

                           混合机安装人员、操作人员及维护人员
                           水泥、石材及其他矿产品操作人员
                           相似度评分：0.923

                           制鞋设备操作人员与维护人员
                           制鞋及有关机械操作人员
                           相似度评分：0.918

                           模铸工人
                           玻璃及陶瓷生产设备操作人员
                           相似度评分：0.913

                           热处理设备安装人员、操作人员及维护人员（金属及塑料）
                           金属制造设备操作人员
                           相似度评分：0.904
```

图 6.11 循环经济场景下选定的萎缩职业的转型路径

118　未来绿色技能的全球视野

工业卡车和拖拉机操作员
起重货车操作人员

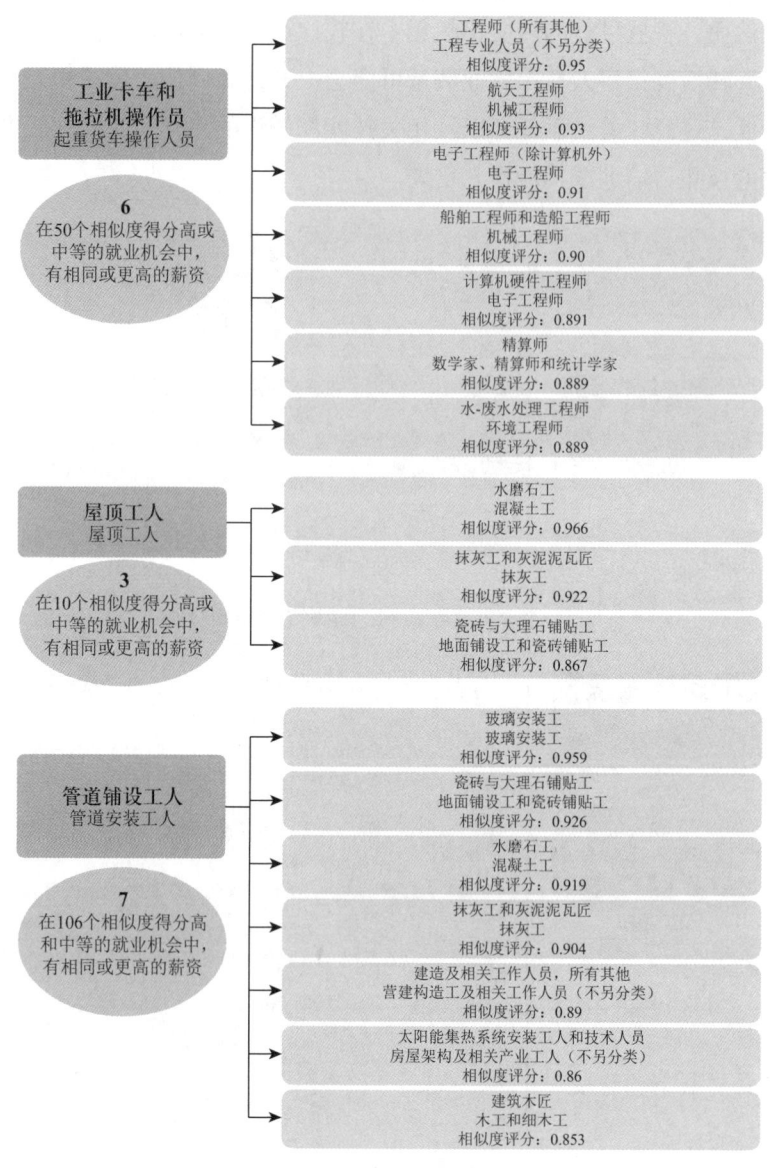

6
在50个相似度得分高或中等的就业机会中，有相同或更高的薪资

- 工程师（所有其他）
  工程专业人员（不另分类）
  相似度评分：0.95
- 航天工程师
  机械工程师
  相似度评分：0.93
- 电子工程师（除计算机外）
  电子工程师
  相似度评分：0.91
- 船舶工程师和造船工程师
  机械工程师
  相似度评分：0.90
- 计算机硬件工程师
  电子工程师
  相似度评分：0.891
- 精算师
  数学家、精算师和统计学家
  相似度评分：0.889
- 水-废水处理工程师
  环境工程师
  相似度评分：0.889

屋顶工人
屋顶工人

3
在10个相似度得分高或中等的就业机会中，有相同或更高的薪资

- 水磨石工
  混凝土工
  相似度评分：0.966
- 抹灰工和灰泥泥瓦匠
  抹灰工
  相似度评分：0.922
- 瓷砖与大理石铺贴工
  地面铺设工和瓷砖铺贴工
  相似度评分：0.867

管道铺设工人
管道安装工人

7
在106个相似度得分高和中等的就业机会中，有相同或更高的薪资

- 玻璃安装工
  玻璃安装工
  相似度评分：0.959
- 瓷砖与大理石铺贴工
  地面铺设工和瓷砖铺贴工
  相似度评分：0.926
- 水磨石工
  混凝土工
  相似度评分：0.919
- 抹灰工和灰泥泥瓦匠
  抹灰工
  相似度评分：0.904
- 建造及相关工作人员，所有其他
  营建构造工及相关工作人员（不另分类）
  相似度评分：0.89
- 太阳能集热系统安装工人和技术人员
  房屋架构及相关产业工人（不另分类）
  相似度评分：0.86
- 建筑木匠
  木工和细木工
  相似度评分：0.853

图6.11（续）

注：此项计算基于美国伯尼格雷斯技术公司为世界经济论坛（WEF and BCG, 2019）制定的相似度评分方法。该分数评估的是两份工作之间转换（以没有薪资损失为前提）的可能性大小，参考标准有：工作要求的相似性以及任务、知识技能、教育背景和工作经验的重叠性。

数据来源：基于职位空缺实时数据的自有计算，以美国伯尼格雷斯技术公司数据（2017）为参考指标。

还应指出的是，循环经济场景下的一些就业损失可与实施能源可持续性政策产生的就业增长相抵消。这一情况对采矿、建筑、制造和运输行业的建筑工艺及有关人员尤其适用。事实上，如果节能建筑以及与可再生能源相关的制造、安装和维护方面的投资出现，许多相似度评分较高的就业岗位的数量就只会增加（而不是减少）。因此，采取协调一致的行动，落实涵盖不同经济活动的绿色化政策，可以减少失业的风险，并可同时解决环境及就业问题。

5. 在增长行业可以再利用的技能

图6.12至图6.16展示了与预期衰退和预期增长行业相关的招聘广告中的技能需求分析结果。将美国伯尼格雷斯技术公司2017年的数据作为参考指标，我们可以在循环经济场景下预计会分别出现失业和就业增长的行业中，以及可能发生就业转型的行业中，更进一步看清同一职业需求的特定技能。根据朝阳或夕阳产业中职业类别中的技能在招聘广告中出现的频率，对技能进行了排名，出现最多的技能字体更大。每个图中间的重叠区域表示了在衰退和增长的行业中均对其提出过要求的职业技能。

在能源可持续性场景中，失业的工人可以在增长行业中同等职位的新岗位中重复使用三种核心技能：软技能、半技术性可迁移技能和技术性可迁移技能。那些能确保就业的技能的要求都很高。

例如，对于采矿、建筑、制造和运输（93）等低技能职业的劳动者而言，需要的软技能涵盖沟通、组织、注重细节、团队合作/协作、解决问题以及读写和计算能力，包括计算机技能（图6.12）。重叠区域中可保障该职业工人未来就业能力的大部分技能属于半技术性可迁移技能，包括客户管理、销售和市场营销、产品知识和管理、零售业的知识、工作区域维护、订单拣选能力、调度、清洁和维修等。

目前从事采矿、建筑、制造和运输等行业工作的工人可能不太熟练的一系列技能未来会有更大的就业需求，这些技能包括销售和物流相关的技能（如现金处理、商店管理、产品定位、电子商务、销售培训、价格检查）、特定行业的知识（如家具、汽车、生物技术）以及互联网技能。制定再培训和技能提升措施时必须考虑到这些新的要求。

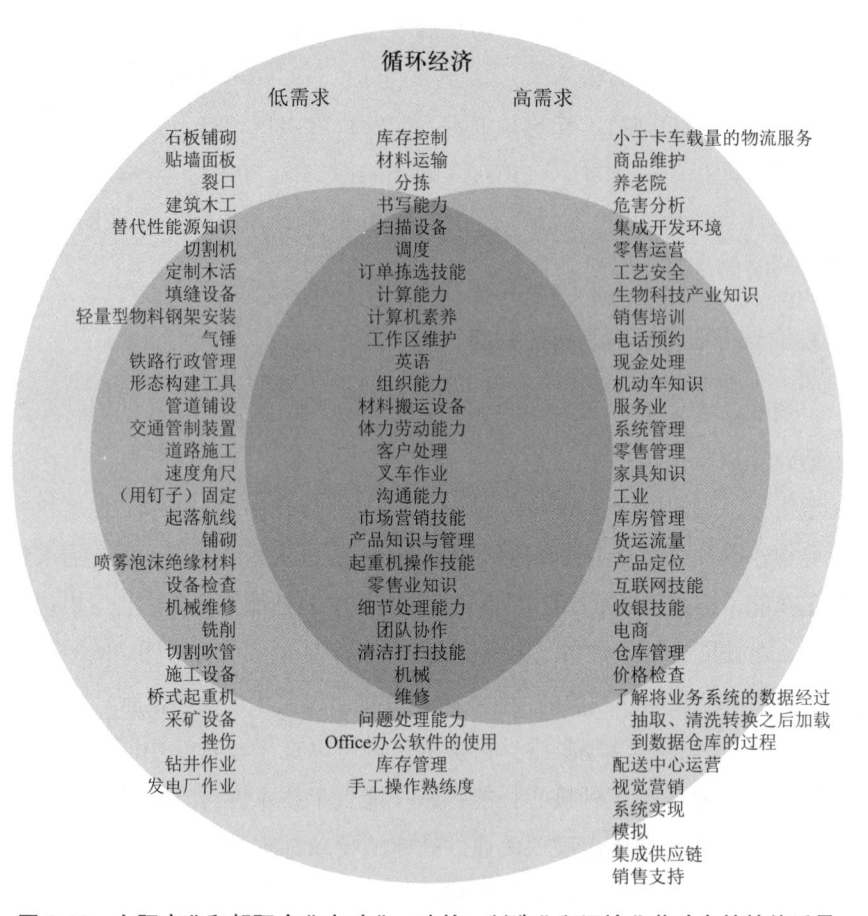

循环经济

低需求		高需求
石板铺砌	库存控制	小于卡车载量的物流服务
贴墙面板	材料运输	商品维护
裂口	分拣	养老院
建筑木工	书写能力	危害分析
替代性能源知识	扫描设备	集成开发环境
切割机	调度	零售运营
定制木活	订单拣选技能	工艺安全
填缝设备	计算能力	生物科技产业知识
轻量型物料钢架安装	计算机素养	销售培训
气锤	工作区维护	电话预约
铁路行政管理	英语	现金处理
形态构建工具	组织能力	机动车知识
管道铺设	材料搬运设备	服务业
交通管制装置	体力劳动能力	系统管理
道路施工	客户处理	零售管理
速度角尺	叉车作业	家具知识
（用钉子）固定	沟通能力	工业
起落航线	市场营销技能	库房管理
铺砌	产品知识与管理	货运流量
喷雾泡沫绝缘材料	起重机操作技能	产品定位
设备检查	零售业知识	互联网技能
机械维修	细节处理能力	收银技能
铣削	团队协作	电商
切割吹管	清洁打扫技能	仓库管理
施工设备	机械	价格检查
桥式起重机	维修	了解将业务系统的数据经过抽取、清洗转换之后加载到数据仓库的过程
采矿设备	问题处理能力	
挫伤	Office办公软件的使用	
钻井作业	库存管理	配送中心运营
发电厂作业	手工操作熟练度	视觉营销
		系统实现
		模拟
		集成供应链
		销售支持

图 6.12　夕阳产业和朝阳产业中矿业、建筑、制造业和运输业劳动者的技能重叠部分（循环经济场景下）

注：根据朝阳或夕阳产业在职业分类中对不同技能提出需求的频率，对技能进行了排名，需求最多的技能字体更大。中间的区域显示了在衰落和增长的行业中，同一职业的技能有很大的重叠。以美国数据作为参考指标。

资料来源：基于伯尼格雷斯技术公司对实施空缺岗位数据的计算（US data, 2017）。

在衰退和增长行业中，驾驶员和移动式厂拌设备操作员（83）这一职业的技能需求同样不仅包括软技能（沟通、计算能力、解决问题），还包括更多半技术性技能（客户处理、销售和市场营销、危险物品处理、驾驶、产品知识和管理、调度）和一些技术性可迁移技能（叉车操作、道路建设、车辆维护、库存管理和控制、维修)(图6.13)。需要的新技能几乎都是技术性的，并大多与销售和物流有关，如接触管理、订单拣选以及现金处理技能。

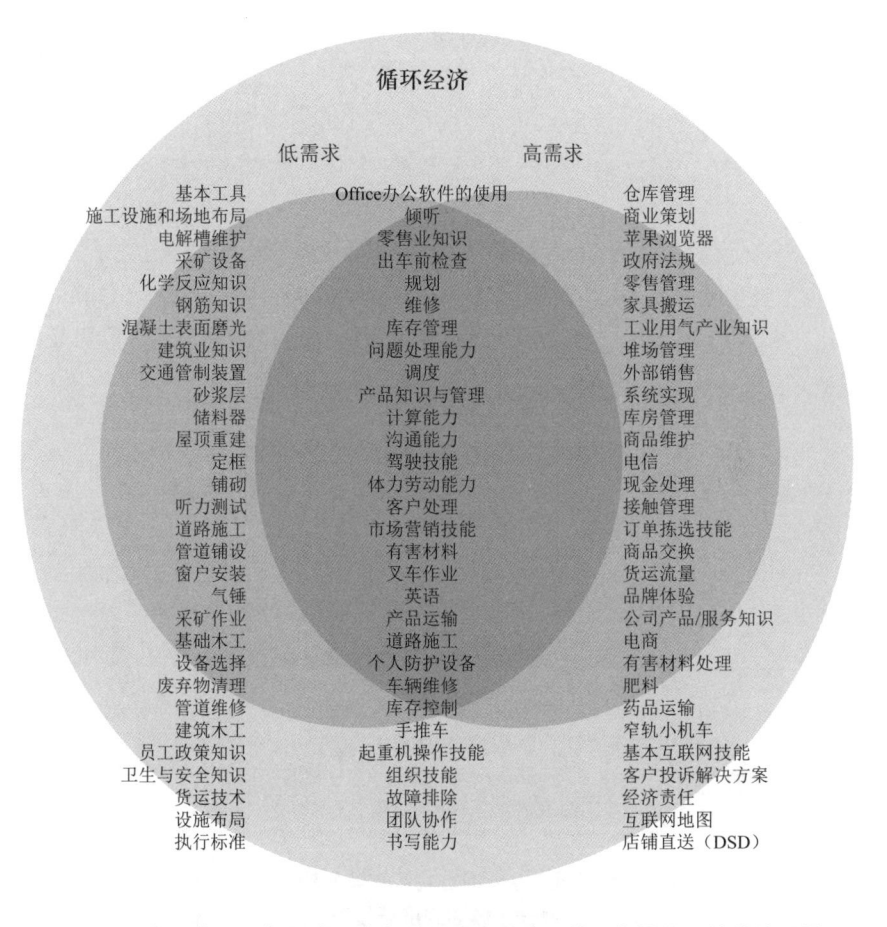

循环经济

低需求 / 高需求

低需求侧技能：
基本工具
施工设施和场地布局
电解槽维护
采矿设备
化学反应知识
钢筋知识
混凝土表面磨光
建筑业知识
交通管制装置
砂浆层
储料器
屋顶重建
定框
铺砌
听力测试
道路施工
管道铺设
窗户安装
气锤
采矿作业
基础木工
设备选择
废弃物清理
管道维修
建筑木工
员工政策知识
卫生与安全知识
货运技术
设施布局
执行标准

中间重叠区：
Office办公软件的使用
倾听
零售业知识
出车前检查
规划
维修
库存管理
问题处理能力
调度
产品知识与管理
计算能力
沟通能力
驾驶技能
体力劳动能力
客户处理
市场营销技能
有害材料
叉车作业
英语
产品运输
道路施工
个人防护设备
车辆维修
库存控制
手推车
起重机操作技能
组织技能
故障排除
团队协作
书写能力

高需求侧技能：
仓库管理
商业策划
苹果浏览器
政府法规
零售管理
家具搬运
工业用气产业知识
堆场管理
外部销售
系统实现
库房管理
商品维护
电信
现金处理
接触管理
订单拣选技能
商品交换
货运流量
品牌体验
公司产品/服务知识
电商
有害材料处理
肥料
药品运输
窄轨小机车
基本互联网技能
客户投诉解决方案
经济责任
互联网地图
店铺直送（DSD）

图6.13　夕阳产业和朝阳产业中驾驶员和移动式厂拌设备操作员的技能重叠部分（循环经济场景下）

注：根据朝阳产业或夕阳产业在职业分类中对不同技能提出要求的频率，对技能进行了排名，要求最多的技能字体更大。中间的区域显示了在衰落和增长的行业中，同一职业的技能有很大的重叠。以美国数据作为参考指标。

资料来源：基于伯尼格雷斯技术公司对实时空缺数据的计算（US data, 2017）。

固定式厂拌设备和机械操作员（81）可以重复使用他们的软技能（沟通、语言、读写和计算，包括电脑素养）和许多半技术性技能（客户管理、销售和市场营销、工作区域预防性维护、包装)以及技术性技能(修理、叉车操作、机械)(图 6.14)。

循环经济

低需求 / 高需求

低需求侧：
货运技术
快速学习能力
开矿机操作员
露天采矿
沉积物采集
铁道车辆
风险评估
钢筋知识
采矿设备
载人升降机
起落航线
坠落防护
窗户安装
采矿作业
信息技术行业知识
道路施工
建筑业知识
出车前检查
管道铺设
国际武器贸易条例
分批成本计算
铣削
管道安装
记账
高科技产业知识
员工敬业度
挖沟
地面控制
症状报告
问题分析能力

中间区域：
手动工具
职业卫生与安全
问题处理能力
个人防护设备
调度
故障排除
包装
预防性维护
计算机技能
计算能力
书写能力
英语
市场营销技能
客户处理
体力劳动能力
沟通能力
维修
Office办公软件的使用
叉车作业
清洁打扫技能
组织能力
工作区维护
细节处理能力
团队协作
建立有效的人际关系
库存管理
起重机操作技能
手推车
退款交易与调整

高需求侧：
销售渠道
零售管理
健康保险流通与责任
法案(HIPAA)
微软开发工具
订单及发票处理
产品配搭
调试
动态药品生产管理规范
(CGMP)
变频器
货运流量
电锯
库房管理
药品生产质量管理规范
(GMP)
处理商品退货
零售业知识
产品定位
食品安全
生物技术
农业综合企业
餐饮服务经验
扫描设备
光伏系统
危机处理
缝纫
个案管理
电动汽车
报告撰写能力
视觉营销
检测装置
牧场管理

图 6.14 夕阳产业和朝阳产业中固定式厂拌设备和机械操作员的技能重叠部分(循环经济场景下)

注：根据朝阳和夕阳产业在职业分类中对不同技能提出需求的频率，对技能进行了排名，要求最多的技能字体更大。中间的区域显示了在朝阳和夕阳产业中，同一职业的技能有很大的重叠。以美国数据作为参考指标。

资料来源：基于伯尼格雷斯技术公司对实施空缺岗位数据的计算(US data, 2017)。

同样，该职业所需的新技能几乎都是技术性的，集中在为了解特定行业(零售、农业综合企业、生物技术)所需的一系列技能集合上，对产品和仓库管理、生产过程中的产品加工和质量控制标准以及光伏系统

第六章 在能源可持续性和循环经济场景下量化职业技能需求　123

知识的需求将会很高。

对金属、机械和相关产业技术工人（72）而言，在循环经济的场景下，最大的就业技能群体将是半技术性技能（维修、客户管理、维护、销售和市场影响），此外该职业的软技能也是可重复使用的（图6.15）。该职业需要的新技能包括汽车行业的零售运营、安装、诊断和排放检测技能。

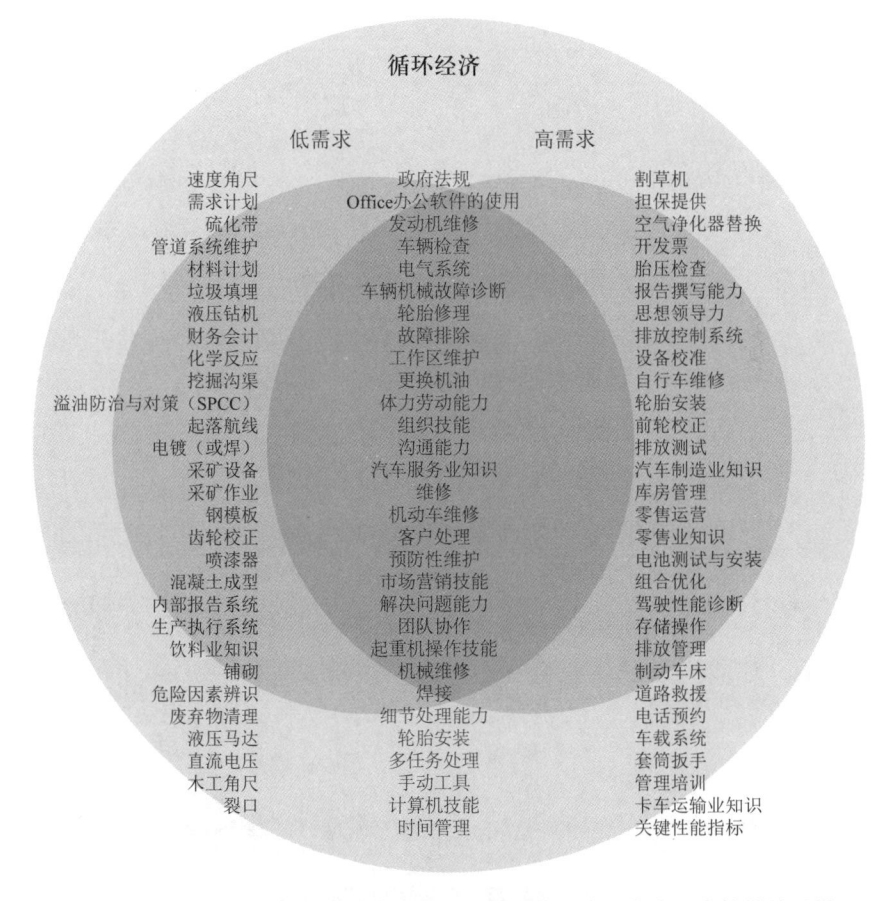

循环经济

低需求

速度角尺
需求计划
硫化带
管道系统维护
材料计划
垃圾填埋
液压钻机
财务会计
化学反应
挖掘沟渠
溢油防治与对策（SPCC）
起落航线
电镀（或焊）
采矿设备
采矿作业
钢模板
齿轮校正
喷漆器
混凝土成型
内部报告系统
生产执行系统
饮料业知识
铺砌
危险因素辨识
废弃物清理
液压马达
直流电压
木工角尺
裂口

政府法规
Office办公软件的使用
发动机维修
车辆检查
电气系统
车辆机械故障诊断
轮胎修理
故障排除
工作区维护
更换机油
体力劳动能力
组织技能
沟通能力
汽车服务业知识
维修
机动车维修
客户处理
预防性维护
市场营销技能
解决问题能力
团队协作
起重机操作技能
机械维修
焊接
细节处理能力
轮胎安装
多任务处理
手动工具
计算机技能
时间管理

高需求

割草机
担保提供
空气净化器替换
开发票
胎压检查
报告撰写能力
思想领导力
排放控制系统
设备校准
自行车维修
轮胎安装
前轮校正
排放测试
汽车制造业知识
库房管理
零售运营
零售业知识
电池测试与安装
组合优化
驾驶性能诊断
存储操作
排放管理
制动车床
道路救援
电话预约
车载系统
套筒扳手
管理培训
卡车运输业知识
关键性能指标

图6.15　夕阳产业和朝阳产业中金属、机械及相关产业技术工人的技能重叠部分（循环经济场景下）

注：根据朝阳和夕阳产业在职业分类中对不同技能提出需求的频率，对技能进行了排名，需求最多的技能字体更大。中间的区域显示了在朝阳和夕阳产业中，同一职业的技能有很大的重叠。以美国数据作为参考指标。

资料来源：基于伯尼格雷斯技术公司实施空缺岗位数据的计算（US data, 2017）。

建筑工艺及有关行业人员，不包括电工（71），将能够重复使用类似的软技能和半技术性技能，以及可转移的技术技能，例如暖通工程维修、管道工程维修、设备维修和测试以及职业卫生与安全（图6.16）。在关键性能指标、维护调度、家电维修、库存和零售管理以及危险材料处理方面，对机械知识和技能的需求将不断增长。

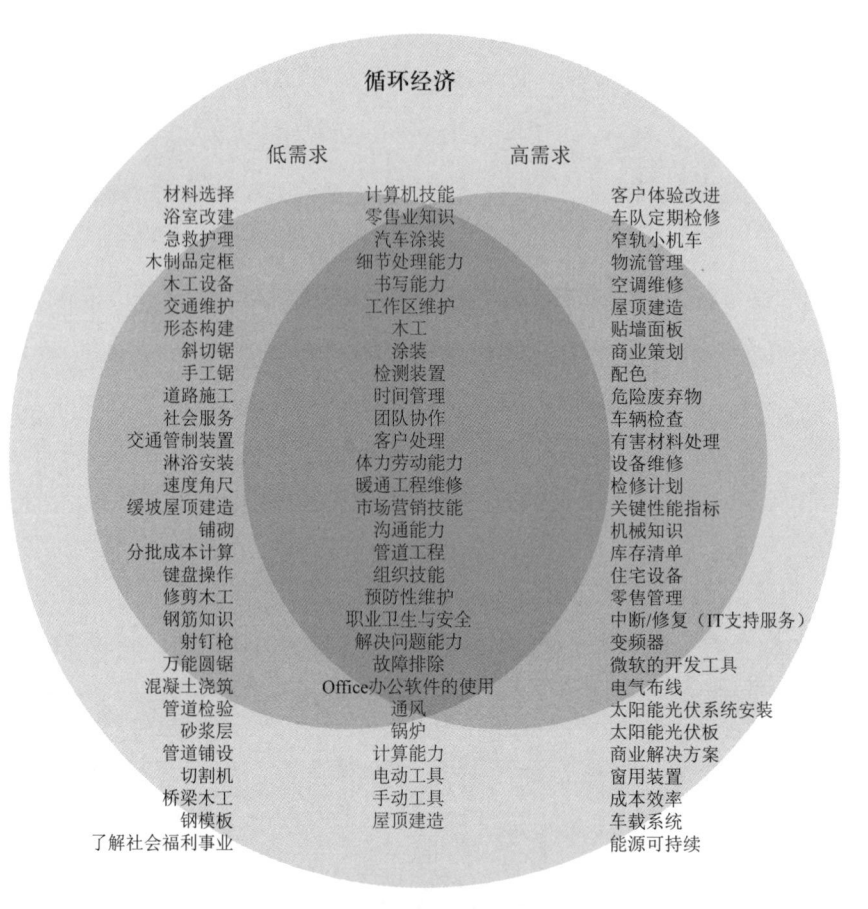

循环经济

低需求

材料选择
浴室改建
急救护框
木制品定框
木工设备
交通维护
形态构建
斜切锯
手工锯
道路施工
社会服务
交通管制装置
淋浴安装
速度角尺
缓坡屋顶建造
铺砌
分批成本计算
键盘操作
修剪木工
钢筋知识
射钉枪
万能圆锯
混凝土浇筑
管道检验
砂浆层
管道铺设
切割机
桥梁木工
钢模板
了解社会福利事业

计算机技能
零售业知识
汽车涂装
细节处理能力
书写能力
工作区维护
木工
涂装
检测装置
时间管理
团队协作
客户处理
体力劳动能力
暖通工程维修
市场营销技能
沟通能力
管道工程
组织技能
预防性维护
职业卫生与安全
解决问题能力
故障排除
Office办公软件的使用
通风
锅炉
计算能力
电动工具
手动工具
屋顶建造

高需求

客户体验改进
车队定期检修
窄轨小机车
物流管理
空调维修
屋顶建造
贴墙面板
商业策划
配色
危险废弃物
车辆检查
有害材料处理
设备维修
检修计划
关键性能指标
机械知识
库存清单
住宅设备
中断/修复（IT支持服务）
变频器
微软的开发工具
电气布线
太阳能光伏系统安装
太阳能光伏板
商业解决方案
窗用装置
成本效率
车载系统
能源可持续

图6.16 夕阳产业和朝阳产业中建筑工艺及有关行业人员的技能重叠部分（循环经济场景）

注：根据朝阳或夕阳产业在职业分类中对不同技能提出要求的频率，对技能进行了排名，要求最多的技能字体更大。中间的区域显示了在夕阳和朝阳产业中，同一职业的技能有很大的重叠。以美国数据作为参考指标。

资料来源：基于伯尼格雷斯技术公司对实施空缺岗位数据的计算（US data，2017）。

在朝阳产业中，大多数就业能力的顶端技能都是软技能，这并不奇怪，因为它们在各个职业中都很常见（图6.17）。因此，对沟通能力、解决问题能力、团队合作能力、计算能力和信息技术技能的需求在所有技能水平上都很突出。一些软技能对技能水平很敏感，比如领导能力或演讲能力，这类软技能就对高技能职业很重要。一些半技术可迁移技能，如客户管理、销售和市场营销，也适用于不同的技能水平的职业。技术性技能具有更具体的技能水平：例如，企业资源规划是高等技能水平的，管道工程是中等技能水平的，车辆检查是低等技能水平的。

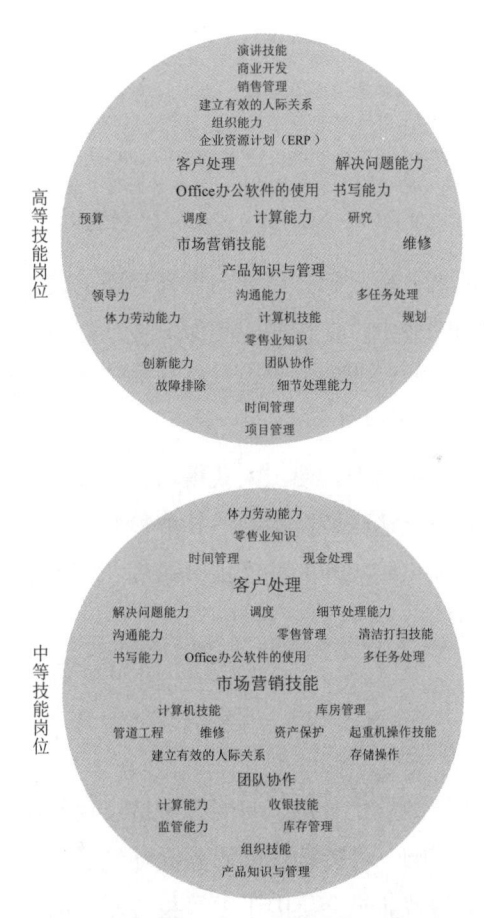

高等技能岗位：演讲技能、商业开发、销售管理、建立有效的人际关系、组织能力、企业资源计划（ERP）、客户处理、解决问题能力、Office办公软件的使用、书写能力、预算、调度、计算能力、研究、市场营销技能、维修、产品知识与管理、领导力、沟通能力、多任务处理、体力劳动能力、计算机技能、规划、零售业知识、创新能力、团队协作、故障排除、细节处理能力、时间管理、项目管理

中等技能岗位：体力劳动能力、零售业知识、时间管理、现金处理、客户处理、解决问题能力、调度、细节处理能力、沟通能力、零售管理、清洁打扫技能、书写能力、Office办公软件的使用、多任务处理、市场营销技能、计算机技能、库房管理、管道工程、维修、资产保护、起重机操作技能、建立有效的人际关系、存储操作、团队协作、计算能力、收银技能、监管能力、库存管理、组织技能、产品知识与管理

图6.17 高、中、低等技能岗位中需求最多的技能（循环经济场景下）

低等技能岗位

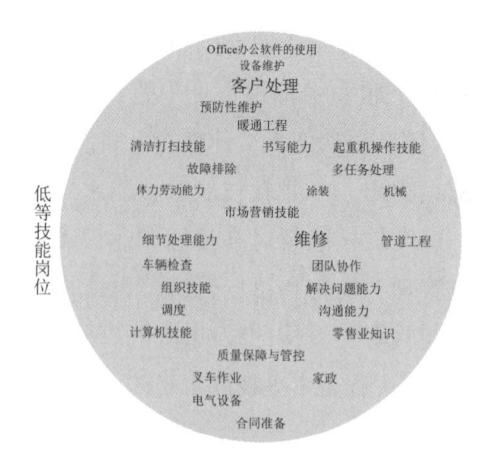

- Office办公软件的使用
- 设备维护
- 客户处理
- 预防性维护
- 暖通工程
- 清洁打扫技能
- 书写能力
- 起重机操作技能
- 故障排除
- 多任务处理
- 体力劳动能力
- 涂装
- 机械
- 市场营销技能
- 维修
- 细节处理能力
- 管道工程
- 车辆检查
- 团队协作
- 组织技能
- 解决问题能力
- 调度
- 沟通能力
- 计算机技能
- 零售业知识
- 质量保障与管控
- 叉车作业
- 家政
- 电气设备
- 合同准备

图 6.17（续）

注：图片展示了按照《国际职业标准分类（2008）》的技能水平分组，在朝阳产业中发展最快的职业所需的技能（《国际职业标准分类（2018）》，国际劳工组织，日内瓦，2012：https://www.ilo.org/w-cmsp5/groups/public/–dgreports/dcomm/–publ/documents/publication/wcms_172572.pdf）。此图片的描绘源于频数分析，以美国数据（2017）为参考指标。

数据来源：基于伯尼格雷斯技术公司对职位空缺实时数据的自有计算（US data, 2017）。

因此，实时数据分析显示，尽管向循环经济的转型对就业可能是破坏性的，但在朝阳产业中，在相同或类似职业的新就业中，工人可以重复使用许多技能。这些就业技能将包括软技能、半技术性技能和技术性可迁移技能。

但是，必须进行再培训，使工人获得增长行业中就业岗位所需的新技术技能，或使其技能达到所需水平。技能检验、识别和认证措施，再加上职业指导服务和一些额外的技能提升培训，可以帮助工人渡过转型期，进入新的就业岗位。

四、结论

本章的全球化模型量化分析了向能源可持续性和循环经济转型对技能、性别和职业的影响。可持续性能源和循环经济都将创造更多的就业机会。总体上创造的就业机会集中于中等技能水平岗位，可能会抵消全球化、离岸外包和技术变革所造成的其他劳动力市场混乱，这一混乱通常与中等技能水平就业机会流失有关。

两种场景下创造的净就业机会结果显示了与就业机会创造和流失有关的职业层面上的三种类型的影响。

首先,对于因转型到可持续性能源或循环经济而受到影响的大部分职业而言,一个行业流失的就业岗位将与另一个行业创造的同等岗位相匹配。对实时大数据的分析显示,在任务、技能和知识要求相似、薪资相同或上涨的增长性行业中,同等职位的一些可能的就业转型路径,使得就业重新分配成为可能。工人们能够在增长行业中重复使用的技能不仅包括软技能(如沟通、解决问题),还包括半技术性可迁移技能(如销售和市场营销、调度、预算)和技术性可迁移技能(如工程、维修、管道工程)。这一发现对最初的职业教育的课程设计和能力标准设定具有重要意义。

为了促进工人的就业重新分配,还需要辨识工人现有的技能——既包括在正规或非正规培训中获得的技能,也包括通过工作经验获得的技能——以便工人从某一行业的某一职业获得的技能可在另一行业的同一职业中得到承认。技能认证和技能识别项目有利于推动此项工作。此外,技能识别应该做到跨国界,这样那些在一个国家失去工作的人可以更容易在另一个国家找到同等的职位。对技能的识别应辅之以适当的劳工移民政策,以促进新兴产业雇用有能力的工人,不论他们身处何地都可以被雇用。

在职业集群中重新分配工人并不意味着他们不需要技能再培训或技能提升。相反,调查分析发现了成功获得重新分配机会的工人需具备许多新技术技能。再培训和技能开发项目将需要以工人目前的技能为基础,帮助他们适应和提升自己的技能,以提高他们与可以找到新工作机会的新行业的相关性。

尽管理论上可行,但在现实中做到完美的重新分配是不太可能的。由于各种原因,一些工人可能不愿意或无法迁移到其他行业或地区。失去工作将影响收入,这就需要制定社会保护政策,以补充再培训措施,使这些工人能维持其收入保障并(或)能够在同一地区的其他职业中找到工作。这对于保持社会凝聚力及防止贫穷和不平等加剧来说尤其重要。

其次，除了可以通过重新分配来填补的就业岗位之外，还会创造更多的净就业。这一点尤其涉及能源可持续性场景下的建筑、制造和运输行业的建筑工艺及有关人员，以及循环经济场景下的销售人员。这些新就业岗位主要集中在中等技能水平职业上，但也包括一些高等技能工作。这些岗位要求在为未来工人开展的正式培训项目中开发相应的技能。它们还要求技能升级项目的实施，因为低技能职业的就业岗位预计将净减少，而高技能和中等技能职业的就业岗位预计将净增加。这些项目将确保技能需求得到满足，并确保可能失业的工人有机会从转型过程中出现的更好的就业机会中获益。

最后，一些就业机会将会消失，且其他行业中没有相同岗位的空缺，从而造成潜在的失业风险。然而，考虑到上面提到的第二个影响，在新的职业中将产生许多新的就业机会。那么，制定培训方案，重新培训那些在原来的职业中找不到工作的下岗工人，使他们有能力进入新的职业将十分有必要。对于这些方案，可以通过劳动力市场政策来发布，并应将之与职业指导和社会保护政策相结合。

制定促进环境可持续性和创造就业机会的补充性行业政策，可以帮助由于化石燃料和采掘业规模缩小而失去就业机会的国家和地区从劳动力市场上可获得的技能中获益。本章所考虑的两种场景为这种互补性提供了明确的例子。在循环经济场景下，将遭受就业岗位净损失的职业包括采矿、建筑和运输业非技术性工人，以及建筑工艺及有关人员（不包括电工），预计这两类职业的岗位净流失分别约为800万个和200万个。在能源可持续性场景中，这两个职业将分别创造400万个和300万个净就业机会。将与能源可持续性有关的行业设立在靠近那些在通往循环经济的道路上可能会失去就业岗位的地区，可以促进工人的再就业，且这个过程中的再培训或流动性项目的花费也最低。

在做出所有这些政策响应时应将性别因素纳入主要的考虑内容。本章的一个重要发现就是，男性占主导地位的职业受失业和创造就业机会的影响最大。在政策响应中，特别是在技能开发方面纳入对性别的考虑，以满足新就业岗位的需要，可以减轻受影响职业中的性别不平衡。

　　本章给出的结果涉及绿色经济的两个维度［能源可持续性（或脱碳）和循环经济（或材料使用效率）］对技能、性别和职业层面的影响。促进可持续性经济发展的过程还需要其他转型的参与，这些转型也将对技能产生影响。正如国际劳工组织 2012 年的报告以及国际劳工组织和欧洲职业培训发展中心 2011 年共同发表的报告已经指出的那样，对于包括农业、林业和渔业，运输和建筑业在内的每一个领域，可持续性转型都将对其技能、性别和职业产生直接、间接和诱发的影响（ILO，2012；ILO and Cedefop，2011）。

第七章　旨在实现绿色转型的技能开发政策和措施

为了促进公正过渡，将旨在适应绿色经济而采取的技能调整措施与体面就业挂钩势在必行。对此，大多数国家制定了与绿色就业技能相关的技能预期方案，尽管有些是临时性的，而不是系统性的。此外，世界各地都在发展职业教育，但具备专门发展绿色就业技能体系的国家数量相对较少。2011年以来，样本中的大多数国家都还未开发出一套系统的方法，以便将绿色就业技能纳入其职业教育体系。私营部门在职业教育中的最初和持续参与，对于绿色就业技能的供应至关重要，然而各国在这方面的参与程度高低不一。有时，由于缺乏运行良好的职业教育系统，私营部门会自行开发它所需要的一部分技能。

积极的劳动力市场政策并非是专门针对绿色就业技能的。然而，各国确实都提到了积极的劳动力市场政策更广泛的目标和未来的发展方向，特别是在确保公正和包容地向绿色经济过渡，以及在针对特定的弱势群体（失业人口、土著居民、女性）方面。

这所有的措施都涉及广泛的利益相关群体。在努力实现包容和公正的过渡，以便为绿色就业提供足够的技能过程中，雇主和工人组织在政策制定，乃至政策执行方面均发挥了重要作用。

前几章对与绿色经济相关的职业和技能方面的趋势进行了考察，并对相关政策进行了分析。本章则将分析为应对绿色转型带来的技能挑战而实施的政策工具和措施。为了将这一分析与大背景相联系，本章首先简要概述了制定这些工具和措施的一系列政策，第三章"重要的挑战：政策环境"首次谈及这些政策。

一、政策背景

与绿色就业技能相关的政策主要以两种形式出现：要么是作为更广泛的环境和经济政策的一部分出现；要么是专门制定的。后一种情况在低等收入国家中似乎特别普遍，这些国家往往是受到了国际驱动力（全球环境议程或国外发展机构）的刺激。对此，专栏7.1展示了三个案例。

▶ **专栏 7.1**

与绿色就业技能相关的国家政策举例

这里给出的前两个案例展示了与就业相关的绿色发展总体战略，而第三个案例则是专门针对绿色就业的。

圭亚那的《绿色国家发展战略》（Green State Development Strategy）阐述了该国将如何实现以绿色和包容性结构改革为特征的"绿色转型"。该战略涉及增加获得技能的机会；为所有人创造体面的就业机会；通过进入新市场使经济基础多样化；参与绿色经济，并公平分配由此带来的利益和机会。其两大主要目标是：第一，建立以增值商品和服务、资源生产率、改进过的环境服务和抗冲击能力为特征的经济；第二，实现稳定且包容的经济增长。

《菲律宾绿色就业法案》（Philippines Green Jobs Act）在2016年4月正式开始实施，其具体条款包括：通过确定技能需求等方式促进绿色就业技能的开发、可持续性增长和应对气候变化的能力；维护绿色职业数据库；制定培训法规；技能评估和认证；课程开发；培训方案的执行；以及通过财政激励措施来鼓励企业提供培训。除了根据现有措施已经准予或提供的财政和非财政奖励外，《菲律宾绿色就业法案》还提供了两项额外的财政奖励，旨在鼓励企业创造绿色就业岗位，开展相关研究以减少其对环境的影响，聘用具有保护环境技能的员工，以及培训或教育现有的员工。这两项财政奖励为：第一，从应纳税收入中减免相当于技能培训和研发总开支的50%；第二，对进口的资本设备免征关税和进口税——条件是这些设备必须直接且专门用于促进绿色就业的活动中。为了促进该法案的落实，《菲律宾绿色就业法案》责成劳动与就业部制定了《国家绿色就业人力资源发展规划》（见上文专栏3.3）。

塞内加尔的《促进绿色就业的国家战略》充当了其绿色就业的参考框架。在此背景下，其与联合国开发计划署［United Nations Development Programme（UNDP）］合作，制定了《创造绿色就业机会支持计划》，以促进创造绿色就业机会。更具体地说，其目标是促进创新行业的绿色体面就业机会的创建，以及绿色就业岗位的供应；加强技术和创业能力，以减少技能差距；为利益相关方的参与和筹集补充资金发展伙伴关系；监督并整合已经创建的绿色就业岗位。

资料来源：《圭亚那绿色就业技能》（ILO，2018）；《菲律宾绿色就业技能》（ILO，2018）；《塞内加尔绿色就业技能》（ILO，2018）。

然而，总的来说，绿色就业技能仍是政策领域的一个重要短板，多数国家还缺乏涵盖这一主题的系统且全面的政策。这意味着，例如，针对安装太阳能电池板采用回收再利用的方法或在建筑行业中使用绝缘材料这些举措，尽管政府可能设置了一些鼓励措施，但面对这些措施产生的技能需求，往往还是各利益相关方在做出相应的决策和应对。

无论国家政策的大背景如何，绿色就业所需的技能通常由与特定部门或地区相关的各种战略和规划来应对，或者由其作为有时限的项目来落实。这类规划涉及多方行动者，不仅包括公共当局，也包括社会伙伴和民间团体的利益相关方。而由此出现的情况是，各领域对技能问题的关注明显不同，政策和规划最常见于变化最快、变化最大的领域（如可再生能源和建筑）。总的来说，这呈现了一幅绿色转型的多元化画面，也是对绿色转型挑战的特别响应的主要战场。

在这样的背景下，各方都制定了什么类型的措施？本章的其余部分将解答这个问题。

二、为适应绿色经济发展而采取的技能调整措施

本节讨论了为调整技能以适应绿色经济而采取的具体政策行动。它涉及了 2011 年至 2018 年期间实施的政策、计划、法规和其他措施，旨在调整当前和潜在劳动力的能力，对工人进行再培训，并为绿色经济中的就业岗位升级技能。这五个小节分别涵盖了预期和监测技能的需求；职业教育；私营部门的技能培训；主动型劳动力市场政策；以及针对过去学习成果的检验或认证机制［recognition of prior learning（RPL）］。

为开发绿色就业所需的技能，政府的干预和部门的措施通常与体面就业有关，并且规定了相关薪资水平、工作时间、加班、职业安全与卫生和福利待遇，以及基本人权保障和社会保护（如上文专栏 7.1 中概述的三个案例所示）。在加纳、印度尼西亚和菲律宾等中等偏下收入国家中，这一关联都得到了明确强调。总而言之，技能预测系统、职业教育系统和主动型劳动力市场政策都是针对体面就业技能的供应而制定的。

1. 预期和监测技能的需求

一般来说，对技能的监测、预期和预测在政治议程上占有重要地位。例如，在欧洲，国家和欧盟一级都正在开展大规模的行动，以便更好地满足未来的技能需求；[①] 经济合作与发展组织（OECD）正在研究这一议题；[②] 劳工组织正在帮助各国改进其技能预测系统和劳动力市场信息，并执行一项"产业与经济多元化技能"计划，以便在部门一级对

---

① 网址：http://www.cedefop.europa.eu/en/themes/identifying-skills-needs；https://skillspanorama.cedefop.europa.eu/en［访问于 2019 年 5 月 6 日］。

② 网址：http://www.oecd.org/publications/getting-skills-right-assessing-and-anticipating-changing-skill-needs-9789264252073-en.htm［访问于 2019 年 5 月 6 日］。

技能进行预测；①联合国教科文组织正在支持教育管理信息系统（EMIS）的发展。②

以下各段讨论了与绿色就业和技能相关的技能预期的主要特征。2011年的报告指出，"绿色就业所需的技能"仍然缺乏明确的定义和划分；在任何情况下，正如2011年报告（Strietska-Ilina et al., 2011, p. 146）中提到的，每一个职业都可以变得更加绿色化，其工作内容和环境也都可以通过改进而将可持续发展和体面就业的概念融入其中。

在本报告所覆盖的32个国家中，很少有专门用于预期和监测绿色经济所需技能的永久性机制。有八个国家中——其中大部分是低等收入国家或中等偏下收入国家（孟加拉国、巴西、埃及、加纳、吉尔吉斯斯坦、马里、塔吉克斯坦和乌干达）——其国家一级根本没有确定劳动力市场中任何一种职业（绿色或非绿色）当前和未来所需技能的制度，只有少数国家就绿色就业建立了具体的体制机构或系统监测机制（如下文"系统机制：并入现有的结构"所述）。

在完全没有该系统的（绿色或非绿色的）国家，其技能需求则通常是临时确定的权宜之计。例如，在孟加拉国，各公司会识别自己的技能需求，然后为蓝领岗位提供在职培训，同时从开放的白领就业市场招聘受过培训的人。对于绿色技能的需求，只有一些非政府组织、可再生能源公司、废弃物处理公司和基础设施发展有限公司做出了响应。乌干达也采取了类似的临时措施：对蓝领工人进行在职培训，招募受过培训的白领工人。该国最近通过了一项"绿色就业计划"：这项政府倡议的目标包括创造绿色和体面的就业，促进工作场所的再培训，以及对已经接受培训和未接受培训的人进行新技能的培训。

还有一些技能需求预测系统的例子显示，在最初建立它们的推动力消失之后，这些系统基本上就不起作用了；这反而凸显了其所涉及的一些挑战。埃及就是其中一个例子，该国有一个用于收集和分析众多有关

---

① 网址：https://www.ilo.org/skills/areas/skills-training-for-poverty-reduction/lang--en/index.htm［访问于2019年11月24日］

② 网址：https://en.unesco.org/themes/education-policy-planning/emis-2018［访问于2019年5月6日］。

机构的劳动力市场信息系统（非结构化的）。欧洲培训基金会（ETF）和其他国际组织（包括国际劳工组织）也为埃及"教育培训与就业观测站"发展提供了进一步资助。不幸的是，由于政治变化、缺乏经费和有限的体制支持，就业观测站的目标未能得以实现。在信息和决策支持中心的组织架构内，观测站仍然存在，但已名存实亡。

针对技能预测，发展中国家所面临的一个特别的问题是，这些经济体中非正规就业的比例很高，这使得它们很难收集到必要的信息来预测技能需求和规划必要的技能供应。非正规就业本身成了就业技能不匹配产生的主要原因之一，而缺乏足够的信息、可靠的数据和获得正规教育的途径则成了制定经济正规化政策的主要障碍（Palmer，2017）。例如，在2016年8月，印度尼西亚约有42.4%的劳动力在从事正规工作，而57.6%的劳动力在从事非正规工作。以下各段讨论了为预测和监测绿色就业技能而采取的系统和非系统的方法和措施。

系统机制：纳入现有的结构

大多数确定了绿色就业技能供应和需求的国家是通过将这些具体需求纳入其现有的通用技能预测机制来确定的，这些机制通常是定期实施的。国别报告中最常提到的各种机制见表7.1。从这些例子中可以看出，各国都可以使用其中一种以上的机制。

通过现有的预期系统，各国报告将绿色就业技能纳入考虑的另一种方式是修订其国家职业框架，使之包括新的（绿色）职业，或通过将它们贴上"绿色职业"这样的标签来加以区分。其中一个例子就是中国对其《中国职业词典》的修订（见专栏7.2）。

表7.1 将绿色就业的预期技能纳入现有机制

机制的种类	机制的描述	国家举例
国家劳动力市场信息系统	通过雇主调查和其他类型的定期调查和数据收集，参与收集与分析定量和/或定性的劳动力市场信息的一个或多个机构	主要为中等偏上收入国家和高等收入国家，例如：巴巴多斯、哥斯达黎加、加纳、印尼、韩国、毛里求斯、塞内加尔、西班牙、塔吉克斯坦、泰国

续表

机制的种类	机制的描述	国家举例
基于行业的预测机制	通过有重点的（非国家的）调查和/或行业技能委员会/专家小组/专题小组收集与分析定量和/或定性劳动力市场信息	主要为高等收入国家，它们的相关机构发展得更成熟，例如：爱沙尼亚、法国、韩国、毛里求斯、塞内加尔、英国
多层级利益相关方之间的合作	不同利益相关者之间的合作关系，包括雇主、公司和/或职业教育机构/当局以及国家和地方政府机构	收入和发展水平各不相同的一些国家，包括巴巴多斯、哥斯达黎加、爱沙尼亚、法国、韩国、菲律宾、南非

资料来源：国别报告《绿色就业技能》（ILO，2018）；（Cedefop，2019a）。

▶ **专栏7.2**

"绿色职业"的识别和标签：以中国为例

2010年，在《中华人民共和国职业分类大典》（1999年首次出版）为期五年的修订过程中，收录了一个绿色职业的标签，其标识为它的中文拼音首字母"L"。在2015年通过并发布的新版词典中，总共有17种职业被标记为"绿色"，占指定职业总数的8.5%。这些绿色专业活动包括了环境监察、保护和管理；生态环境优化；太阳能、风能、生物质能和其他可再生能源的生产；以及在其他生产领域提供大容量、高效率的运输和活动，如废弃物回收和再利用。在该大典中被列为"绿色职业"的其他活动包括科学研究，技术研究与开发，以及策划和设计组织社会活动的新方法。然而，该大典并没有提供任何标注"绿色"职业的标准，也没有确认那些标为"绿色"的职业形成一个详尽的"绿色职业"的汇编。

资料来源：《中国绿色就业技能》（ILO，2018）。

一些国家已在各组织之间建立了机构或合作，以便专注于识别和分析绿色就业所需的技能。例如，哥斯达黎加设立了国家学徒制学院

（见专栏 7.3）；爱沙尼亚建立了劳动力市场监测和未来技能预测系统（Cedefop，2019a）；法国建立了国家绿色经济就业与职业观测站（见专栏 3.6）（Cedefop，2019a）。此外，韩国设立了以区域为重点的特定绿色机构。"首尔技能委员会"是由贸易、工业和能源部以及韩国产业技术促进局挑选的商业组织、代表公司、相关学术机构和各产业部门的研究机构组成的非政府组织。与绿色产业相关的技能委员会有可再生能源技能委员会和节能技术委员会（两者均成立于 2016 年，目前均处于试点阶段）。

> ▶ 专栏 7.3
>
> **一种识别绿色就业技能的多层次方法：哥斯达黎加国家学徒制学院**
>
> 哥斯达黎加国家学徒制学院（Instituto Nacional de Aprendizaje）的主要任务是与其他公立和私营机构合作设计和执行培训方案，并向机构和企业提供技术援助，以协助其开办和提供专业培训。在绿色就业的技能方面，哥斯达黎加国家学徒制学院根据当前需要提供了技术培训，主要针对那些具备正在遵循的环境管理原则的（主动响应绿色经济的趋势）组织和公司或那些采取行动遵守环境立法的（被动响应的）组织和公司。
>
> 哥斯达黎加国家学徒制学院与该国的企业一直保持着直接的联系，以便识别在绿色经济转型的过程中所有卓有成效的行业的职业培训需求。它主要根据三个渠道收集的信息来识别所需的技能：
>
> 1. 公司或员工的直接要求；
> 2. 由学院本身定期进行的需求研究；
> 3. 与商会、企业协会或政府机关订立的协议或其他机制。
>
> 持续流动的信息和反馈确保了对劳动力市场趋势的及时反应。
>
> 资料来源：《哥斯达黎加绿色就业技能》（ILO，2018）。

在劳动力市场信息系统内开展的雇主调查涉及的主题各不相同。例如，巴巴多斯的调查中除了初始筛选问题，还涵盖了公司概况、雇佣实践、技能差距和需求、近期的离校者/毕业生、未来的劳动力需求和规划，以及对员工学习和发展的投资。在哥斯达黎加2013年的一项关于绿色就业技能需求的研究中，还包含了如何确定参与其中的中小企业对政府与气候变化相关的措施的认知水平。在韩国，一项关于背景和供应的国家雇主调查包含了有关企业规模、劳动力规模及其特征的议题。

有些国家则在调查研究中纳入了绿色就业技能，这些调查增加了诸如环境管理等主题，或将其部分重点放在绿色就业和引进新的"绿色"职业的优先行业上（如可再生能源）。例如，韩国的环境部针对与40个技术"路线图"相关的商业组织的环境技术人员配置现状进行了单独的调查。美国已经将"绿色经济行业"纳入了由美国劳工部维护的职业信息网络（O*NET）中。在这个数据库中，绿色行业的职业分为三类：（1）绿色行业的发展导致需求增加的传统职业；（2）需要技能提升或额外（绿色）证书的职业；（3）新兴职业。

吉尔吉斯斯坦则采取了其他国家未具体提到过的两项措施，即：

- 员工培训分析：收集有关人口统计学、区域劳动力资历结构和职业教育服务结构（包括人员和职业）的数据，以分析区域经济的需要如何配合劳动力市场的需要，从而进一步理顺初级和中级职业教育制度；
- 通过跟踪研究的方式追踪毕业生的就业情况：对应届毕业生进行监测，以确定他们在毕业后九个月内是否能成功进入劳动力市场。

不太系统的机制：技能预测中的一次性措施

没有将绿色就业技能纳入其通用技能预测系统（或没有这类系统）的国家，大多是通过国际组织（菲律宾）、专家焦点小组（韩国、塔吉克斯坦）进行的研究或国家/部门一级的一次性劳动力市场研究（巴巴多斯、德国、印度、吉尔吉斯斯坦、泰国、英国），作为临时的权宜之计来确定这类技能需求或优先行业。这些一次性的研究可以与更系统、更广泛的技能预期方法一起进行，但也可以在这类方法还在开发或尚未实施的国家中使用。

这种一次性研究的一个例子是哥斯达黎加产业协会（Cámara de Industrias de Costa Rica：CICR）进行的研究。该研究调查了其800名会员中的100名，评估了它们在向碳中和经济转型过程中的技能和认知趋势。结果显示，大多数企业——超过75%的微型和小型企业，以及40%至70%的中型和大型企业——不知道自己政府的环境承诺。

2013年，"英国可再生能源"协会（RenewableUK）进行了一项更深入的研究，在其报告《为绿色化的英国和北爱尔兰工作》中评估了可再生能源领域的几个子行业（陆上风、海上风和海洋能源）从业人员数量及其职能部门的类型和它们各自的工作任务（规划、制造、建筑等）。报告发现，2013年有34 373人的就业直接或间接地依赖于这些子行业。该协会估计，（在最乐观的情况下）截至2023年可能会新增7万个就业岗位，与英国整体经济相比，该行业的职业特征倾向于技能水平相对较高的职业。据预计，在这些职业中，管理、技术和专业性职位的比例将会更高。研究还发现，截至2013年，约三分之一的雇主在填补职位空缺方面遇到了困难，这一比例比2010年四分之一更高了。造成这些困难最常见的原因是技能的可获得性。

当我们比较2011年和2018年的状况时，可以清晰地看到技能的预期系统正在开发中。近来，更多的国家在其报告中体现了评估绿色就业技能的系统方法，并且将这一要素更充分地纳入它们现有的体系中。只有少数几个国家还在单一地依赖临时和一次性的技能预测系统。

2. 职业教育

世界各地都在开发职业教育，且在过去的十年中在这一领域取得了显著的成效。职业教育为实现《联合国可持续发展目标（2015–2030）》做出了重要贡献——特别是针对其第4个目标："确保包容、公平的优质教育，促进全民享有终身学习机会"——同时，它还为许多国家促进了体面的就业和就业的增长。在我们的样本中，发展中国家（例如菲律宾和乌干达）在这一领域的发展尤其明显。尽管它们在职业教育方面已经有了整体系统的发展，但这些国家中只有少数国家有专门致力于发展绿色就业技能的体系或措施。

大多数国家都在不断发展其职业教育系统，包括系统本身、课程、职业标准、学徒制系统等。然而，它们的做法天差地别。有些国家根据人口变化或技能需求的变化来发展其系统，而另一些国家则采取更具结构化的方法，例如通过其系统的私有化。澳大利亚政府在过去20年（自1998年以来）里逐步将政府资助的职业培训活动外包出去，试图通过开放供公共和私营培训机构之间竞争的资金来创造一个"培训市场"。这种做法背后的原因是，竞争将促进效率和创新，并激励培训人员根据学生和企业的需求，为其量身打造相关的技能培训。然而，国别报告提到，2014年的报告分析指出了培训市场设计和实施过程中存在的系统性问题，这导致政府资助的职业教育活动的质量下降，特别是在开发包容性和绿色技能方面，减少了雇主获得适当技能劳动力的机会。

近来，乌干达通过建立乌干达技能培训专案组改革了其技能供应系统。该专案组由一些行业技能委员会组成，旨在促进政府和私营部门之间的合作，以确定培训需求并改良培训课程。

在丹麦，教育部长任命了一个初级职业培训咨询委员会，以便不断更新职业教育与培训系统所提供的职业能力。该委员会与约50个行业委员会进行了合作，其中包括工会和雇主组织的代表。此外，丹麦成人和继续教育委员会在其2014年的战略计划中也强调，需要重点关注与能源优化和可持续性有关的特殊职业能力。该战略计划提供了大量与能源、环境和废弃物处理有关的成人劳动力市场培训方案。

职业教育通常是通过在现有的资格证书或教育课程中加入绿色化的成分来实现绿色就业技能的发展。下文考察了这项工作的两个维度：（1）职业教育资格证书和课程项目的开发以及（2）它们的实施。讨论了与职业教育的开发和交付相关的最常用的方法，并给出了一些专门用于绿色就业技能的系统的示例。由于缺乏关于继续职业教育的具体资料，因此没有明确区分初始职业教育和继续职业教育。本节主要关注初始职业教育，而第七章"3. 私营部门的技能培训"则侧重于探讨在职人员的技能再培训。

用于开发与绿色就业技能有关的职业教育资格证书和专业的架构

只有少数国别报告提供了为新创造的职业而开发的职业教育专业，而提供这些专业详细资料的国家就更少了。

与前一节关于技能预期体系的研究结果相呼应的是，2011年以后，样本中的大多数国家都还未开发出一套系统的方法，来将绿色就业所需的技能纳入其职业教育体系，并纳入其职业教育资格证书的开发或革新。要做到这一点，就必须通过在现有的政策、战略、框架和／或教育体系（不仅仅是职业教育）中纳入对绿色就业技能，以及纳入绿色就业技能的相关组成部分来实现。这种纳入绿色组成部分的做法通常聚焦于若干优先行业（如可再生能源和可持续发展行业），这一过程往往通过下文表7.2所列的多种措施来实现。

只有少数国家（如澳大利亚、圭亚那和韩国）表示，它们已经制定了与绿色就业技能培训有关的（国家）政策，并且各国做法不一。在韩国，其"绿色增长方案"（Green Growth Initiative）于2009年开始实施，为与绿色技术相关的研发项目和人员发展计划提供了财政支持。为了获得这种支持，大学和培训机构需要按照要求设计和实施绿色技术研发项目或培训方案。自从该计划推出以来，许多大学和学院已经重新设计了他们的四年课程体系，以在其中反映绿色技术的发展，而职业院校则推出新的两年课程体系，培养绿色就业所需的技能。

相比之下，圭亚那的政策重点则不是直接针对绿色就业的技能培训，而是提高托儿所、中小学对气候变化和其他绿色问题的认知。

表 7.2 纳入绿色环保要素的职业教育发展措施举例

措施	国家	举 例
制定、调整和/或更新国家资格框架中现有资格的职业标准，以纳入与绿色就业技能有关的内容	爱沙尼亚、德国、加纳、印度、印尼、韩国、菲律宾、西班牙、泰国	2010年以后，西班牙一直在"绿色化"其现有的职业教育的文凭，并专门为绿色就业开发新的文凭。截至2017年中期，西班牙已经有21个专门针对绿色就业职业教育的文凭，其中有17个是2010年以后设立的。此外，还有78种新文凭包含了响应绿色标准的内容（如环境法规的应用），35种文凭包含了横向绿色内容。
在国家或行业技能委员会和教育、研究和（技能）发展委员会（通常包括专业人员和其他利益相关方）探讨相关的主题	澳大利亚、韩国、吉尔吉斯斯坦、毛里求斯、黑山共和国、泰国、阿拉伯联合酋长国	韩国共有16个区域委员会在全国各地开展相关活动。其中，首尔区域委员会（RC）在提供绿色技能培训方面最为积极，并已委托其北方职业培训中心提供两个为期六个月的新能源和可再生能源设施以及绿色汽车维修培训项目。每个项目每期可培训30人。
调整现有的专业和/或开发少量的新专业，而这往往是针对特定行业的	大多数国家在某种程度上调整了现有的专业；新设专业则不常见；如巴巴多斯和吉尔吉斯斯坦	在巴巴多斯，塞缪尔·杰克曼·普雷斯科德科技专科学校已经纳入了以下四个与绿色就业有关的为期三个月的项目：（1）太阳能电池板安装，（2）光伏电气安装，（3）能源咨询以及（4）风能。巴巴多斯职业培训委员会纳入了两个与绿色就业有关的学徒制专业：太阳能热水器技术人员培训专业和园艺/园林改造技能培训专业。

资料来源：《绿色就业技能国别报告》（ILO，2018）；（Cedefop，2019a）。

这一培训计划利用影像资料、互动学习法、测验以及奖励措施，为学生提供教学，并鼓励他们改变行为，以便更好地管理水资源和保护环境。

提高环境意识的另一个例子是德国的"节能检查"项目，该项目旨在对长期失业的人进行培训，使他们有能力指导低等收入家庭掌握节能的技巧。（更多关于这一项目的详细情况，参见第七章"4. 主动型劳动力市场政策"）。在黑山，各级教育都引入了与可持续发展有关的专题。对于高中教育而言，这些专题包括气候变化、绿色经济、环境保护、可持续的城市和村庄、生物多样性、健康教育、人权教育和创业学习。

针对（重新）创建职业教育的进一步具体措施，一些国家成立了职业培训委员会或其他机构，主要负责职业教育的技能（包括绿色就业技能）发展规划。例如，巴巴多斯职业培训委员会、印度的基础设施租赁和金融服务技能开发公司以及泰国的职业资格学院。然而，只有第一家机构开设了专门培训绿色就业技能的课程，该机构计划推出一门旨在培训灌溉和雨水收集技能的课程。

最后，值得注意的是，一些国家没有采取系统的措施将绿色就业技能纳入其职业教育系统，而是仍然致力于发展其一般性的职业教育系统（或国家资格框架），并打算在这一系统的发展后期或在其实施后不久再将绿色就业技能和职业整合进来。例如，加纳于2012年出台了国家资格框架，其目标是使现有资格与劳动力需求相匹配，并着眼未来，根据现代化的需要不断调整这一体系。此外，就加纳与国际伙伴的合作而言，主要是在全球或区域范围实施了一些一次性的能力建设计划。这些合作伙伴包括荷兰气候变化研究援助计划、非洲适应性学习计划、绿色气候基金以及学校气候变化教育计划。

与绿色就业技能有关的职业教育专业开设

总的来说，最常见的开设职业教育专业的国家体系的机构包括公立和私立培训学校、技术或职业院校以及/或正规或非正规的学徒制培训项目。在下文中，我们将介绍巴西、吉尔吉斯斯坦、马里、毛里求斯和塔吉克斯坦的职业教育系统及其将技能或职业"绿色化"的例子。第一个例子（巴西、吉尔吉斯斯坦、马里、塔吉克斯坦）主要描述的是公共机构开设的培训项目，这些公共机构往往与私营企业进行了某种形式的合作。最后一个例子（毛里求斯）则展示了私营培训提供者的参与情况。这些例子均显示，为了获得绿色就业所需的技能，联合资助和雇主出资（征税）的方式在支持职业教育方面得到了广泛应用。这些例子还突出了为特定行业发展提供服务的国家（巴西）、为特定职业提供服务的国家（吉尔吉斯斯坦、毛里求斯）和将环境公民身份纳入所有农业职业教育项目的国家（马里）间更多不同的做法。

在巴西，提供职业培训的主要公共机构是由联邦政府管理的大学和联邦科学技术教育学院。私营部门则是通过由五家培训机构组成的集体系统（称为"S系统"）来资助职业培训，其资助金额是公司根据其工资总额的一定比例提供的。S 系统负责满足工业、商业、交通、农村和中小企业的职业教育需求。这五家机构在提供鼓励创业"绿色化"的活动，环境支持课程、咨询和环境保护活动方面，负责中小企业职业培训的那家机构表现最为突出。此外，2011 年以后，通过创建国家技术教育和就业机会项目（PRONATEC），该国一直努力扩大和大众化职业教育的获取渠道。

该项目通过与联邦、州、市的职业教育网络（包括 S 系统）以及与私营机构的合作，提供了免费的初始教育培训和继续教育培训。起初，227 门技术课程中只有 18 门经鉴定可以提供与绿色就业相关的技能。为了提高这一比例，该国的环境部开始与国家技术教育和就业机会项目合作，通过以下三个主要项目来增加与环境政策有关的教育培训的供应：

- 国家技术教育和就业机会项目——环境项目（PRONATEC Ambiental），旨在支持可持续的生产链，并努力满足绿色经济活动中特定的劳动力市场需求；
- 国家技术教育和就业机会项目——采掘者项目（PRONATEC Bolsa Verde-Extrativismo），旨在加强采掘业的可持续举措和生产链，同时减少文盲和增加对偏远地区居民的正规教育；
- 国家技术教育和就业机会项目——废弃物回收者项目（PRONATEC Catador），旨在提高可回收材料回收人员的专业资质，并识别他们默认应该具备的能力和社交能力。

除了这些主要项目外，该合作联盟还开设了 72 个初始教育课程和继续教育课程，以争取缩小与绿色专业教育的差距。①

吉尔吉斯斯坦则为符合条件的工人提供了初级职业教育［primary vocational education and training（PVET）］，并且通过中级职业教育［secondary vocational education and training（SVET）］为专业人员提供了技术专家级别的培训。2002 年，教育科学部成立了生态专家委员会，

---

① 这一数字可能受到教育部削减预算的影响。目前还没有数据表明这些课程中有多少已被有效开设。

为引进生态、生态与合理化环境管理、生物生态学、环境保护、水资源综合利用与保护、农业生态学、地球生态学、环境安全技术措施等一系列生态培训课程，制定了相应的法规。许多高等教育机构都将这些课程纳入它们的课程体系当中，并在初级职业教育和中级职业教育中都引入了关于环境保护和合理利用国家资源的专门课程。此外，学校利用已制定的生态养育培训项目和实践指南，开办了更多有关生态环保的课程，并训练当地教员对这些相关概念进行了宣讲推广。

在马里，由三个机构（支持基金、青年就业机构和国家就业机构）负责向公众提供职业培训、劳动力整合以及为其创造就业机会。它们虽然没有一个直接包含与绿色就业技能有关的活动，但都包含了与环境公民和农业部门大规模劳动密集型工作有关的活动。目前，马里的职业培训部门虽然还没有专门为绿色就业提供课程，但它正努力将绿色就业技能整合进职业教育与培训，这一过程是通过为培训中心提供机会，将相关技能纳入现有的途径和资格，并/或制定新的绿色就业技能框架来实现的。此外，一些正在实施的专门培训措施还包括建立有关可持续发展、气候变化和绿色经济动力的培训中心（其重点是可再生能源、环境和农业）。例如，可再生能源署与支持基金开展合作，为职业教育与培训中心的毕业生开办培训课程，使他们可以具备可再生能源领域的技能。可再生能源署还为学生们提供了实践机会，让他们可以在与可再生能源（实验性）相关的企业进行为期三个月的实习。另一个例子是2016年成立的 SOLEKTRA-Solar 学院，该学院致力于太阳能领域的研究，并提供了三个层次的培训：将无技能的年轻人培训成为熟练工人；让高级技术员通过培训达到学士及以上技术学位水平；以及工程师级别的培训。这些培训涉及一般电力、安装、大型项目设计和光伏发电系统管理。

在塔吉克斯坦，劳动与就业部门下属的成人教育中心开办了短期职业培训课程，但这些课程中并没有绿色就业和职业的专门内容。该培训主要针对青年、农民工和女性。2016年以来，在国际捐助者（如亚洲发展银行）的支持下，一些职业教育机构正在试行一些基于能力的标准，例如清洁能源和能源效率标准。

在毛里求斯，职业教育项目的主要提供者是毛里求斯培训和发展学院（Mauritius Institute of Training and Development，简称 MITD），其培训覆盖了大约 350 个私营机构。2003 年以后，雇主们开始支付一项培训税，用于负担一系列经济部门的雇员培训费用。透过人力资源发展委员会管理的征款及拨款制度，这些雇主可收回最高达 75% 的课程费用，具体回收比例视他们的税率而定。毛里求斯培训和发展学院与各部委及人力资源发展委员会进行了合作，根据培训需求设计了一系列课程。毛里求斯培训和发展学院提供的课程常年开放，并随时接受申请。不过，只有在申请的学生人数达到培训要求的人数后，学院才会正式提供培训课程。该学院已承诺进一步绿化其球场。专栏 7.4 阐述了该学院正在践行的一些为绿色就业提供技能的措施的例子。

最后，还有一些国家表示，它们的重点仍然是提高职业教育的总体质量（南非）和扩大获取职业教育的机会（巴西）。在布基纳法索，与职业教育有关的政策仍主要集中在培训制度和课程的标准化，使更多公民获得培训的机会，以及建立有效且可持续的培训筹资机制。该国与绿色经济有关的职业教育与培训一般在农业食品、电气工程、酒店和餐饮行业开展。

就职业教育项目的培训成果而言，哥斯达黎加针对所涉及行业的毕业生人数提供了一些洞见。表 7.3 按性别划分，列出了 2010 年至 2016 年期间环境管理分部门的一系列新的和经过调整的培训项目的毕业生人数。

该表还说明了其他国家所讨论的一个问题：各教育项目中男女所占比例的倾向性——通常表现为偏重技术的项目中男性学生较多，而有管理或服务内容的项目中女性学生更多。在观察男性和女性在整个劳动力市场各行业的分布情况时也发现了同样的倾向性，如图 7.1 中泰国的例子所示。

▶ 专栏 7.4

毛里求斯培训和发展学院采取的与绿色就业技能有关的措施举例

太阳能光伏发电技术人员：对太阳能光伏发电技术人员进行短期培训，使其具备与可再生能源相关的能力。每次培训的注册学生人数需要达到 10—15 人。毛里求斯培训和发展学院已经投资引进了在培训期间使用的设备，如一种独立的光伏能源发电系统，以用于展示可再生能源的生产过程。这种系统还被用于培训该行业的专业技术人员。

环境保护宣传：毛里求斯培训和发展学院在其培训项目中加入了一个环境保护的模块，以提高工人对环境保护和关键可持续发展问题（气候变化、生物多样性、可持续消费、废物减少、资源利用率）的认识。该模块已被纳入所有的培训课程中，但其教授方式因课程而异。在只需要环境可持续性基本知识的培训课程中，该模块为学员提供了基础水平的能力培训；而在其他培训课程中，该模块则对可持续发展和绿色实践的主题展开了更详尽的培训。这些课程还包括对危险废弃物（如使用过的发动机燃油、油漆材料和稀释剂等）进行安全处理的能力。其目标是改变工作场使用有害材料的习惯。职业安全与卫生也被纳入了所有的培训课程中。

空调用碳氢化合物制冷剂地方讲习班：根据 1987 年《蒙特利尔议定书》的规定，毛里求斯目前正在逐步淘汰 R22 等氢氯氟烃（HCFC）制冷剂。2017 年，毛里求斯培训和发展学院为非洲举办了一次空调用碳氢化合物制冷剂地方讲习班，针对用于替代 R22 的 R290 制冷剂的使用进行培训。R290 是一种对臭氧层无害的碳氢化合物。来自肯尼亚、莱索托、纳米比亚和津巴布韦等其他非洲国家以及毛里求斯本身的参与者应邀出席。此外，毛里求斯培训和发展学院还为塞舌尔的参与者举办了培训。该课程也包括了将使用氯氟烃（CFC）和氢氯氟烃制冷剂的现有设备转变为使用环保制冷剂的设备的相关培训。

能源审核员：毛里求斯培训和发展学院与英国能源联合有限公

司合作，组织了给本地能源审计师培训的专门课程。同时，还组织了关于实践性能源管理审计和建筑物热成像的进一步培训。这些课程旨在培训学员进行能源审计的技巧和提高建筑物能源效率的措施。当报名人数足够多时，课程就会定期进行。

资料来源：《毛里求斯绿色就业技能》（ILO，2018）。

如图所示，吸引职业教育男性毕业生的主要行业也是大多数国家提到的绿色经济转型过程中的优先行业。

总而言之，尽管 2011 年以来，各国绿色化过程成为其改革举措的程度上差异很大，大多数国家都强调了改革其教育制度以配合其不断变化的经济需要的重要性。

表7.3　2010年至2016年期间，哥斯达黎加环境管理培训项目毕业生人数

项目	2010 女	2010 男	2011 女	2011 男	2012 女	2012 男	2013 女	2013 男	2014 女	2014 男	2015 女	2015 男	2016 女	2016 男	小计 女	小计 男	合计
社区渡槽供水系统的操作员（原净水设备助理或操作员）	73	10	16	1	59	7	36	13	22	5	53	5	49	10	308	51	359
可用物料回收中心操作员（原固体废弃物回收人员）	83	146	55	98	44	139	48	208	77	229	80	131	92	135	479	1 086	1 565
环境管理领域的污水处理操作员（原污水处理设备操作技术人员）	18	8	18	5	6	7	11	6	26	7	24	7	23	8	126	46	174
游泳池维护人员			26	2	55	5	48	6	95	23	118	15	78	20	420	60	480
环境管理系统执行助理									8	14	13	13	21	27			48
环境管理系统执行人员											6	7	6	7			13

资料来源：《哥斯达黎加绿色就业技能》（ILO，2018）。

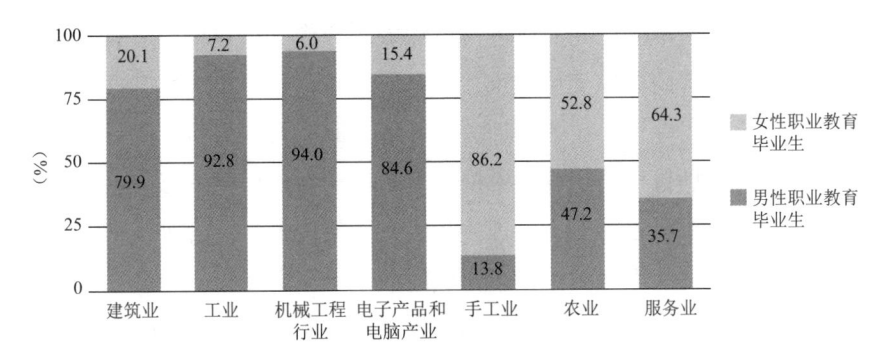

图 7.1　2015 年泰国职业教育男女毕业生的比例

资料来源：《泰国绿色就业技能》（ILO，forthcoming 2019）。

3. 私营部门技能培训

一方面是私营部门参与（绿色）技能的管理、预期和（初始）职业教育，另一方面是私营部门控制绿色就业技能的开发，这两者之间有一定的区别。国别报告中讨论了私营部门参与绿色就业技能开发的两种方式。

在许多国家，职业教育的设计和供应都涉及私营部门的参与，正如上文已经探讨过的那样（见第七章"1. 预期和监测技能的需求"和第七章"2. 职业教育"），并且这一情况将在第七章"三、利益相关方的参与：制度建立和社会对话"中得到进一步的阐述。然而，各私营部门参与的程度差异很大。

情况呈两极分化，其中一极是像德国这类的国家。在这里，私营部门的参与是双元制职业教育体系的一个固定组成部分。在这些系统内，职业教育的专业设置和资格会由经济部门讨论并加以修订，以便将绿色化的内容融入其中。处于这一极的国家，往往是拥有完善制度安排的发达经济体。

两极分化的另一端则是仍在发展职业教育系统的国家。例如，在印度，尽管存在各种各样的举措，其政府还是不得不承认该国熟练工人的供需之间仍然存在巨大的鸿沟。倘若要解决这个问题，私营部门、正规教育机构和政府部门之间需要进行更深入的合作。正如印度国别报告所指出的，私营部门可以支持建筑、汽车、旅游和服务业以及信息和通信技术等行业的（绿色）技能培训。在韩国，职业教育的利益相关方如政府、教育和培训机构、产业集团都清楚地认识到各行业参与技能培训的必要性，但在实践过程中，这种参与仍受到各种限制。诸如行业协会之类的组织是最近才成立的，因此在职能和专业知识方面都还很薄弱。马里和许多低等收入国家一样，其职业教育只对少数年轻人开放。其非正规经济中的学徒制为许多辍学的年轻人提供了学习一门手艺并进入劳动力市场的机会。然而，并无迹象表明该国正在开发或验证绿色就业所需的技能。此外，塔吉克斯坦的社会伙伴关系水平仍然很低，这导致其私营部门在任何类型的技能开发方面的参与都很有限，就更不用说为绿色就业的技能开发了。

许多国家的情况介于德国和那些私营部门还没有（尚未）确立其在职业教育中的角色的国家之间。其中许多国家已经建立相关体系，使私营部门的行动者能在较高的政策级别参与其中，同时也在努力进一步激励较低级别的这种参与。这些体系也可以为讨论绿色化技能开发提供一个论坛。以菲律宾为例，其技术教育和技能开发管理局的理事会中就存在私营部门的代表，并会在编制劳动力市场情报报告时向其咨询。此外，塞内加尔也很早就认识到了私营部门在职业培训方面的重要性（2000年），该国从那时起就开始执行以合作伙伴为基础的职业教育管理政策，因此今天其私营部门已深入参与到高级决策和资金筹措活动中。

有时，如果职业教育系统不能发挥应有的作用（例如，如果它不能有效地响应部门需求），私营部门就会自己发展其需要的技能（例如圭亚那、印度和南非）。这一举措在中等收入国家更为常见。例如，在南非，私营部门或民间团体在开发绿色就业技能方面的参与相对较少。由于教育和培训当局没有满足私营部门的技能需求，私营部门开始越来越多地依靠自己的战略来满足其技能需求，并根据自己的需要对相应的职业技能进行培训。私营部门要更好地遵守国家条例，例如废水处理和污染管理规定，就需要具备一定的环境技能，而这往往是高等级别的技术和相关技能。这些技能和专业知识通常来自国际公司，或南非的外资公司。其中一个例子就是欧洲威立雅水务技术公司，该公司负责向南非市场提供水处理技术和相关服务。

同样，其他国家也指出，私营部门需要在绿色化技术供应方面发挥带头作用。例如，在圭亚那，向绿色循环经济发展的步伐在很大程度上受到私营部门的投资和创新活动的影响，这两者都是刺激就业、技术采用和跨部门技能需求的关键。在圭亚那可持续发展教育政策（2015年）框架内，实现这一点的关键政策目标是加强私营部门在获取和提供圭亚那绿色经济计划所需的技能方面的参与度。针对这方面，起至关重要作用的是数量不多但可观的私营部门支持的培训和专业发展学校。此外，印度也在进行类似的发展：2010年以后，印度私营部门开始培训和建设绿色技能开发项目，以满足其内外部需求。该国当前的政府非常重视私营小型企业的绿色措施。专栏7.5提供了若干这样的例子。

▶ 专栏7.5

印度私营部门的绿色措施举例

改变企业社会责任的格局：印度的企业社会责任格局正在改善。越来越多的公司选择了可持续的供应链，这就要求员工的技能集合也随之改变，以便适应绿色就业的技能需求。2015年，该国执行人权政策的公司只有40家，而2016年这一数量已经增加到了54家。

商业可持续发展报告：这一措施虽然不是强制性的，但在印度，越来越多的企业开始编制商业可持续发展报告。1999年至2009年间，该报告数量增长逾20%。目前，已经有约63%的百强企业和77%的百强以外企业都在编制可持续发展报告。这些报告强调了技能开发系统中需要做出的改变。

资料来源：《印度绿色就业技能》（ILO，2018）。

大多数国家（样本中的所有欧洲国家，以及吉尔吉斯斯坦、菲律宾、塞内加尔和乌干达等国）都已经认识到在职培训的重要性，并制定了类似学徒制的培训计划。例如，在吉尔吉斯斯坦，有很大比例的工人没有接受过职业培训，还有一小部分的合格工人需要进一步的培训；然而，该国私营部门却很少向员工提供绿色就业技能的培训和知识，它们几乎不参与绿色就业技能的培训。

在乌干达，私营组织参与了其行业内的技能开发，但在2010年以后，一直没有相关证据表明其曾聚焦绿色化经济的发展。

2010年以后，已经有一些国家出台了专门针对私营部门的绿色就业技能开发措施：专栏7.6就阐述了这样一个例子。

▶ 专栏7.6

印度尼西亚私营部门在技能开发方面起到了带头作用

自从2012年节能专家协会成立以来，印度尼西亚已开发了支持节能的绿色就业技能。节能专家协会向能源管理和能源审计领域的个人（截至2016年约550人）颁发了证书。其毕业生会在一些将能源管理和节能视为其运营重要组成部分的公司或工厂工作。还有一些毕业生会受雇于政府，负责能源审计的工作。

房屋建筑业这一领域的绿色经济是由国家和省级的一系列法规推动的。印度尼西亚绿色建筑委员会是一个推动绿色房屋建筑议程的协会，负责在绿色建筑技能开发的基础上促进"绿船评级"。该委员会开展了两种类型的培训项目："绿舟辅助项目"——提供有关绿色建筑概念的一般知识和信息教育；以及"绿舟专业项目"——旨在帮助从业者根据绿色建筑的原则对楼宇、屋宇、室内设计和地区进行评估。类似的措施在旅游业和农业方面得到了采用。

资料来源：《印度尼西亚绿色就业技能》（ILO，2018）。

在公司一级，西班牙提供了名为"安奇纳大学"的由安奇纳公司运营的环境培训项目。2015年，该项目为雇员提供了34 618小时的绿色和环境课程培训，其培训形式不仅有短期的课程和为期一天的活动，而且还有与阿尔卡拉大学（马德里）合作举办的更长期的课程。英国也建立了一所可持续制造和创新技能学院（Skills Academy for Sustainable Manufacturing and Innovation），该学院就位于其东北部的尼桑汽车制造厂。

培训需求也可以通过公司之间的合作来满足，这种方式对于缺乏时间和资源自己开展培训的中小企业来说尤其有用。德国的一些公司间职业培训中心（über-betriebliche *Bildungszentren*）专门聚焦于环境问题的培训，其中有些已经发展成为多功能教育中心，在高级培训和继续教育，包括一些匠人项目领域，日益活跃。在这个背景下，特别是在为中小企业提供绿色就业技能培训的其他支持措施缺乏的情况下，这些公司间职业培训中心在促进绿色就业技能（及相关技术）方面发挥了重要作用。这些中心经常为与绿色就业技能有关的技能项目开发先进的培训内容，从而让大量的公司，特别是中小企业能从中受益。

一些国家则采取专门的财政激励措施来鼓励绿色产业和技能的发展。在圭亚那，泛非洲发展教育机构（IPED）（微型金融组织）和至少两家商业金融机构在以公私合作或私营的方式提供绿色融资活动。技能培训是这些绿色融资项目的一个共同特征。圭亚那的微型和小型企业发展计划为绿色企业提供了富有竞争力的融资，该计划为这些企业提供了技能培训券，以便它们用这些券去换取由预先批准的培训机构和/或专家提供的各种业务发展和管理培训项目。在韩国，私营部门对职业教育的参与主要源于政府的财政激励，而并非自愿的参与。一些专家批评了这种举措，因为非自愿的参与很难保证其可持续性。在泰国，该国2002年出台的《技能开发促进法案》是一部鼓励私营部门技能开发的重要法律。该法案允许企业从纳税中扣除培训费用，从而可以使其节省相当于实际培训费用两倍的花费。尽管如此，对培训的需求仍取决于每个公司的需求，而这些技能需求并不一定是绿色导向的。

总的来说，无论从建立可持续性和功能性的职业教育体系的角度，还是从部门内部和机构内部技能开发的角度来看，私营部门在一定程度上的参与对所有国家都是必不可少的。然而，有证据表明，2011 年以来，一直很少有私营部门会系统地参与到长期可持续的绿色化举措中来。但有证据表明，这一时期专门的行业或公司举措，以及各国政府聚焦绿色化技能开发的专门财政激励措施都是存在的。但也有迹象表明，如果没有激励措施，私营部门则难以独立自发行动。

4. 主动型劳动力市场政策

本报告的样本中有很大一部分国家要么表示没有出台针对绿色就业技能开发的主动型劳动力市场政策（32 个国家中有 12 个国家是这种情况），要么根本没有提供这方面的信息（32 个国家中有 5 个国家是这种情况）。只有少数几个国家提到了以绿色就业技能为重点的国家战略或有针对性的公共就业服务（PES）措施，本节的后面将对之进行讨论。但是大多数国家都承认有必要并承诺制定与向"绿色"或碳中和经济转型相关的政策和公共就业服务计划，包括主动型劳动力市场政策，以预防潜在的技能短缺，并支持因转型而变得脆弱的群体。在许多情况下，这些弱势群体包括已经失业或由于在绿色化进程中某些就业岗位和产业活动正在逐步被取消而面临失业危险的年轻人（如下文中国的例子）。而在其他情况下，公共就业服务措施的重点则是解决土著人民（如菲律宾、圭亚那）、残疾人（如马里、毛里求斯、菲律宾）、中小企业（如南非圭亚那）或农民工（如菲律宾、塔吉克斯坦）的失业问题。

其中一个有意义的例子是菲律宾技术教育和技能开发管理局于 2017 年出台的紧急技能培训计划。该计划将对回国的菲律宾海外工人进行再培训并提高他们的技能，同时将对以下人员提供支持：在执勤过程中死亡或受伤的警察／士兵的直系亲属、已康复的前吸毒者及其家属、残疾人、土著人民、非正式移民、人口贩卖受害者及其家人，以及女性群体。该计划提供的课程（除其他外）包括了摩托车和小型机车维修、木工手艺、砌筑、食品加工、焊接、管道工程以及电气安装和维护等传统技能的培训。专门针对残疾人的创新就业项目的一个案例是由诺斯赛德企业有限公司（Northside Enterprise Inc.）于 2009 年在澳大利亚建立的"灌木连接"（Bushlink）项目。该项目在悉尼北部海滩提供园艺和灌木重建服务；与自然保护区合作，重新建设原始林区；与海滩学校（一个旨在支持残疾人和有特殊需要的人的海岸保护项目）的毕业生合作；并根据需要为企业和组织开展"企业志愿者日"活动。

各国报告中的主动型劳动力市场政策类型差异很大，因目标群体不同而产生的差异尤其明显。最常提到的是公共就业服务所采取的措施，其次是建立个人或公司可以申请培训或再培训的资助系统。在选定的国家样本中，法国提供了一个国家公共就业服务（Pôle emploi）的独特案例。该公共就业服务机构负责监测和报告绿色就业和职业技能的开发，并为求职者匹配空缺职位（Cedefop，2019a）。该机构的讲习班会向员工提供最新的相关信息，并在需要时指导他们在无法立即就业的情况下接受一些专门的培训。德国提供的例子针对了某一特定群体和某一特定活动（Cedefop，2019a）：它的"节能检查"项目以长期失业人员为帮扶对象，培训他们去指导低等收入家庭节能的技巧。自 2009 年以来，他们共走访了 21 万户家庭，并计划在 2019 年年底前再指导 12.5 万户家庭。2016 年，有 900 多人参与了该项目，其中 40% 在同一年内成功地融入劳动力市场。另一个有针对性的例子出现在菲律宾。2014 年，该国政府出台了一项名为"找工作"的项目，通过提供求职帮助、（免费）技术和生活技能培训、实习安置和工作介绍等方式，来提高工作经验积累不足一年的失业青年（18 岁至 24 岁）的就业能力。关于"预培训"计划的一个颇有意义的例子出现在美国，该国推出了一个预备学徒计划，旨在为个人能够进入并成功完成注册学徒计划做准备。该计划会同时开展理论知识和实用技术的培训，其培训重点是数学、读写、英语以及工作准备等基本能力。这些项目都有助于增加任职不足群体、弱势群体和/或低技能群体的就业机会。2017 年，爱沙尼亚对一项现有措施——爱沙尼亚失业保险基金进行了调整，以便提供旨在防止失业的额外服务。这些新服务会同时面向雇员和雇主：为缺乏技能或技能过时的雇员提供更换职业或保住岗位的支持，并支持雇主寻找和培训合适的工人，以及调整其公司架构。

国别报告中没有提及与绿色就业技能相关的职业指导或咨询措施。报告中也没有提供任何关于专门为发展向绿色经济转型所需的就业技能而提供财政资助的例子。不过，可以找到一些给予与这种转型有关联的发展过程提供财政资助的例子。巴巴多斯的国家就业局为积极的求职者提供了一个再培训基金（国家保险计划），以给予他们提高技能的机会。在申请失业救济金后，他们可以参加与再培训基金相关的课程，包括那些包含绿色化内容的课程，这些课程会在三所机构开展：塞缪尔·杰克曼·普雷斯考德理工学院、巴巴多斯社区学院和巴巴多斯职业培训委员会。中国则建立了一项基金（154亿美元），用于缓解传统重工业淘汰给家庭和社会所带来的失业影响。2016年至2018年期间，中国预计将在煤炭和钢铁行业裁员180万人（占这些行业劳动力的15%），以缓解工业产能过剩的情况。然而，中国政府尽管已经制定了一个前瞻性的框架来安排这些下岗工人，包括对其的技能培训，但并没有给予与绿色就业相关的技能培训特别的关注。此外，中国最近发布的增加大型新燃煤电厂装机容量的计划也可能会破坏此前的这些努力（Shearer，Yu and Nace，2019）。在一些国家，其财政资助是与国际捐助组织一起合作提供的。例如，在埃及，绿色气候基金和欧洲复兴开发银行将联合捐助一个10亿美元的可再生能源项目。这一合作将资助埃及政府的可持续能源战略，其战略的目标是：到2022年，埃及20%的能源将来自低排放的可再生能源，同时让该国的独立发电商能参与第一批（私营）可再生能源生产的投资。

其国别报告中提到的另一种措施是制定政策框架或战略，以解决劳动力市场的关切问题。这项措施还在制定中，但并非是针对绿色就业技能。圭亚那目前仍处于经济结构调整和绿色转型的规划阶段，该国正在制定绿色国家发展战略，并于2017年制定了一份框架草案，以作为未来转型的指导。它确定了一些关于绿色就业技能的政策目标，这些技能与特定优先行业向增加"绿色经济参与"的转型过程有关。对青年而言，重点将是针对青年的绿色就业创造和创业培训；关于可持续发展、气候变化和生物多样性的国家教育；职业教育的绿色化；提高科学、技术、工程和数学教育项目的能力；以及在中学阶段为就业市场做好准备的培训。该框架包含的其他优先领域有：内陆社区、农业/采矿/林业子行业、能源行业技术人员、地理脆弱性以及微型和小型企业。目前已经有些措施以此框架为基础开始实施，专栏 7.7 选择了其中一些做了进一步详细的阐述。

只在一个或少数几个国家的报告中提到的措施还包括：就业领域以外的政府措施（西班牙）、行业性和慈善/非营利组织（英国、阿拉伯联合酋长国）和人才招聘组织（印尼、菲律宾）。

2011 年的报告指出，许多国家不认为主动型劳动力市场政策可以缓冲向绿色经济转型对工人的影响，即使是针对那些已正式就业的工人。2018 年的报告证据表明，2011 年以后，与绿色就业技能相关的主动型劳动力市场政策不仅在发达国家实施了，而且正如上面列举的例子所示，在发展中经济体也实施了。

▶ 专栏 7.7

劳动力市场框架内的主动型劳动力市场政策：以圭亚那为例

鲁普努尼创新基金（Rupununi Innovation Fund）：由国际保护组织、泛美开发银行和圭亚那政府合作创建，该基金旨在提供低息创业融资，帮助土著社区的企业家发展具有气候弹性和环境可持续性的企业，特别是在农业、渔业、生态和自然旅游业领域。所有受益对象都会接受企业培训、获得市场支持以及生态系统维护意识和能力建设方面的培训，并参与到森林养护任务中。

绿色信贷项目：作为鲁普努尼创新基金的补充，该项目将为投资者提供优惠条款，对其贷款服务提供 25% 的折扣；此外，针对太阳能产品、水处理循环和过滤器、节能电器、空气过滤器、风力发电和手动发电项目以及包括高端水果、蔬菜和水产养殖在内的低碳企业，该项目不收取滞纳金和预付罚款。

  小型企业发展和替代性生计项目建设：该项目由商务部实施，旨在通过向各行业发放贷款，来促进中小企业和弱势群体参与圭亚那的绿色转型。截至2017年6月，该项目共计向全国十二个行业发放贷款125笔，为580人提供了就业保障。

  荫棚产销项目：该项目帮助建设和修复了农作物荫棚，并通过国家农业研究与推广研究所对共320人进行了水培蔬菜生产培训。

  青年创新项目：旨在加强号召青年参与劳动力市场，为解决社区、国家和/或国家发展挑战，以及有利于绿色经济的提案提供更多融资渠道。下列领域的提案将有资格获得支持：科学、技术、工程、农业、人类学、考古学、艺术、建筑、数学和灵性。

资料来源：《圭亚那绿色就业技能》（ILO，2018）。

5. 过去学习成果的验证或认证机制

  除了已经建立的认证正规学习成果的体系，一些国家也已经建立了认证和验证不正规和非正规学习成果的机制，还有很多国家正在开发这样的机制（UNESCO，2015，p. 7）。认证所有类型的学习对劳动力市场中的个人和雇主都有好处：对前者来说，意味着更好的就业和收入机会、更高的自尊和能更好地为正规教育和培训做好准备；而对后者来说，意味着培训成本更低。然而，在2018年《绿色就业技能》报告中的32个样本国家中，只有两个国别报告了关于过去学习技能的验证或认可机制的信息。就这两个国家而言，该机制都是以某种愿望或承诺的形式来描述的，还没有得到执行。但是，一些发达经济体（如欧洲）已经建立了确切的验证和认证制度（例如法国的"经验验证"程序）（Cedefop，2019a）。

  在巴巴多斯，劳动和社会发展部发现，近41%的失业劳动力没有正式的职业资格或证书，导致他们在找工作上遇到困难。因此，政府承诺支持实施"先前学习成果评价和认证"制度，以认证在传统学术和培训场景之外（即通过在职培训或其他非正式学习机会）已获得的技能和能力。为了达到这一目标，工人们将有机会向一个官方认可的认证机构（仍在建立中）证明他们的能力，以得到技术熟练和经验丰富的评估人员的认证。此外，该部门和有关伙伴将进行课程和项目评估，以便在培训机构和提供必要的技术援助时采用基于能力的教育和培训方法。

印度在其报告中表示，该国的劳动力大部分是无组织、无技能或半熟练的。这些工人学习技能的方式往往是非正规的——通过观察、接受指导或完全的自学——这一过程限制了他们提高技能的机会，进而影响了生产力和产出质量。采用先前学习成果认证框架，可以改善这种情况，其具体落实方式是根据国家技能资格框架对工人目前的能力进行评价和认证。此外，这样一个系统也将是描绘无组织部门现有技能情况和将非正规部门纳入正规技能培训领域的一个关键工具。先前学习成果认证过程将包括预评价、技能差距培训和最终评价，为个人提供横向和纵向途径以帮助其获得额外技能来改善其生计。政府将为先前学习成果认证倡议提供详细的指导方针，以确保其成果的质量和一致性，同时努力保障这些项目获取渠道的公平性。

总而言之，这类验证和认可机制确实存在，并且可以应用于绿色就业所需的技能，但国别报告中并没有这类机制的应用情况的具体体现。

三、利益相关者的参与：制度建立和社会对话

正如我们在前几节中所看到的，利益相关群体参与了技能预期、职业教育项目的开发和交付、私营部门技能培训的开展，并影响了主动型劳动力市场政策的制定。这种参与或者存在于协商性框架内，或者存在于与绿色就业技能有关的活动的实际执行中。总体来说，样本国家都参加了各种与技能需求和发展的预期有关的多方利益相关者协商机制。而这里面专门针对绿色技能和职业的机制非常有限，在此将对其单独进行讨论。如上文所述，对大多数国家而言，新的技能和职业的发展是受需求驱动的。尽管这确实促进了绿色化元素的加入，但这种情况往往仅限于若干优先行业，如可再生能源、农业、交通运输和旅游业。

1. 涉及的利益相关方及其角色

多方利益相关者协商框架（一般性的）涉及许多类型的利益相关群体，包括政府机构、培训机构、认证机构、私营公司、国际机构、商业、工业和专业协会以及（较少提及的）工会。国别报告中描述的一般机制的例子包含了各部门、行业协会、理事会（技能、职业教育）和委员会、咨询委员会以及工作小组之间的协调。至于涉及哪些社会伙伴以及他们在这些机制中发挥何种作用，这些情况都是因国而异的，这通常取决于与这些机制有关的部门或主题，以及伙伴关系运作的层级（国家、区域或地方）。在本报告中，绿色就业的技能议题通常会与体面就业紧密相关，以确保那些获得绿色就业技能的人也能顺利签订体面的就业合同（这一点在美国社区劳动力协议中有明确反映）。表7.4通过总结这些机制可以执行的一般活动的范围，以及可能（但不一定）涉及的利益相关方类型，对这种因国而异的变化提供了更多的见解。

尽管大多数国家表示，它们的机制不包括侧重于绿色就业技能的具体内容，但它们均认可开展或加强对多方利益相关者协商框架的协调以及加强它们对劳动力发展和政策一致性的参与都是很重要的。

表7.4 利益相关者参与开发绿色就业技能：活动和所涉及的潜在群体

活动	涉及的潜在群体
政策制定、协调和监督	政府机构、国际机构、企业、行业和专业协会、工会
制定或更新认证标准、培训规则和/或认证框架	政府机构、培训机构、认证机构、企业、行业和专业协会、工会
发展培训和再培训计划，设计课程	政府机构、培训机构、私营公司、工会、国际机构
参与专项小组、咨询委员会、工作小组、三方委员会	政府机构、培训机构、私营公司、国际机构、企业、行业和专业协会、工会
进行培训评估和资格授予	政府机构、培训机构、认证机构、私营公司
质量保障（开设专业及教育资质）	政府机构、培训机构、认证机构、工会
开展研究或合作研究（有关技能需求和供应、劳动力市场构成、行业发展等）	政府机构、培训机构、私营公司、国际机构、工会

资料来源：（所有提供了足够信息的国家的）《绿色就业技能国别报告》（ILO，2018）。

雇主和工人组织（工会）在制定和实施绿色就业技能政策方面发挥着至关重要的作用，特别是在确保绿色转型的公正过渡方面，以保证弱势群体在向绿色就业技能转型过程中不会面临不平等的挑战。工会和雇主组织也是更广泛的理事会的成员，这些理事会负责就一般经济、教育和环境问题接受咨询，例如，在澳大利亚、丹麦、德国、毛里求斯、黑山和英国就是这样。

2. 为利益相关方参与专为开发绿色就业技能而做出的制度安排

大多数的专门机制或多方利益相关者协商框架采用"绿色"委员会或理事会的形式。本节将介绍这些主要类别机制的例子，也会介绍与绿色就业技能开发相关的协会、公共组织和非营利性措施。

2009年，韩国成立了绿色增长委员会，以支持"绿色增长"政策。该委员会的大多数成员是政府部长，它将国家能源委员会和可持续发展委员会的职能结合起来。它最初是在总统的领导下建立的，自2013年以来一直处于总理办公室的庇护之下（导致了其功能和威望的下降）。该绿色增长委员会的首要任务是建立一项五年绿色增长计划，同时做好部际间政策协调，并支持低碳绿色增长。该委员会包含了几个附属委员会：绿色增长战略小组委员会、气候反应小组委员会、能源小组委员会和绿色技术小组委员会。绿色增长支持小组（Green Growth Support Team）为绿色增长委员会的运作提供了支持，其成员均来自总理办公室。此外，16个地方政府机构均成立了各自的区域绿色增长委员会，每个委员会通过与绿色增长委员会的协调制定了其区域绿色增长计划。

阿拉伯联合酋长国2015年成立了阿联酋绿色发展委员会，旨在通过制定、协调和监督国家绿色政策，将其经济转型为更可持续的经济。其成员来自各个联邦机构和地方当局[①]的代表，包括气候变化与环境部、经济部、能源部、财政部、外交部、公共工作部和执行委员会；阿布扎比环境署、迪拜最高能源委员会、沙迦环境与自然保护区管理局、

[①] 值得注意的是，没有迹象表明这一委员会包含了工业部门、教育机构或与劳工或教育有关的当局的代表。

阿吉曼执行委员会、富查伊拉市政当局和拉斯哈伊马环境保护和发展局。

另一个例子是印度的绿色就业技能委员会。该绿色就业技能委员会成立于2015年，由新能源和可再生能源部以及印度行业联合会共同促成。其目标是确定"绿色商业"部门的服务使用者和提供者的技能需求，并通过与工业部门合作，在全国范围内实施技能开发和企业家发展项目。

该绿色就业技能委员会已经在24个邦建立了320多个培训中心，有500多名认证培训师和150多名认证评估员为13 000多名候选人提供培训和认证。

一个更具行业驱动特色的社会对话机制的例子是巴巴多斯可再生能源协会（BREA），这是一个拥有60个来自加勒比地区成员的非政府组织。它通过由教育和培训机构以及研究和开发部门进行的能力建设，在该岛倡导可再生能源方面发挥了一定的作用。巴巴多斯可再生能源协会通过与利益相关方举行协商会议，来确定具体的培训项目或干预措施。然后由行业专家来落实这些项目和措施，以提高可再生能源部门工人的技能和能力，以及该部门的国际竞争力。为了给这些干预措施筹集资金，巴巴多斯可再生能源协会与加勒比开发银行、巴巴多斯投资与发展公司和美国援助加勒比清洁能源项目等关键机构开展了合作。为了促进其从交通运输业（特别是电动汽车研究）开始的研究和开发，巴巴多斯可再生能源协会已经与领先的培训机构，如伯克利大学，建立了伙伴关系。

作为（公共）支持性组织，泰国温室气体管理组织（TGO）可作为国家指定权威机构的例子。它由泰国自然资源和环境部于2007年建立，旨在确保泰国实现其2020年和2030年的温室气体排放目标。该组织作为政府、私营部门和国际组织合作的中心，致力于加强公共和私营部门在温室气体管理方面的能力建设。此外，泰国温室气体管理组织还建立了一个气候变化国际技术和培训中心，致力于东南亚地区适应温室气体和气候变化的能力建设和技能开发。该中心的主要活动是开发和提供培训课程（包括在线学习）、为东盟成员国建立网络平台、传播知识以及充当学习资源中心。在课程开发过程中，所有利益相关方都会参与评估培训需求。气候变化国际技术和培训中心已经开展了以下5个知识集群的课程（截至2014年已有1000多名学员参加学习）：温室气体库存管理、气候变化管理、气候变化适应、缓解机制以及气候变化的融资和经济学。所有培训课程均由泰国政府出资免费提供。

在菲律宾，其在关于绿色就业技能的2018年国别报告中阐述了两个独立的机制：一个旨在促进"绿色建筑"的非营利性倡议，以及一个旨在推动私营部门绿色就业技能开发的组织。前者是菲律宾绿色建筑倡议，由一个由专业管理委员会认证的非营利性专业协会组织发起。其成员包括菲律宾建筑师联合会，菲律宾通风、空调和制冷工程师学会，美国暖通工程师学会菲律宾分会，菲律宾电气工程师联合会，菲律宾地质学会，菲律宾室内设计师学会，文物保护学会，以及国际古迹和遗址委员会。菲律宾绿色建筑倡议在菲律宾独立担任了"提高效率的卓越设计"（EDGE）项目的认证机构，以促进节能环保的设计和施工。

后者是技术教育和技能开发管理局，一个在两个层级同时运作的政府机构。一方面，它可以推动绿色就业技能的宣传和课程设计，例如，通过举办关于绿色职业教育议程及其2016年发布会的论坛和讨论会。颇有意味的是，作为绿色化运动的一部分，技术教育和技能开发管理局要求其学员种植（至少）一棵树，同时避免使用塑料，并按要求对废弃物进行重复使用和循环利用。另一方面，技术教育和技能开发管理局通过颁布培训条例，更直接地推动了私营部门技能的"绿色化"。技术教育和技能开发管理局委员会要求该管理局所有的培训项目都遵循一套（基于能力和产出的）培训规则，以确保其培训质量。这些条例涵盖了培训人员、培训工具、设备和设施的最低标准，并规定了三种能力领域（基础、普通、核心）。拟订这些培训条例的工作小组由三方组成，行业协会积极参与了这一过程。

除了专门的机制外，还有一些国家在国际一级建立伙伴关系的例子，这些伙伴关系往往涉及环境伙伴关系协定。例如，布基纳法索参与了环境贫困倡议、联合国气候变化框架公约、非洲绿色经济行动伙伴关系、"改变非洲"和绿色气候基金（与非洲开发银行合作）。

总的来说，这一节表明，虽然已经存在一些专门机制的例子，但在建立多方利益相关者（或三方协商框架）机制之间的合作与协调方面仍有许多工作可做。正如美国国别报告所指出的那样："当能够代表工人利益的工会，能够表达雇主需求的雇主协会，以及能够影响政策结果的决策者都坐在谈判桌上时，将会产生一个更协调、更有效的体系，该体系将能够响应雇主的需求，并确保创造体面的就业机会。"

四、结论

尽管 2011 年的这一轮国别报告描述了经济走向绿色化的背景变化，但它们并没有确定多少可用于调整技能以适应绿色化经济的系统性政策和措施。相比之下，2018 年的国别报告则有针对性地讨论了促进绿色就业技能开发的政策和措施。

为实现绿色转型而制定的国家技能开发政策十分稀缺。已经采用的措施和政策往往都是与正规经济中的体面就业有关的和/或以其为目标的。然而，在许多低等收入和中等收入经济体中，有很大一部分人在非正规经济领域工作。在那里，他们会面临不体面就业安排的风险。在这些国家，开发体面和环保就业技能的措施仍然有限。这种情况常常与低水平的社会对话有关。

然而，尽管绿色转型缺乏全国性的技能开发政策，但在绿色就业技能的开发方式上，一些具体的举措确实对其系统性的改变发挥了作用。虽然在所有措施中仍然存在很多临时活动，但许多国家确实在其与绿色就业技能有关的整体系统中纳入了系统机制。例如，在改变职业教育课程方面，或在雇主越来越多地参与到技能开发方面。此外，在总体发展（作为前面章节中所讨论的驱动因素的结果）的背景下，技能开发系统本身也会发生变化，有时这一过程甚至没有受到明确的自上而下的政府干预。

许多国家正在对技能需求进行预测和监测，他们或者将绿色因素纳入现有的监测机制，或者通过在特定行业为实现绿色转型组织开展的临时性和一次性的研究和协商来实现。

职业教育已在全球范围内得到普遍发展，在为新职业开发新专业和资格证书以及将绿色技能纳入现有职业资格方面，"绿色化"正得到越来越多的关注。不过，各国的收入水平或发展的趋势还不是很明朗。在一些发展组织的支持下，低等收入国家似乎在"绿色职业教育"[①] 上做出了更多的努力。职业教育的招生情况仍然遵循传统的性别模式——科学、技术、工程和数学教育领域的男生多于女生。

私营部门的技能培训侧重于继续职业教育，因为它更多的是关于对已就业人员的再培训。在这一方面，许多举措在国别报告中都得到了确认。在其中一些举措中，私营部门组织参与了初始职业教育和继续职业教育的建设与发展，而在其余举措中，企业、部门、工会（有时）各自组织了自己的技能开发活动。这项活动在一定程度上是对公共技能开发机构（如职业教育机构和大学）缺乏回应。自2011年以来，这一领域的新举措取得了重大进展，但这些举措高度依赖于各行业的实施方式，这使得系统性和结构性的改革（除个别部门正在实施的以外）很难得以确定。

主动型劳动力市场政策在2011年以后已经有了一定的发展，尽管在大多数调查的国家样本中都没有发现其针对绿色就业技能的措施。虽然如此，许多国家还是采取了一些有价值的措施：应对绿色经济中土著人员的失业问题，为绿色就业技能建立专门的资助计划，以及对失业人员进行再培训，让他们承担起支撑绿色经济的角色。国别报告中也切实展示了一个交叉性的主题，即在就业计划、职业教育和再培训措施方面更加注重纳入一系列弱势群体，以减少不平等和增加其就业机会。弱势群体多指青年、残疾人、土著人民、女性、农民工（包括回国的侨民）、

---

① 参见机构间工作小组关于这一主题的报告：绿色职业教育及职业技能开发，网址：https://www.ilo.org/wcmsp5/groups/public/---ed_emp/---ifp_skills/documents/genericdocument/wcms_182353.pdf［访问于2019年5月7日］。

失业者和生活在农村地区的人。在这方面，绿色化就业与确保公正的转型是密不可分的。在先前学习成果认证和验证方面，几乎没有任何针对绿色就业技能的普遍做法。

促进社会对话的政策和措施得到广大利益相关方的支持并得以被共同制定和实施。社会伙伴、行业组织、个别公司和非政府组织都参与了职业教育专业的开发与教学，也参与了对工人和失业者的再培训。这种参与使得官方机制（如行业技能理事会或咨询委员会）逐步建立起来。尽管如此，利益相关方并没有参与整个经济领域的活动，而是集中在最易受绿色经济转型影响的特定领域。

总而言之，与 2011 年相比，2018 年的报告显示，在制定具体政策和措施，以提供绿色就业技能上，部分国家已经做出了更明确的努力，提供了更加系统化的方法，使人们能够为绿色经济转型做出贡献。

第八章 结论和建议

这份全球化的报告就不同职业技能需求变化的关键趋势,以及向绿色经济公正转型的技能政策和培训措施之当前和未来发展趋势,给出了一些新见解。借助于对32个样本国家的定性研究,并结合两种全球化场景(能源转型和循环经济)的定量建模,本文详细介绍了这种转型对全球就业影响的预测(按职业和性别划分),以及对再培训和技能提升要求影响的预判。具有相匹配的就业技能是向环境可持续性转型的必要先决条件,也是提高生产力、充分利用经济的就业潜力和缓解急剧变化的负面影响的必要条件。对2011年第一轮调查研究(Strietska-Ilina et al., 2011)所取得的进步分析后发现,这次的报告表明尽管已经取得一定的进展,但是还有大量工作有待完成。

一、急需采取气候行动的紧迫感促成了重大的全球协定,但是在国家层面需要采取更多行动

源于人类活动的全球温室气体和二氧化碳排放不断增加,造成了环境退化、生物多样性丧失、土地荒漠化、海平面上升以及气候模式的改变。气候变化的后果及其对经济、社会和个人的影响让人们产生了紧迫感和焦虑感,这一影响促成了气候变化和可持续发展方面的重要协定:2015年联合国通过了《2030年议程》和《巴黎气候变化协定》。

然而,各个国家政治气候并没有表现得像国际谈判时那样"全球变暖"化。许多国家在将公共政策与实际行动联系起来方面表现出明显的拖延,一些国家甚至出现了政策和法规的开倒车现象。仅仅接受全球协

定是不够的，其成功完全取决于各国的承担和执行。遗憾的是，国家政策和执行方面的进展没有达到平衡，且远远不及所需的雄心壮志。

作为落实《巴黎协定》的关键工具，很多国家的"国家自主贡献"都提到了有助于落实行业和国家气候政策的培训措施。但各国拟定的大多数条款都是针对体制能力建设和气候教育的，只有少数国家在其"国家自主贡献"中关于国家和行业规划部分明确提出了技能开发的有关措施。这为我们敲响了警钟，因为"国家自主贡献"文件在能源、农业、废物、制造、运输和旅游部门的承诺都取决于这些行业相关技能的供给能力。

二、绿色转型可以创造数以百万计的就业机会，但这取决于相关技能和培训的供给能力

如今，技能差距和短缺问题日益加剧，对绿色转型提出了挑战。令人担忧的是，这样的情况早在 2011 年就已经出现。虽然已经推出许多有效举措，特别是在行业和次国家层面，但没有多少证据表明这方面有显著的系统化的改善。发展中国家尤其面临专业人员匮乏，特别是受过科学、技术、工程和数学教育培训的大学毕业生普遍短缺的挑战。即使在发达经济体，包括那些拥有完善的技能预测系统的经济体，技术和可迁移核心能力的缺乏仍然是造成雇主招聘困难以及对劳动生产率产生负面影响的重要原因。

我们不妨转向未来场景，对能源可持续性经济和循环经济转型对技能、就业人员性别和职业的影响进行定量建模，在这两种场景模型下，预计到 2030 年可以累积创造超过 1 亿个就业岗位，但也可能同时流失近 8000 万个就业岗位。这意味着一种对就业的净积极影响和大规模的劳动力转移。总体而言，就业创造将集中于中等技能水平岗位，可能会抵消全球化、离岸外包和技术变革所造成的其他劳动力市场混乱，而这所有趋势通常与中等技能水平的就业机会流失有关。两种场景都在与就业机会创造和就业机会消亡有关的职业层面上显示出了三种类型

的影响。

首先，对于大部分职业而言，一个行业流失的就业岗位将与另一个行业创造的同等职位相匹配。工人们能够在增长性行业中重复使用的技能不仅包括软技能（如沟通、解决问题），还包括半技术性可迁移技能（如销售和市场营销、调度、预算）和技术性可迁移技能（如工程、维修、管道工程）。这一发现对职业教育的课程设计和能力标准研制具有重要意义。但是，为了对工人进行重新分配，还需要许多新技术技能的培训。再培训和技能开发项目将需要以工人目前的技能为基础，帮助他们适应和开发自己的技能，以提高他们与产生新就业岗位的新行业的匹配度。重要的是，在培训措施的基础上，要辅之以社会保护制度和职业咨询，以使下岗工人能够维持其收入保障，并能够在同一地区的其他职业中重新学习技能和找到就业机会。

其次，除了可以通过重新分配来填补的就业岗位之外，还会创造更多的净就业机会。这种情况尤其针对能源可持续性场景下的建筑工艺及有关人员，建筑、制造和运输行业的劳动者，以及循环经济场景下的销售人员。这些新就业岗位主要集中在中等技能和高等技能水平的工作中。这些岗位要求在为未来工人举办的正式培训项目中开发相应的技能，同时也要求为已就业工人举办终生学习技能提升培训项目。

最后，有一些就业机会将会消失，且其他行业中没有相同岗位的空缺，从而造成了潜在的失业风险，这一问题在以男性为主导的职业领域尤其突出。不过，新职业将创造许多新就业机会，因此需要相应培训项目来帮助下岗工人重新进入新兴职业。这些项目可以通过主动型劳动力市场政策来发布，并应与职业指导和社会保护政策相结合。在政策响应中纳入性别考虑可以减轻受影响职业的性别不平衡问题。

通过有效的再培训和技能提升措施，可以实现就业机会流失的最小化，并放大绿色转型对就业的积极影响。但这些积极成果的出现关键还是取决于在结合其他政策的基础上，有效地设计并执行培训措施。

三、2011年以来相关政策取得进展，但仍处于碎片化状态

总体来说，国家和行业层面对绿色就业技能的全面且系统的举措仍不多见。尽管推进可持续发展议程的行动已加快速度，对绿色转型技能的需求也有所增长，但在决策和执行的过程中，乃至在技能和培训层面，仍然缺乏紧密的联系。虽然环境、经济和就业政策之间往往有相对密切的联系，有时这一联系是通过资助就业部门措施实现的，但并不能说这就是教育和培训系统的最后一个环节。这往往是因为负责教育和劳动力培训的部门没有参与到有关的决策过程和政策协调结构中。

2011年以后，各国在制定涉及环境问题的法律、法规、战略和规划方面已经取得了进展，但它们将这些转化为技能和培训政策的速度不一。一些国家还只是刚开始着手处理与环境可持续性技能和绿色就业政策有关的问题。

发展中国家已经开始构建并继续研制有关绿色就业技能的专门政策和战略，这往往是受到了气候变化协定的推动。多数情况下，差距仍然存在——例如政策的协调性、能力、数据收集以及有系统地预期技能开发和培训开展方面的需求——政策的落实和巩固仍然是一个重大的挑战。发达经济体倾向于依赖总体的环境和经济上的政策和过程来确定对绿色就业的考量，其中一些国家的经验表明，政策的形成和落实是非线性的：向前发展的势头绝不是确定不变的。

大部分绿色就业技能的开发措施仍是临时性的。有时，这种情况是政府"让市场决定"的总体政策的一部分。在一些其他地方，包括区域和地方政府当局和社会伙伴，以及民间团体和个人在内的其他行动者，自下而上地填补了这一空白，形成了绿色就业技能培训的整体格局，这种格局是零散的，由个别区域、行业或项目所主导。单独来说，这些干预措施各自可能都是有效的。但是，它们之间缺乏协调，不一定能满足需求最大的地方的需要，这往往反映了一些其他的影响因素，如能否获得外部援助。

总而言之，许多零散的规划和活动表明，各国需要努力实现更高水平的政策协调一致性，以实现绿色转型的所有潜在就业利益。正如2011年的报告中所述，将自上而下的协调决策与自下而上的举措结合起来，可以为绿色转型提供更有效的支持。事实上，这种自下而上的举措有可能发展成为系统全面的政策制定和落实体系。然而，目前还没有证据表明这种可能性已经实现。各国需要根据国家政策框架建立自下而上的发展能力。在这方面，各国可以以其"国家自主贡献"为基础，在优先采取适应和减缓措施的部门加强与绿色就业技能有关的规划和活动。"国家自主贡献"与联合国的可持续发展目标一起，为政策发展提供了重要的刺激，各国应确保这些政策发展在未来几年可以取得成果，尤其是在解决下文所述的一些政策协调问题方面。

四、改善治理机制将使政策更加协调并减少技能错位现象

政府各部委之间以及它们与包括雇主和工人在内的私营部门之间的政策和行动的良好协调，是防止和减少技能错位的关键。然而，决策结构和过程并非为处理跨部门的问题设计。负责劳动力及其培训的各部委往往被排除在决策过程之外，社会伙伴和其他利益相关方的参与在很大程度上取决于它们参与决策的总体程度。对于大多数发展中国家，这种决策都有待改进。"国家自主贡献"及其进程协调所得到的教训应该更全面地落实在决策和执行的过程中。

在社会伙伴的积极参与下，各部委和机构之间需要建立更好的协调体制，以加速公正的转型。人力资源开发机构和国家或行业技能委员会在以下两个方面发挥了核心作用：推动绿色经济中更明智的决策；设计适当且有效的举措以减少技能短缺和差距。在制定和实施绿色就业技能政策方面，以及在通过对弱势群体的需求给予优先关注以确保绿色转型过程具有公正性和包容性方面，雇主和工人组织（工会）发挥了至关重要的作用。

五、低等收入国家面临特殊的挑战

发展中国家收入低的原因之一是其经济依赖于落后的农业。许多国家陷入了一种恶性循环,贫困人口由于缺乏替代性谋生手段,而被迫从事对环境有害的活动,同时由于缺乏替代性经济发展方式,生态系统正承受着气候变化的压力。此外,低等收入国家还往往会过度依赖自然资源,例如通过采矿获得外汇收入。

重要的是,绿色转型是一种可持续的解决方案。2011年以后,低等收入国家的市场和技术得到了发展。此外,值得注意的是,许多低等收入国家会采用创造性的、高性价比、技术含量低的解决方案,同时处理一个以上的环境问题。当老百姓亲眼见证了绿色举措可以直接改善他们的生活时,这些举措往往能在基层发挥良好的作用,以缓解人们面临的挑战。目前正在采取的许多地方性、小规模但非常有效的干预措施,例如更换炉灶燃料或引进沼气池,就证明了这一点。

同样,2011年以后,事实证明许多发展中国家通过建立健全的环境政策框架取得了一定的进展,但能够挖掘这些政策潜力解决绿色就业问题则是另一回事了。许多在2011年看起来前景无限的国家在此后的政策执行方面都遇到了障碍。通常情况下,它们缺乏强有力的机构来执行环境法规,而大规模的非正规经济使得执行更是雪上加霜。非正规经济的规模对绿色化提出了挑战,因为从根源上讲非正规经济是不受管制的。同时,对那些迫于经济环境的压力(全球金融危机加剧)而从事对环境有害的活动的工人而言,由于缺乏其他收入来源,环境法规的执行变得更加困难。

鉴于许多发展中国家缺乏明确、有的放矢的绿色就业技能政策,相关发展组织和国际机构为制定具体的技能开发措施提供了重要的推动力。对于许多发展组织而言,职业教育是一项重要的优先事项,同时可持续发展目标也是其重要参考,因此它们在升级和发展职业教育课程方面提供的支持还包含对课程开展可持续发展和气候行动方面的评估。建立包含技能预测机制的教育管理和信息系统也是其重要优先事项。最后,从事培训和重新培训工人的发展组织常常强调政府和私营伙伴之间合作的重要性。

六、高等收入国家需要重新激发活力促进绿色就业和技能开发

2011年,高等收入国家已经制定了完善的环境法规,并已经通过一系列不同的政策和规划来应对绿色就业的挑战。然而,从其中一些国家的经验来看,绿色转型的道路既不平坦也不容易。他们中有些国家发生了政策转变,甚至出现了开倒车的情况。此外,在有些国家,某些类型的绿色就业增长已经趋于平稳。如今,越来越多地方的人们有了更多的担忧,他们担心各国可能不会取得足够的进步,以避免剧烈的气候变化。因此出现了这样一个问题:如何才能重新激发环境政策的进展?

增强现有政策和发展过程的稳健性可能是其中一个答案。有证据表明,在绿色就业问题上没有强有力的社会对话和/或没有强有力和完善的结构和程序推动议程的国家,其政策变化的风险也更大。当然,像法国这样的国家,除了常规的政策制定渠道之外,还会设立一些专门的机构(例如国家绿色经济就业与职业观测站),该国看起来确实因此避免了政策突然逆转或变化所带来的影响。因此,各国需要保证可以通过社会共识以及稳健且有针对性的决策结构和程序以建立与绿色就业技能相关的政策。

这类成功的决策架构涉及广泛的利益相关方,包括社会伙伴,以便建立社会共识。这种结构本身也可以作为进一步激励政策进展的手段。2011年的报告表明,利益相关方的深入参与,对绿色就业技能开发的有效政策和规定而言至关重要。其中除了要抓住改善社会对话机制的机会外,各国还要吸纳更广泛的民间团体中的利益相关方,其中往往包括会面临环境变化最大威胁的被边缘化团体和土著团体的利益相关方。这样的行动至关重要,因为它可以确保就业岗位是体面的且能够适应绿色转型;同时,增强人类对环境影响的社会意识也是至关重要的。

另一个有助于重新激励绿色转型的途径是更加重视对绿色市场和技术。2011年以后,绿色市场的出现和绿色技术的发展越来越重要。就绿色技术而言,现在主要的问题已经不再是如何获取它们了。例如,许多低等收入国家正在发明新的绿色技术,它们已经在减缓气候变化影响的领域得到了应用。绿色市场也在蓬勃发展中,如欧洲的有机食品市场。

在许多领域,这些积极的发展是与人们对环境问题的认识日益提高同时发生的。与此同时,许多市场的运作以及许多技术的开发和运用依然依赖于政府的补贴来维系。如果政府取消或减少对企业和消费者"绿色行为"的补贴,这一进展往往就会停滞不前。这种情况表明,政府需要更好地了解绿色市场达到"临界点"的条件,在这个临界点上,绿色市场可以自我维持,政府补贴也可以安全地减少。这一点对于匹配技能的供给与需求,对于通过教育和培训计划继续提高环境认识也是很重要的。

七、劳动力市场信息和技能预测应增强对绿色转型过程中技能需求变化的理解

2011年以来,对技能需求的识别和预测取得了一些进展,但在与绿色就业技能相关的供需数据的全面性和可靠性仍然很薄弱。对国别报告的分析清楚地表明,与2011年的情况一样,大多数国家仍需要开发劳动力供需以及技能差距和短缺方面的数据。可再生能源领域的数据开发往往是最彻底的,这反映了该行业变化的规模和速度。而在其他行业领域,这类数据往往供不应求。造成这种情况的主要原因是技能预测系统的普遍不发达。对于这一点的重要性再怎么强调也不为过:在环境政策与劳动力市场和培训政策之间,技能预测系统是一个至关重要却缺失了的环节。没有关于绿色就业和劳动力市场信息的高质量、系统且可靠的数据,就很难实现有效和集中的技能开发规划。缺少了这些数据,我们也无法准确地知道政策和活动在缩小技能差距或在解决诸如性别平等

等其他问题方面所实际取得的成效。此外，低等收入和中等收入国家现有的预期系统正努力把握非正规经济行业（农业、制造业、废弃物处理等）的发展和技能需求，但是这些行业在创造绿色/体面就业方面，没有像能源和建筑等正规行业那样受到重视。因此，各国需要配备预期、预测和监测工具，以应对绿色就业技能方面的需求。此外，它们还需要评估社会平等和性别主流化方面的进展。

2011年以来的发展还表明，绿色就业和职业技能的出现和"正规化"可能还需要一些时间来完成，尤其在工作任务迅速变化，职业标准和资格设计机制不完善，以及社会伙伴没有充分参与的情况下。这种延迟使得招聘过程对雇主和个人来说变得更加困难，因为这使得他们很难将个人的技能特征与新兴职业匹配起来。为了解决这些问题，各国不仅需要运行良好的技能预测系统，而且需要运行完善的教育和资格体系以及劳动力市场机构（例如公共就业服务）。

其他的解决方案还包括建立一个专门的机构，以系统地监测绿色就业技能需求（如法国的国家绿色经济就业与职业观测站）；加强国际合作，就绿色就业技能以及如何落实具体措施开展同行学习和知识共享[例如通过"南南合作"和"三方合作"（ILO，2018b）]；围绕绿色能力标准及资格认证和培训项目建立全球资源平台；以及促成行业认证和跨境行业能力标准协定（例如通过东南亚国家联盟）。

八、各国需要将绿色就业技能纳入主流体制，并让这些技能更易识别

最近一轮国别报告显示，所有国家在具体措施和政策方面都已经采取了诸多行动。这一情况表明，即使没有明确的绿色就业技能开发的国家战略，也已经有许多举措已经开始实施，以满足技能需求。建立新的、专门的系统来创造绿色就业机会和促进绿色就业技能与将绿色化元素融入现有系统之间是有明显区别的。后者更多地应用于高等收入国家，而就低等收入国家而言，它们在发展组织的支持下，以及缺乏良好

的治理体系和社会伙伴关系的背景下,在建立专门的绿色就业技能机制方面下了更多功夫。绿色就业技能可以是针对某些特定的职业或行业的,它们不一定需要通过全新的培训来获得,它们也可以包含更多的软技能/核心技能。这反映了一个事实,即各种流程、产品和服务都可能有其绿色化的替代品。低等收入和高等收入国家都可以将包含环境意识在内的核心技能纳入以下领域的主流体系中:职业教育系统、早教和青年培训、终身学习(包括工作场所技能培训)以及主动型劳动力市场政策。

一个重要因素是许多举措在本质上仍然是临时性的。在某些情况下,具体的举措引起了体制的改变,但在更多情况下,这些举措的实施仍然限于特定项目、行业、国家以下各地区甚至公司内部。因此,应鼓励各国将这些各级采用的良好举措纳入更具全局性的绿色就业主流政策当中,以使技能的供应更加均衡和可持续。建立更好且更有规律的技能监测和预测系统有助于形成更系统的技能政策。

气候变化影响着我们每个人,同时我们每个人也都可以为解决气候变化问题做出贡献。气候行动以气候教育和培训的形式开展。绿色就业技能,以及更广泛的可持续发展教育,正在成为国家核心课程的重要组成部分,这一结合在未来还将进一步深入。此外,与非正规经济和弱势群体建立更多链接,确保将性别问题纳入主流,对于扩大实施绿色化政策和措施也十分重要。

最后,要确保学习绿色就业技能是有回报的,这一点很重要。获得相关技能的人应该得到认证证书,并能够利用它们获得更好的就业机会、薪资待遇和职业生涯发展。各国可以投资改良认证系统,例如那些通过先前学习成果认证、徽章和证书、数字学习等方式识别绿色就业技能的系统。在慕课和其他公开培训机会越来越多的背景下,这一举措尤为重要。认证工人的现有技能,不管是在正规或非正规培训中习得的技能,还是通过工作经验获得的技能,都有助于促进工人在职业间和职业内部的重新分配,使他们从夕阳产业转向朝阳产业。此外,技能识别应该做到跨国界,这样那些在一个国家失去工作的人可以更容易地在另一个国家找到同等的职位。对技能的识别应辅之以适当的劳工移民政策，以促进新兴产业能够雇佣到有能力的工人，不论这些工人身处何地。

九、顺势而为，各国需要将前瞻性技能战略纳入其气候和环境政策

向环境可持续和低碳经济转型将创造大量新的就业岗位，导致部分工作岗位流失，并改变大多数工作岗位的技能结构。技能开发战略需要在支持失业工人的同时，实现绿色转型，并鼓励创造就业机会和提高生产率。国际劳工组织编写的《为所有人实现环境可持续性经济和社会转变纲领》（ILO，2015）中强调了包容性技能开发政策的重要性。技能开发措施是实现公正转型过程中的工业、投资和其他生产性转型政策的重要支柱和促进因素。综合办法还应包括社会对话、主动型劳动力市场政策、社会保护、咨询性高效劳动力市场机构，以提供职业匹配和职业咨询服务。

与宏观经济、可持续投资、行业和企业政策（包括知识转移和技术扩散的激励政策）之间的相互协调，在使企业实现更加绿色和节能的生产实践，使技能的供给与需求的增长协调，并促进工人有效分配到新创建的绿色工作中也将起到至关重要的作用。国际劳工组织《2004年人力资源开发建议书》（第195号）指出，教育、培训和终身学习具有根本重要性，应成为综合经济、财政、社会和劳动力市场政策的组成部分并与之协调一致。技能开发的行动计划必须与关键的气候和环境政策法规，包括"国家自主贡献"文件相互协调，以确保技能需求得到满足，且气候承诺被落实到行动。此外，技能政策和培训措施需要在绿色化背景下对技能开发采取更加长期系统化的措施。

在环境可持续发展的经济中创造的新就业机会将需要更高的资格和新的技能。提高员工的技能和重新培训员工，尤其是那些受转型影响最大的员工，将意味着实施终身学习策略，而不是提前发放满足整个职业生涯需求的资格证书。绿色转型不会是由一个单一的力量去要求大规模

调整现有和潜在的劳动力。自动化、人口变化、全球贸易和其他大趋势也将产生实质性的影响。多种多样的社会变革将要求劳动者在整个职业生涯中能够做到多次转变。为了实施更绿色的生产和服务，让工人获得技能培训机会，提高环境意识和气候知识十分必要，甚至对那些没有受到工作置换影响的工人也同样重要。

全球未来工作委员会（Global Commission on the Future of Work）强调了投资人的能力和终身学习的普遍权利的重要性（ILO，2019）。也强调了有必要加大对劳动力市场机构的投资，以支持人们顺利通过未来的工作过渡。终身学习的其他系统要素将需要包含创新和多样化的筹资方式：将私人和公共捐款结合起来，允许个人使用基金并获得对其正式或非正式学习成果的认证。

十、社会对话仍将是确保教育和培训相关性以及实现公正转型的重要部分

社会对话作为提高培训政策的质量及其与职场的相关性的关键手段，其重要性怎么估计都不为过。社会对话也仍然是提升已就业和潜在就业工人的就业能力和生产力的重要组成部分。它还将是确保工人获得平等培训机会、再培训机会和技能提高措施，同时保证其就业匹配和就业平等性的主要途径，因此，它将仍是缓解转型过程负面影响的重要手段。国家和行业级别的社会对话治理架构是推动政策一致性和实现公正转型的重要工具。因此，建设体制能力和提高公正转型中各利益相关方的角色意识将是非常重要的。

然而，仅仅建立体制机制并不能确保利益相关方的实际参与。尤其令人担忧的是，工会在许多国家的参与度很低：在涉及公正转型措施和在集体协定中列入培训条款方面，工会角色的重要性不可低估。在传递关于劳动力市场情报中不断变化的技能需求信息（用以提高技能培训的相关性）方面，雇主组织发挥了重大作用。同样，雇主组织在职场技能的进一步应用和工作场所学习的开展方面，也发挥了重要作用。

正如两种绿色转型场景的模型所估计的那样，技能再培训和技能提升培训的需求量将是巨大的。如何将社会伙伴和政府有效地联合起来分担培训和再培训的费用和责任，事关1亿多个就业岗位。工人、企业和政府在绿色化议程中都占据了很大的比重。联合协调行动并共同承担责任，才能使各方受益。

缩略语

ALMP	积极劳动力市场政策
BCG	波士顿咨询公司
BGT	伯尼格雷斯技术公司
BREA	巴巴多斯可再生能源协会
Cedefop	欧洲职业培训发展中心
CFC	氯氟烃
CHP	热电联产
CITC	气候变化国际技术和培训中心（泰国）
COP	联合国气候变化框架公约缔约方会议
CSR	企业社会责任
CWA	社区劳动力协议（美国）
EMIS	教育管理信息系统
EPI	环境绩效指数
EU	欧洲联盟
GBCI	印度尼西亚绿色建筑委员会
GCI	全球竞争力指数
GDP	国内生产总值
GEP	绿色经济发展（指数）
GGC	绿色增长委员会（韩国）
GHG	温室气体
GNI	国民总收入
HAKE	节能协会专家（印尼节能专家协会）
HCFC	氢氯氟烃

续表

HDI	人类发展指数
HIC	高等收入国家
IEA	国际能源署
ICT	信息通信技术
ILO	国际劳工组织
IMF	国际货币基金组织
IPCC	政府间气候变化专门委员会
ISCO	国际标准职业分类
ISIC	全部经济活动国际标准行业分类（联合国）
IT	信息技术
LIC	低等收入国家
LMIC	中等偏下收入国家
MIDGs	千年发展目标
MIC	中等收入国家
MITD	毛里求斯培训与发展学院
MRIO	多区域投入产出模型
MW	兆瓦
NDC	国家自主贡献
NES	国家生态旅游战略（菲律宾）
NGO	非政府组织
OECD	经济合作和发展组织
Onemev	国家绿色经济就业与职业观测站（法国）
O*NET	职业信息网（美国）
OSH	职业安全与健康
PES	公共就业服务
PGBI	菲律宾绿色建筑倡议
PGJA	菲律宾绿色就业法案
PRONATEC	国家技术教育与就业机会方案（巴西）
PV	光伏
PVEY	初级职业教育与培训

续表

R&D	研究和开发
RC	区域委员会
RMG	成衣
RPL	先前学习成果认证
SCGJ	绿色就业技能委员会
SDGs	可持续发展目标
SIDS	小岛屿发展中国家
SME	中小企业
STEM	科学、技术、工程和数学教育
SVET	中等职业教育与培训
TESDA	技术教育与技能开发管理局（菲律宾）
TGO	泰国国家温室气体管理局
TVET	技术与职业教育与培训
UK	英国
UMIC	中等偏上收入国家
UDEP	联合国开发计划署
UNESCO	联合国教育、科学及文化组织
UNFCCC	联合国气候变化框架公约
US	美国
UV	紫外线
WEF	世界经济论坛

重点技术术语

除另有说明外，以下定义和释义均取自斯特里茨卡·伊利娜等 2011 年的报告第 171—178 页和国际劳工组织 2015 年的报告 b 第 10—13 页的术语表（Strietska-Ilina et al., 2011, pp. 171–78; ILO, 2015b, pp. 10–13.）。

主动型劳动力市场政策（ALMPs）：此政策主要用于为求职者——其中大多数是失业者，但也包括未充分就业的人，甚至那些已充分就业但还在寻找更好的就业机会的人——提供劳动力市场一体化措施。主动型劳动力市场政策通常包括劳动力市场培训、以公共和社区工作项目的形式创造就业机会、促进创业项目以及发放雇用补贴。主动型劳动力市场政策通常针对的是那些面临特定的劳动力市场整合困难的群体——缺乏经验的人和老年人、妇女以及那些难以安置的群体，如残疾人。

适应：在环境退化的背景下，为预期退化的不利影响和防止或尽量减少这些影响可能造成的损害而制定政策和做出努力。例如，气候变化背景下的适应政策包括但不限于建设灌溉用的基础设施和提供现金转移，以限制降雨模式变化对作物和家庭收入的影响（ILO, 2018a, p. 185）。

学徒制：一种培训制度，通常将在职培训和工作经验与机构培训结合在一起。它可以由法律或风俗习惯来监管。

大数据：这个术语通常是指量大到无法用传统处理软件/技术进行分析的数据。本报告第六章中的定量分析使用了大规模的实时数据库和详细的网络招聘启事，从而系统地收集信息并深入分析了一系列国家的招聘广告内容，以便确定职业和劳动力市场的变化。

碳足迹：指个人、团体或经济体消费的商品和服务所产生的温室气体（见下文）。它的计算考虑了整个价值链，因此也包括了与其他国家的商品和服务相关的排放。这一概念可以扩展到材料和资源使用足迹或更一般的环境足迹（ILO，2018a，p. 185）。

循环经济：是一种可持续性的资源使用和消费模式，它支持从提取-制造-使用-废弃模式转向回收、修理、再使用、再制造以及生产耐用性更长久的产品的模式（ILO，2018a）。

清洁发展机制（CDM）：由《京都议定书》（1997年签署）引入的一种机制，鼓励发展中国家开展项目减排活动。经认证的减排是通过减排项目产生的，如果没有这些减排项目，这些可认证的减排将无法实现。

清洁技术：参见绿色技术。

气候变化：某一特定地点的气候特征会随着时间发生的缓慢变化。通常指经过相当一段时间的观察，在自然气候变化之外由人类活动直接或间接地改变全球大气组成所导致的气候改变。

继续职业培训：对已经完成基本或初始培训的人组织开展的进一步职业培训，以补充其已获得的知识或技能。

核心技能/核心就业技能：指工作和社会所需的非专业性、非技术性技能或能力。它们普遍适用于工作，而不针对某一职业或行业。核心就业能力包括与他人和团队的合作能力、解决问题和使用技术的能力、沟通能力以及学会学习的能力。核心技能又称通用技能、关键能力、关键技能、随身技能、软技能和可迁移技能。

课程大纲：指对教育或培训计划的目标、内容、期限、预期成果、学习和培训方法的详细说明。

体面劳动：这个词概括了人们在工作生活中的愿望——对机会和收入的愿望；对权利、发言权和认可的愿望；对家庭稳定和个人发展的愿望；对公平和性别平等的愿望。最终，体面劳动的这些不同层面是社区和社会和睦的基础。体面劳动体现在下列四个战略目标中：劳动基本原则与权力和国际劳工标准，为所有的人提供就业和收入的机会，社会保护和社会保障，以及社会对话和三方机制。

德尔菲法：这是一种分两轮或多轮进行的专家调查法，在调查中，前一轮的结果将作为之后调查的基础。

荒漠化：可耕种或可居住的土地退化成沙漠的过程，通常是由气候变化或破坏性的土地使用所导致。（Strietska-Ilina et al., Glossary, ILO, 2011）。

直接就业效应：通过增加（或减少）的需求和产出直接创造（或流失）就业机会，在绿色就业方面，这种效应是由与环境相关的支出驱动的。

就业能力：通过获得可迁移的能力和资格，提高个人利用现有教育和培训机会的能力，以获得和保持体面工作，在企业内部和在不同级别工作之间取得进步，并应对不断变化的技术和劳动力市场条件。

环境足迹：参见碳足迹。

环境影响评估：从正负两方面对拟议的项目、发展、活动或政策对环境可能产生的影响进行的重要评估。

环境绩效指数：以数量和数字基准衡量一个国家政策环境绩效的方法。在环境绩效指数之前还有环境可持续性指数（见下文）。这两项指数均由耶鲁大学（耶鲁环境法律和政策中心）和哥伦比亚大学（国际地球科学信息网中心）与世界经济论坛和美国地球科学研究所联合研究中心合作制定。

环境可持续性指数：一项跟踪环境可持续性21个要素的综合指数，这些要素包括自然资源禀赋、过去和现在的污染水平、环境管理工作、对保护全球公共领域的贡献，以及一个社会在一段时间内改善其环境绩效的能力。环境可持续性指数的设立是为了对比不同国家的环境可持续性。它由耶鲁大学环境法律和政策中心与哥伦比亚大学国际地球科学信息网络中心和世界经济论坛于1999年至2005年合作编制。

全球竞争力指数：一种高度综合性指数，反映国家竞争力的微观经济和宏观经济基础。自2005年以来，世界经济论坛在对各国进行竞争力分析时均采用了这一指数。

绿色创新：改进产品、工艺、市场营销方法、组织或机构，以产生更高的环境效益。这种创新可以包括技术性和非技术性的改变。

绿色就业：减少企业和行业对环境的影响，最终达到可持续性就业。这一定义涵盖了农业、工业、服务业和行政管理中有助于保护或恢复环境质量的工作，同时也符合体面劳动的标准——足够的工资、安全的条件、工人的权利、社会对话和社会保护。该定义还包括与缓解和适应气候变化有关的活动。

绿色转型：向环境可持续的经济和社会转型（另见绿色经济）。

绿色技术或清洁技术：指可提高生产的资源效率或能源效率，以最终达到可持续水准，并减少浪费或增加对无污染、可再生资源使用的技术。

温室气体：指大气中可吸收和重新放出红外辐射的自然和人为的气态成分，是全球变暖的主要原因。人类活动导致最主要的温室气体——二氧化碳正在大气中迅速积累。

经济绿色化：重构企业和基础设施，以使其为自然、人力和经济资本投资创造更好的收益，同时减少温室气体排放，减少对自然资源的开采和使用，减少垃圾，缩小社会差距。

人类发展指数：一种根据"人类发展"水平对各国进行排名的综合统计指标，用于衡量各国经济和社会发展水平。该指数由国家层面收集的关于健康（出生时预期寿命）、教育（平均和预期受教育年限）和生活水平（人均国民总收入）这三方面的数据组成。

间接就业效应：在供应商的行业和价值链中创造或流失的工作。

诱导就业效应：将工资收入用于消费产生需求而在其他行业创造的就业（或者由于支出减少导致需求减少而造成就业机会流失）。

非正规经济：属于市场经济的组成部分，可以生产（合法的）商品和服务以供销售或换取其他形式的报酬。它覆盖了非正规（小型未注册的或无法人的）企业内部和外部的非正规就业。非正规经济领域的创业者和工人有一个共同的重要特点：他们不受现有法律和规章制度的认可或保护。非正规经济不包括非法经济和生殖或护理经济。

非正规学习：发生在正规教育和培训体系之外的一种非结构化的学习过程。它可能是由日常的工作、家庭或休闲活动产生的。从学习者的角度来看，非正规学习在大多数情况下是偶然发生的。

职前培训：就业前组织开展的职业基础知识培训。它可以使学习者获得工作资格，或为专业化提供基础。

投入产出模型：一种实证工具，它采用矩阵或表格，列出一个经济体中所有的子行业，并详细说明一个行业的产出如何被用作其他行业的投入。该模型借鉴了国民经济核算的信息，是绿色就业评估过程中最广泛使用的方法。这种建模主要用于阐明特定场景或评估影响（ILO，2013b；Cedefop et al.，2016）。

工作：指个人为某个特定雇主所完成或打算完成的一系列任务和职责，包括自谋职业。

公正转型框架：国际劳工组织理事会在2015年采用的政策框架（ILO，2015a）。该框架是综合性的，包括宏观经济和增长政策、行业和部门政策、企业政策、技能开发、职业安全与健康、社会保护、主动型劳动力市场政策、工作权利、社会对话和三方机制。

劳动力市场信息系统：面向雇主、工人和求职者的系统，旨在提供关于可应聘岗位的工作地点和工作类型的信息，此外还提供关于劳动力市场变化的预测信息，当前劳动力的技能构成信息，以及关于未来变化的预测信息。

低碳经济：温室气体排放最少的经济。其基本目标是在保持能源安全、电力供应和经济增长水平不变的前提下，实现高能效，同时通过技术创新手段使用清洁能源和可再生能源。（ILO，2015b）。

减缓：从根源上控制环境退化的政策和措施。例如，在气候变化方面的减缓政策包括，用可再生能源取代化石燃料用于发电，也称为减排政策或努力（ILO，2018a，p. 188）。

"国家自主贡献"：一种规划机制旨在扩大国家在指定经济行业实施适应和减缓措施来应对气候变化及其影响的规模，以实现巴黎协定的长期目标（见下文）(《联合国气候变化框架公约》，网址：https：//unfccc.int/process-and-meetings/the-paris-agreement/nationally-determined-contributions-ndcs）。

非正规学习：发生在正规教育体系之外的一种有组织、有系统的学习活动。

职业：在各行业中具有一套重复的主要任务和职责的工作分组。为了分类起见，根据所做工作类型的相似性，将职业归为狭义或广义的职业类别。

并网和离网系统：通过电力传输线路和发电站的中央联锁系统（并网）或采用分散供电解决方案（离网）向终端用户提供能源的系统，如太阳能家庭系统。

在职培训：在职场开展的以工作任务为基础的培训。

有机农业：通过遵循自然的方式生产安全和健康食品的过程。该过程将避免使用合成化肥，不采用转基因生物，同时做到保护地球资源。

《巴黎协定》:《巴黎气候变化协定》于2015年12月由1992年通过的《联合国气候变化框架公约》的第21次缔约方会议发布。

随身技能/可迁移技能：可在不同社会文化或技术环境中采用的技能，或可用于其他职业的技能。（参见核心技能）。

公私伙伴关系：政府、私营企业和教育机构之间为提供公共服务或促进研究和发展而开展的合作。这种伙伴关系可涉及工会和企业代表、非政府组织、环境和社区组织及领导人。

重组：对组织组成部分之间的正式关系进行慎重的修改。它包括重新设计工作流程，通过外包、分拆、出售和剥离部门、活动或工作来精简和消除一些结构元素。对社会负责的重组过程会考虑到参与这个过程的所有行动者的利益——企业的管理人员/所有者/利益相关方、工人和社区。有效的企业重组有助于避免裁员，并使企业能够继续经营和保留其员工。

空缺岗位信息提取：指从网站中提取信息和数据，将网页上的信息转化为结构化数据以进行下一步分析的过程。网页抓取也称为网页收集或网页数据提取。随着网络上海量数据的出现,网页抓取已经成为聚合大数据集的基本方法。网址:https://www.kdnuggets.com/2018/09/octoparse-web-scraping.html。

技能:通过学习和实践获得的进行体力或脑力活动的能力。"技能"一词作为一个概括性术语,在整个报告中指的是完成特定任务或工作所需的知识、能力和经验。

技能开发:泛指基础教育、职前培训和终身学习。

绿色就业技能:完成绿色工作(见上文定义)任务并促使工作更绿色化所必需的"技能"(见上文定义)。它包括核心技能和技术技能,涵盖了环境活动和其他行业中有助于产品、服务和过程绿色化的各类职业。

技能差距:指人力资源的供应与劳动力市场的要求在性质上的不匹配。"技能差距"存在于以下情况:现有劳动力的技能类型或水平不能满足其商业目标;新进入劳动力市场的人已经接受了职业培训并取得了资格,但显然仍缺乏所需的各种技能(ILO,2015b)。

技能税/培训税:对企业征收的一种税,其收益将被用于资助培训活动。

技能需求预测:指通过任何类型的方法对未来劳动力市场预期的技能需求进行的定量或定性的前瞻性诊断,包括劳动力市场参与者之间的互动、交流和信息传递(ILO,2015b)。

技能短缺:一个概括性的术语,既指技能差距,也指劳动力短缺。技能短缺是指在可招聘的劳动力市场上确实缺乏与所需技能类型相适应的技术人员,并出现招聘困难,即雇主无法按现行工资水平招募到具备他们所需技能的员工。这可能是由于:纯粹的人员缺乏(发生在失业率很低时)、严重的区域供给不平衡(劳动力市场上有足够的技术人员,但没有好的渠道帮助他们找到合适的工作),或合适的技术人员数量确实不足,无论这技术职业是在新手级别,还是在较高级别都算(ILO,2015b)。

可持续农业:一种以生产食物为主的农业活动,其特点是"有利于消费者和动物的健康、不损害环境、对工人人道、尊重动物、为农民提供公平工资、支持和加强农村社区"，例如免耕耕作、作物轮作以及防范化肥和杀虫剂流失或沥滤。

可持续发展：既可满足当代人需求，同时又可满足后代生存需求的发展。可持续发展的概念包括三个部分：经济发展、社会发展和环境保护，这三大支柱相互依存、相辅相成（ILO，2015b）。

可持续发展目标：2015年，联合国所有成员国通过了《2030年可持续发展议程》。这17项可持续发展目标对发达国家和发展中国家发出了紧急呼吁，呼吁其在消除贫困、改善健康和教育、减少不平等、促进经济增长和应对气候变化方面采取全球行动（可持续发展知识平台：https：//sustainabledevelopment.un.org/sdgs）。

职业教育：由学校、培训机构或企业提供的初始或继续教育与培训，以传授任何经济活动领域中的某一特定职业或一组相关职业所需的技能、知识和态度。

可迁移技能：参见核心技能、随身技能。

弱势就业：没有雇员的自营就业者（自营劳动者）和有贡献的家庭劳工，这些人群获得正式工作的可能性较低，因此更有可能无法获得体面就业的福利，如适当的社会保障和职场发言权。因此，这两种情况一起构成了"弱势就业"的类别。

参考文献

Arntz, M.; Gregory, T.; Zierahn, U. 2016. *The risk of automation for jobs in OECD countries*, OECD Social, Employment and Migration Working Papers No. 189 (Paris, OECD).

Autor, D.H. 2015. "Why are there still so many jobs? The history and future of workplace automation", in *Journal of Economic Perspectives*, Vol. 29, No. 3, pp. 3–30.

Barbier, E. 2015. *Nature and wealth: Overcoming environmental scarcity and inequality* (Basingstoke, UK, Palgrave Macmillan).

Cedefop. 2015. *#ESJ Survey Insights no. 1: Skill shortages in the EU* (Luxembourg, Publications Office of the European Union). Available at: https://www.cedefop.europa. eu/en/publications-and-resources/statistics-and-indicators/statistics-and-graphs/ esjsurvey-insights-no-1.

—. 2019. *Skills for green jobs: 2018 update. European synthesis report* (Luxembourg, Publications Office of the European Union). Available at: https://www.cedefop.europa. eu/files/3078_en.pdf.

Cedefop. Forthcoming a. *The role of learning outcomes in supporting dialogue between the labour market and education and training: The case of vocational education and training.*

Cedefop. Forthcoming b. *Initial VET qualifications at EQF levels 3 and 4.*

Committee on Climate Change. 2016. *UK climate action following the Paris Agreement* (London, 2016). Available at: https://www.theccc.org.

uk/wp-content/uploads/2016/10/ UK-climate-action-following-the-Paris-Agreement-Committee-on-Climate-Change- October-2016.pdf [25 Aug. 2019].

—. European Training Foundation; ILO. 2016. *Developing skills foresights, scenarios and forecasts: Guide to anticipating and matching skills and jobs*, Vol. 2 (Luxembourg).

Department for Business, Innovation and Skills (BIS). 2015. *The size and performance of the UK low carbon economy: Report for 2010 to 2013* (London). Available at: https:// assets.publishing.service.gov.uk/government/uploads/system/uploads/attachment_ data/file/416240/bis-15-206-size-and-performance-of-uk-low-carbon-economy.pdf.

Ellen MacArthur Foundation (EMF). 2013. *Towards the circular economy* (Cowes).

Emerson, J.W.; Esty, D.C.; Levy, M.A.; Kim, C.H.; Mara, V.; de Sherbinin, A.; Srebotnjak, T. 2010. *2010 Environmental Performance Index* (New Haven, CT, Yale Center for Environmental Law & Policy, https://epi.yale.edu/).

European Parliament. 2016. *Circular economy package: Four legislative proposals on waste*, EU Legislation in Progress briefing, Jan. (Brussels, European Parliamentary Research Service).

Field, C.B.; Barros, V.R.; Dokken, D.J.; Mach, K.J.; Mastrandrea, M.D.; Bilir, T.E.; Chatterjee, M.; Ebi, K.L.; Estrada, Y.O.; Genova, R.C.; Girma, B.; Kissel, E.S.; Levy, A.N.; MacCracken, S.; Mastrandrea, P.R.; White, L.L. (eds). 2014. *Climate change 2014: Impacts, adaptation, and vulnerability, Part A: Global and sectoral aspects, Working Group II contribution to the Fifth Assessment Report of the Intergovernmental Panel on Climate Change* (Cambridge, UK, and New York, Cambridge University Press). Available at: https://www. ipcc.ch/site/assets/uploads/2018/02/WGIIAR5-PartA_FINAL. pdf [12 Apr. 2019].

Frey, C.B.; Osborne, M.A. 2017. "The future of employment: How susceptible are jobs to computerisation?", in *Technological Forecasting and Social Change*, Vol. 114, No. C, pp. 254–280.

Intergovernmental Panel on Climate Change (IPCC). 2018. *Global warming of 1.5°C: An IPCC special report on the impacts of global warming of 1.5°C above pre-industrial levels and related global greenhouse gas emission pathways, in the context of strengthening the global response to the threat of climate change, sustainable development, and efforts to eradicate poverty* (Geneva).

International Energy Agency (IEA). 2015. *Energy technology perspectives 2015: Mobilising innovation to accelerate climate action* (Paris).

International Energy Agency (IEA). 2019. *Global energy and CO_2 status report*, March (Paris).

International Labour Office (ILO). 2004. Human Resources Development Recommendation, 2004 (No. 195) (Geneva).

International Labour Office (ILO). 2012. *Working towards sustainable development: Opportunities for decent work and social inclusion in a green economy* (Geneva).

—. 2013a. International Labour Conference, 102nd Session, 2013, adopted a resolution and set of conclusions promoting decent work, sustainable development and green jobs in response to climate change.

—. 2013b. *Methodologies for assessing green jobs* (Geneva).

—. 2015a. *Guidelines for a just transition towards environmentally sustainable economies and societies for all* (Geneva).

—. 2015b. *Anticipating skills needs for green jobs: A practical guide* (Geneva).

—. 2016a. *Technical paper. A just Transition to climate-resilient economies and societies: Issues and perspectives for the world of work* (Geneva). Available at: https://www.ilo.org/wcmsp5/groups/public/---ed_

emp/---gjp/documents/publication/wcms_536552.pdf.

—. 2016b. *Greening economies, enterprises and jobs: The role of employers' organizations in the promotion of environmentally sustainable economies and enterprises* (Geneva). Available at: https://www.ilo.org/wcmsp5/groups/public/----ed_ emp/---gjp/documents/publication/wcms_459948.pdf.

—. 2018a. *World Employment and Social Outlook 2018: Greening with jobs* (Geneva).

—. 2018b. *ILO South–South and triangular cooperation and decent work: Recent developments and future steps*, Governing Body, 332nd Session, Geneva, 8–22 March 2018 (Geneva).

—. 2019. Global Commission on the Future of Work, *Work for a brighter future* (Geneva).

—. Forthcoming 2020. *ILO assessment of supply and demand for technical and vocational skills to support green jobs opportunities for young women and men in Zimbabwe* (Geneva).

McKinsey Global Institute. 2017. *A future that works: automation, employment and productivity. Executive summary* (New York).

Montt, G.; Harsdorff, M.; Fraga, F. 2018. *The future of work in a changing natural environment: Climate change, degradation and sustainability*, ILO Future of Work Research Papers No. 4 (Geneva, ILO).

Montt, G.; Maitre, N.; Amo-Agyei, S. 2018. *The transition in play: Worldwide employment trends in the electricity sector*, ILO Research Department Working Papers No. 28 (Geneva).

Montt, G.; Wiebe, K.S.; Harsdorff, M.; Simas, M.; Bonnet, A.; Wood, R. 2018. "Does climate action destroy jobs? An assessment of the employment implications of the 2-degree goal", in *International Labour Review*, Vol. 157, No. 4, pp. 1–38.

Narain, U.; Gupta, S.; Van't Veld, K. 2008. "Poverty and the environment: Exploring the relationship between household incomes, private assets, and natural assets", in *Land Economics*, Vol. 84, No. 1, pp. 148–167.

National Association of State Energy Officials (NASEO); Energy Futures Initiative (EFI). 2019. *The 2019 US Energy and Employment Report* (Arlington, VA and Washington, DC). Available at: https://static1.squarespace.com/static/5a98cf80ec4eb7c5cd928c61/t/5c7f370 8fa0d6036d7120d8f/1551849054549/USEER+2019+US+Energy+Employment+Report.pdf.

Noble, I.R.; Huq, S.; Anokhin, Y.A.; Carmin, J.; Goudou, D.; Lansigan, F.P.; Osman-Elasha, B.; Villamizar, A. 2014. "Adaptation needs and options", in C.B. Field et al. (eds), 2014, pp. 833–868. Available at: https://www.ipcc.ch/site/assets/uploads/2018/02/WGIIAR5- PartA_FINAL.pdf [12 Apr. 2019].

Oktay, D. 2012. "Human sustainable urbanism: In pursuit of ecological and social–cultural sustainability", in *Procedia – Social and Behavioral Sciences*, Vol. 36, pp. 16–27.

Palmer, R. 2017. *Jobs and skills mismatch in the informal economy* (Geneva, ILO). Scottish Government. 2015. *Scotland: Making things last: A circular economy strategy* (Edinburgh).

Shearer, C.; Yu, A.; Nace, T. 2019. *Out of step: China is driving the continued growth of the global coal fleet* (San Francisco: Global Energy Monitor).

Stadler, K.; Wood, R.; Simas, M.; Bulavskaya, T.; de Koning, A.; Kuenen, J.; Acosta-Fernández, J.; et al., 2018. "EXIOBASE3: Developing a time series of detailed environmentally extended multi-regional input–output tables", in *Journal of Industrial Ecology*, Vol. 22, No. 3, pp. 502–515.

Strietska-Ilina, O.; Hofmann, C.; Durán Haro, M.; Jeon, S. 2011. *Skills for green jobs: A global view. Synthesis report based on 21 country studies* (Geneva, ILO and Cedefop).

United Nations Educational and Scientific Organization (UNESCO) Institute for Lifelong Learning (UIL). 2015. *Recognition, validation and accreditation of non-formal and informal learning in UNESCO member States* (Hamburg).

United Nations Environment Programme (UNEP). 2011. *Towards a green economy: Pathways to sustainable development and poverty eradication* (Nairobi).

—. 2018. *The emissions gap report 2018* (Nairobi).

United Nations Framework Convention on Climate Change (UNFCCC). 2014. *Climate change: Impacts, vulnerabilities and adaptation in developing countries* (Bonn, Information Services of the UNFCCC secretariat).

—. 2015. *Paris Agreement*, 12 Dec. Available at: https://unfccc.int/files/meetings/paris_nov_2015/application/pdf/paris_agreement_english_.pdf.

Wendling, Z.A.; Emerson, J.W.; Esty, D.C.; Levy, M.A.; de Sherbinin, A. et al., 2018. *2018 Environmental Performance Index* (New Haven, CT, Yale Center for Environmental Law & Policy, https://epi.yale.edu/).

Wiebe, K.; Harsdorff, M.; Montt, G.; Simas, M.; Wood, R. Forthcoming. "Hat-trick for growth, jobs and the environment: A global circular economy scenario in a multiregional input–output framework 2030", in *Environmental Science and Technology*.

Wijkman, A.; Skånberg, K. 2016. *The circular economy and benefits for society: Jobs and climate clear winners in an economy based on renewable energy and resource efficiency* (Winterthur, Club of Rome).

World Bank. 2016. *Bangladesh: Building resilience to climate change* (Washington, DC).

World Economic Forum (WEF); Boston Consulting Group (BCG). 2019. *Towards a reskilling revolution: A future of jobs for all* (Geneva). Available at: http://www3.weforum.org/docs/WEF_Towards_a_Reskilling_Revolution.pdf [24 Oct. 2019.]

—. IHS Cambridge Energy Research Associates (CERA). 2012. *Energy for economic growth: Energy vision update 2012* (Geneva, WEF).

World Travel and Tourism Council (WTTC). 2017. *Travel and tourism – Economic impact 2017: Zimbabwe* (London).

附录1 国别报告清单

国际劳工组织的国别报告全文载于：
https：//www.ilo.org/skills/projects/WCMS_706847/lang--en/index.htm

欧洲职业培训发展中心的国别报告全文载于：https：//www.ilo.org/skills/projects/WCMS_707582/lang--en/index.htm

- 澳大利亚：休恩·柯蒂斯，奈杰尔·道格拉斯，彼得·费尔布拉泽，凯特·格罗塞尔，凡尔普罗西夫，迈克尔·拉夫提以及菲利普·托纳，《澳大利亚绿色就业技能》（ILO，2018）。
- 孟加拉国：阿卜杜勒·胡伊·蒙达尔，《孟加拉国绿色就业技能》（ILO，2018）。
- 巴巴多斯：西印度群岛大学，资源管理与环境研究中心及经济学系，《巴巴多斯绿色就业技能》（ILO，2018）。
- 巴西：卢卡斯·德·阿尔梅达·诺盖拉·达科斯塔，玛丽亚·加布里埃尔·科雷亚，马科斯·皮雷斯·门德斯，以及卡洛斯·爱德华多·弗里克曼·扬，《巴西绿色就业技能》（ILO，2018）。
- 布基纳法索：诺埃尔·蒂奥姆比亚诺，《布基纳法索绿色就业技能》（ILO，2018）。
- 中国：中国社会科学院城市发展与环境研究所，张莹，《中国绿色就业技能》（ILO，2018）。
- 哥斯达黎加：中美洲工商管理学院商学院发展中心拉美竞争力和可持续性，《哥斯达黎加绿色就业技能》（ILO，2018）。
- 埃及：《埃及绿色就业技能》（ILO，2018）。

- 加纳：威廉·巴阿-博腾，《加纳绿色就业技能》（ILO，2018）。
- 圭亚那：罗尔·安德鲁·斯莫尔和玛丽亚·维茨，《圭亚那绿色就业技能》（ILO，2018）。
- 印度：国家科学技术和发展研究所，阿皮特·乔杜里，维潘库马尔，纳雷什·库马尔和卡斯图里·曼达尔，《印度绿色就业技能》（ILO，2018）。
- 印度尼西亚：可持续发展商业委员会，《印度尼西亚绿色就业技能》（ILO，2018）。
- 韩国：金米素，《韩国绿色就业技能》（ILO，forthcoming 2019）。
- 吉尔吉斯斯坦：基里希贝克·达库普，阿纳尔·贝舍姆贝娃，穆克塔尔·朱马利耶夫，艾尔米拉·伊布雷娃和乔马蓬·卡尔梅尔扎耶娃，《吉尔吉斯斯坦共和国绿色就业技能》（ILO，2018）。
- 马里：马里尼塔民俗中心，《马里绿色就业技能》（ILO，2018）。
- 毛里求斯：里亚德·苏丹，《毛里求斯绿色就业技能》（ILO，2018）。
- 黑山共和国：德拉·甘朱尔，《黑山绿色就业技能》（ILO，forthcoming 2019）。
- 菲律宾：露西塔·S.拉佐和玛丽安娜·费尔南德斯·门多萨，《菲律宾绿色就业技能》（ILO，2018）。
- 塞内加尔：塞纳布·迪乌夫，巴巴卡尔·姆巴耶和穆萨·姆巴耶·古耶，《塞内加尔绿色就业技能》（ILO，2018）。
- 南非：寰宇一家，《南非绿色就业技能》（ILO，2018）。
- 塔吉克斯坦：卢富洛·塞穆罗多夫和塔米娜·马哈茂德，《塔吉克斯坦绿色就业技能》（ILO，2018）。
- 泰国：鲁蒂亚·比胡拉·奥，《泰国绿色就业技能》（ILO，forthcoming 2019）。
- 乌干达：农村创新网络有限公司，桑古巴·阿苏曼，布基尔瓦·贾纳，约翰·大卫·卡巴萨和哈娜·基萨基，《乌干达绿色就业技能》（ILO，2018）。

- 阿拉伯联合酋长国：《阿拉伯联合酋长国绿色就业技能》（ILO，2018）。
- 美国：政治经济研究所海蒂·加雷特·佩尔蒂埃，《美国绿色就业技能》（ILO，forthcoming 2019）。
- 津巴布韦：国际劳工组织《为支持津巴布韦青年男女的绿色就业机会而开展的技术和职业技能供求评估》（ILO，forthcoming 2020）。

欧　洲

- 《欧洲绿色就业技能综合报告（2018修订版）》（Cedefop，2019）。
- 丹麦：《绿色就业技能（2018修订版）》（Cedefop，2019）。
- 爱沙尼亚：《绿色就业技能（2018修订版）》（Cedefop，2019）。
- 法国：《绿色就业技能（2018修订版）》（Cedefop，2019）。
- 德国：《绿色就业技能（2018修订版）》（Cedefop，2019）。
- 西班牙：《绿色就业技能（2018修订版）》（Cedefop，2019）。
- 英国：《绿色就业技能（2018修订版）》（Cedefop，2019）。

附录 2　按收入水平划分的样本国家

表 A2.1　按收入水平划分的样本国家

国家名称	国家代码	收入水准	国家名称	国家代码	收入水准
澳大利亚	AUS	高等收入国家	韩国	KOR	高等收入国家
孟加拉国	BGD	中等偏下收入国家	吉尔吉斯斯坦	KGZ	中等偏下收入国家
巴巴多斯	BRB	高等收入国家	马里	MLI	低等收入国家
巴西	BRA	中等偏上收入国家	毛里求斯	MUS	中等偏上收入国家
布基纳法索	BFA	低等收入国家	黑山共和国	MNE	中等偏上收入国家
中国	CHN	中等偏上收入国家	菲律宾	PHL	中等偏下收入国家
哥斯达黎加	CRI	中等偏上收入国家	塞内加尔	SEN	低等收入国家
丹麦	DNK	高等收入国家	西班牙	ESP	高等收入国家
爱沙尼亚	EST	高等收入国家	南非	ZAF	中等偏上收入国家
埃及	EGY	中等偏下收入国家	塔吉克斯坦	TJK	低等收入国家
法国	FRA	高等收入国家	泰国	THA	中等偏上收入国家
印度	IND	中等偏下收入国家	乌干达	UGA	低等收入国家
印度尼西亚	IDN	中等偏下收入国家	阿拉伯联合酋长国	ARE	高等收入国家
加纳	GHA	中等偏下收入国家	英国	GBR	高等收入国家
德国	DEU	高等收入国家	美国	USA	高等收入国家
圭亚那	GUY	中等偏上收入国家	津巴布韦	ZWE	低等收入国家

注：基于世界银行依据人均国民总收入的划分，截至 2018 年 8 月。低等收入国家：低等收入经济体（小于等于 995 美元）；中等偏下收入经济体（996 美元至 3895 美元）；中等偏上收入经济体（3896 美元至 12055 美元）；高等收入经济体（大于等于 12056 美元）。

资料来源：世界银行数据：https://datahelpdesk.worldbank.org/knowledgebase/articles/906519-world-bank-country-and-lending-groups。

附录 3 有关国家指标

表 A3.1 人口总数、国内生产总值和二氧化碳排放量

国家名称	国家代码	人口总数（千）2017	% 占世界人口比例，2017	国内生产总值，现值，美元（百万）2017	% 占世界生产总值，2017	人均国内生产总值，现值美元，2017	国内生产总值年增长比例（%）			在购买力平价计算下，产生每1美元国内生产总值对应的二氧化碳排放量（以千克计）国内生产总值	二氧化碳排放量，2014		
							2015	2016	2017		千吨	% 占世界二氧化碳排放量比例	人均吨
澳大利亚	AUS	24 598.93	0.33	1 323 421.07	1.64	53 799.94	2.35	2.83	1.96	0.33	361 261.84	1.00	15.37
孟加拉国	BGD	164 669.75	2.19	249 723.86	0.31	1 516.51	6.55	7.11	7.28	0.15	73 189.65	0.20	0.46
巴巴多斯	BRB	285.72	0.00	4 673.50	0.01	16 356.98	0.90	2.01	1.00	0.26	1 272.45	0.00	4.49
巴西	BRA	209 288.28	2.78	2 055 505.50	2.54	9 821.41	-3.55	-3.47	0.98	0.16	529 808.16	1.47	2.59

续表

国家名称	国家代码	人口总数（千）2017	% 占世界人口比例,2017	国内生产总值,现值美元（百万）,2017	% 占世界生产总值,2017	人均国内生产总值,现值美元,2017	国内生产总值年增长比例(%) 2015	国内生产总值年增长比例(%) 2016	国内生产总值年增长比例(%) 2017	在购买力平价计算下,产生每1美元国内生产总值对应的二氧化碳排放量（以千克计）国内生产总值	二氧化碳排放量, 2014 千吨	% 占世界二氧化碳排放量比例	人均吨
布基纳法索	BFA	19 193.38	0.25	12 322.86	0.02	642.04	3.89	5.93	6.30	0.10	2 849.26	0.01	0.16
中国	CHN	1 386 395.00	18.41	12 237 700.48	15.12	8 826.99	6.90	6.70	6.90	0.56	10 291 926.88	28.48	7.54
哥斯达黎加	CRI	4 905.77	0.07	57 285.98	0.07	11 677.27	3.63	4.25	3.28	0.11	7 759.37	0.02	1.63
丹麦	DNK	5 769.60	0.08	324 871.97	0.40	56 307.51	1.61	1.96	2.24	0.12	33 498.05	0.09	5.94
埃及	EGY	97 553.15	1.30	235 369.13	0.29	2 412.73	4.37	4.35	4.18	0.21	201 894.02	0.56	2.20
爱沙尼亚	EST	1 315.48	0.02	25 921.08	0.03	19 704.66	1.67	2.06	4.85	0.52	19 519.44	0.05	14.85
法国	FRA	67 118.65	0.89	2 582 501.31	3.19	38 476.66	1.07	1.19	1.82	0.11	303 275.57	0.84	4.57
德国	DEU	82 695.00	1.10	3 677 439.13	4.54	44 469.91	1.74	1.94	2.22	0.19	719 883.44	1.99	8.89
加纳	GHA	28 833.63	0.38	58 996.78	0.07	2 046.11	2.18	3.45	8.14	0.13	14 466.32	0.04	0.54
圭亚那	GUY	777.86	0.01	3 621.05	0.00	4 655.14	3.16	3.32	2.92	0.36	2 009.52	0.01	2.63
印度	IND	1 339 180.13	17.78	2 600 818.24	3.21	1 942.10	8.15	7.11	6.68	0.30	2 238 377.14	6.19	1.73

续表

国家名称	国家代码	人口总数（千）2017	%占世界人口比例，2017	国内生产总值，现值美元（百万），2017	%占世界生产总值，2017	人均国内生产总值，现值美元，2017	国内生产总值年增长比例（%） 2015	国内生产总值年增长比例（%） 2016	国内生产总值年增长比例（%） 2017	在购买力平价计算下，产生每1美元国内生产总值对应的二氧化碳排放量（以千克计）国内生产总值	二氧化碳排放量，2014 千吨	%占世界二氧化碳排放量比例	人均吨
印尼	IDN	263 991.38	3.51	1 015 539.02	1.25	3 846.86	4.88	5.03	5.07	0.17	464 176.19	1.28	1.82
韩国	KOR	51 466.20	0.68	1 530 750.92	1.89	29 742.84	2.79	2.93	3.06	0.34	587 156.37	1.62	11.57
吉尔吉斯斯坦	KGZ	6 201.50	0.08	7 564.74	0.01	1 219.82	3.88	4.34	4.58	0.49	9 607.54	0.03	1.65
马里	MLI	18 541.98	0.25	15 334.34	0.02	827.01	5.96	5.80	5.40	0.04	1 411.80	0.00	0.08
毛里求斯	MUS	1 264.61	0.02	13 266.43	0.02	10 490.50	3.55	3.84	3.82	0.17	4 228.05	0.01	3.35
黑山共和国	MNE	622.47	0.01	4 844.59	0.01	7 782.84	3.40	2.90	4.70	0.23	2 211.20	0.01	3.56
菲律宾	PHL	104 918.09	1.39	313 595.21	0.39	2 988.95	6.07	6.88	6.68	0.15	105 653.60	0.29	1.06
塞内加尔	SEN	15 850.57	0.21	21 070.23	0.03	1 329.30	6.37	6.23	7.15	0.20	8 855.81	0.02	0.61
南非	ZAF	56 717.16	0.75	348 871.65	0.43	6 151.08	1.28	0.57	1.32	0.69	489 771.85	1.36	8.98
西班牙	ESP	46 572.03	0.62	1 311 320.02	1.62	28 156.82	3.43	3.27	3.05	0.15	233 976.60	0.65	5.03
塔吉克斯坦	TJK	8 921.34	0.12	7 146.45	0.01	801.05	6.01	6.87	7.62	0.23	5 188.81	0.01	0.62

续表

国家名称	国家代码	人口总数（千）2017	%占世界人口比例,2017	国内生产总值,现值美元（百万）2017	%占世界生产总值,2017	人均国内生产总值,现值美元,2017	国内生产总值年增长比例(%) 2015	国内生产总值年增长比例(%) 2016	国内生产总值年增长比例(%) 2017	在购买力平价计算下，产生每1美元国内生产总值对应的二氧化碳排放量（以千克计）国内生产总值	二氧化碳排放量,2014 千吨	%占世界二氧化碳排放量比例	人均吨
泰国	THA	69 037.51	0.92	455 302.68	0.56	6 595.00	3.02	3.28	3.91	0.30	316 212.74	0.88	4.62
乌干达	UGA	42 862.96	0.57	25 995.03	0.03	606.47	5.19	4.78	3.86	0.08	5 229.14	0.01	0.13
阿拉伯联合酋长国	ARE	9 400.15	0.12	382 575.09	3.24	40 698.85	5.06	2.99	0.79	0.35	211 369.55	0.58	23.30
英国	GBR	66 022.27	0.88	2 622 433.96	0.47	39 720.44	2.35	1.94	1.79	0.16	419 820.16	1.16	6.50
美国	USA	325 719.18	4.33	19 390 604.00	23.96	59 531.66	2.86	1.49	2.27	0.30	5 254 279.29	14.54	16.49
津巴布韦	ZWE	16 529.90	0.22	22 040.90	0.03	1 333.40	1.78	0.76	4.70	0.34	12 020.43	0.03	0.78
合计（32个国家）		4 537 219.63	60.25	52 938 427.19	65.41								

资料来源：世界银行数据：http://databank.worldbank.org。

表 A3.2 就业和其他指定指标

国家名称	国家代码	非正规就业，占总就业人数的比例 %，2017 年或已统计出结果的最近年份	劳动力参与比率，合计，%，2017	未就业比率，合计，%，2017	就业人数（千）2017	占世界总就业人口的比例 %，2017	人类发展指数，2017	环境绩效指数，2018	绿色经济发展指数，2017	全球竞争力指数，2018
澳大利亚	AUS	无数据	65.20	5.60	12 177	0.37	0.94	74.12	−0.05	78.85
孟加拉国	BGD	94.70	58.30	4.40	66 219	2.02	0.61	29.56	0.21	52.08
巴巴多斯	BRB	无数据	无数据	无数据	138	0.00	0.80	55.76	无数据	无数据
巴西	BRA	45.00[1]	62.40	12.80	91 514	2.80	0.76	60.70	−0.01	59.51
布基纳法索	BFA	无数据	无数据	无数据	6603	0.20	0.42	42.83	无数据	43.90
中国	CHN	无数据	无数据	3.90	767 735	23.48	0.75	50.74	−0.17	72.61
哥斯达黎加	CRI	38.20	58.20	8.10	2 119	0.06	0.79	67.85	−0.15	62.14
丹麦	DNK	无数据	62.30	5.70	2 799	0.09	0.93	81.60	0.07	80.62
埃及	EGY	63.80	45.00	11.70	27 490	0.84	0.70	61.21	0.11	53.59
爱沙尼亚	EST	无数据	63.70	5.80	657	0.02	0.87	64.31	0.09	70.75
法国	FRA	无数据	55.80	9.40	27 418	0.84	0.90	83.95	0.18	78.01
德国	DEU	无数据	61.20	3.80	41 675	1.27	0.94	78.37	0.18	82.84
加纳	GHA	88.80[1]	无数据	无数据	11 176	0.34	0.59	49.66	0.04	51.33
圭亚那	GUY	56.10	56.00	12.00	278	0.01	0.65	47.93	无数据	无数据
印度	IND	无数据	无数据	无数据	490 490	15.00	0.64	30.57	0.01	62.02

续表

国家名称	国家代码	非正规就业，占总就业人数的比例%，2017年或已统计出结果的最近年份	劳动力参与比率，合计，%，2017	失业比率，合计，%，2017	就业人数（千），2017	占世界总就业人口的比例%，2017	人类发展指数，2017	环境绩效指数，2018	绿色经济发展指数，2017	全球竞争力指数，2018
印尼	IDN	84.20	67.00	4.20	123 416	3.77	0.69	46.92	-0.05	64.94
韩国	KOR	无数据	63.00	3.70	26 737	0.82	0.90	62.30	0.12	78.84
吉尔吉斯斯坦	KGZ	无数据	60.10	6.90	2 365	0.07	0.67	54.86	0.12	53.02
马里	MLI	94.90[2]	无数据	6.80	6 235	0.19	0.43	43.71	0.08	43.63
毛里求斯	MUS	52.20	59.40	16.10	562	0.02	0.79	56.63	无数据	63.74
黑山共和国	MNE	无数据	54.70	2.60	220	0.01	0.81	61.33	无数据	59.62
菲律宾	PHL	无数据	59.10	无数据	41 706	1.28	0.70	57.65	0.21	62.13
塞内加尔	SEN	无数据	无数据	27.10	3 929	0.12	0.51	49.52	0.13	49.03
南非	ZAF	34.60	55.40	17.20	16 272	0.50	0.70	44.73	-0.19	60.76
西班牙	ESP	无数据	58.10	无数据	18 882	0.58	0.89	78.39	0.20	74.20
塔吉克斯坦	TJK	无数据	无数据	无数据	2 247	0.07	0.65	47.85	0.15	52.18
泰国	THA	无数据	无数据	9.40	38 453	1.18	0.76	49.88	0.21	67.53
乌干达	UGA	无数据	53.00	2.50	15 630	0.48	0.52	44.28	0.52	46.80
阿拉伯联合酋长国	ARE	无数据	80.80	4.30	32 463	0.99	0.86	58.90	无数据	73.37
英国	GBR	无数据	62.90		6 580	0.20	0.92	79.89	0.18	81.99

续表

国家名称	国家代码	非正规就业，占总就业人数的比例 %，2017年或已统计出结果的最近年份	劳动力参与比率，合计，%，2017	未就业比率，合计，%，2017	就业人数（千）2017	占世界总就业人口的比例 %，2017	人类发展指数，2017	环境绩效指数，2018	绿色经济发展指数，2017	全球竞争力指数，2018
美国	USA	无数据	62.90	4.40	156 751	4.79	0.92	71.19	0.07	85.64
津巴布韦	ZWE	无数据	无数据	无数据	7 706	0.24	0.54	43.41	0.06	42.61
合计（32个国家）					2 048 642	62.64				

[1] 2015. [2] 2016. n.a. = 无数据。

资料来源：非正规就业数据、劳动力参与比率和未就业比率源于ILOSTAT数据库 https://www.ilo.org/ilostat/。就业数据：国际劳工组织预计值。人类发展指数：联合国开发计划署，http://hdr.undp.org/en/content/human-development-index-hdi。环境绩效指数：由耶鲁大学环境法律与政策中心和哥伦比亚大学地球研究所与世界经济论坛合作编制。网址：https://epi.envirocenter.yale.edu/。生态系统生产总值：联合国绿色经济行动伙伴关系（PAGE），网址：https://www.un-page.org/home；数据下载网址：http://www.un-page.org/files/public/raw_data_files.zip。全球竞争力指数：世界经济论坛，全球竞争力指数4.0：http://reports.weforum.org/global-competitiveness-report-2018/。

表 A3.3　按性别划分的人类发展指数、劳动力参与比率和未就业比率

国家名称	国家代码	人类发展指数，2017		劳动力参与比率，%，2017		未就业比率，%，2017	
		男性	女性	男性	女性	男性	女性
澳大利亚	AUS	0.95	0.93	70.70	59.80	5.50	5.70
孟加拉国	BGD	0.64	0.57	80.70	36.40	3.30	6.70
巴巴多斯	BRB	0.79	0.81	无数据	无数据	无数据	无数据
巴西	BRA	0.76	0.76	72.90	52.80	11.30	14.70
布基纳法索	BFA	0.45	0.39	无数据	无数据	无数据	无数据
中国	CHN	0.77	0.74	无数据	无数据	无数据	无数据
哥斯达黎加	CRI	0.80	0.78	72.40	43.90	6.80	10.30
丹麦	DNK	0.94	0.92	66.40	58.20	5.60	5.90
埃及	EGY	0.73	0.64	66.90	22.00	8.20	23.00
爱沙尼亚	EST	0.86	0.88	71.40	57.10	6.20	5.30
法国	FRA	0.91	0.89	60.50	51.40	9.50	9.30
德国	DEU	0.95	0.92	66.70	55.90	4.10	3.30
加纳	GHA	0.62	0.56	无数据	无数据	无数据	无数据
圭亚那	GUY	0.67	0.63	68.90	43.60	9.90	15.30
印度	IND	0.68	0.58	无数据	无数据	无数据	无数据
印尼	IDN	0.72	0.67	81.80	52.20	4.40	3.90
韩国	KOR	0.93	0.87	73.90	52.60	3.80	3.60
吉尔吉斯斯坦	KGZ	0.68	0.65	75.00	45.90	5.60	8.90
马里	MLI	0.47	0.38	无数据	无数据	无数据	无数据
毛里求斯	MUS	0.80	0.77	74.20	45.40	4.60	10.00
黑山共和国	MNE	0.83	0.79	62.20	47.50	15.40	16.90
菲律宾	PHL	0.70	0.70	73.30	44.90	2.50	2.70
塞内加尔	SEN	0.53	0.48	无数据	无数据	无数据	无数据
南非	ZAF	0.70	0.69	62.70	48.60	25.20	29.30
西班牙	ESP	0.90	0.88	63.90	52.60	15.70	19.00
塔吉克斯坦	TJK	0.67	0.62	无数据	无数据	无数据	无数据
泰国	THA	0.76	0.75	无数据	无数据	无数据	无数据

续表

国家名称	国家代码	人类发展指数, 2017		劳动力参与比率, %, 2017		未就业比率, %, 2017	
		男性	女性	男性	女性	男性	女性
乌干达	UGA	0.55	0.48	61.80	45.00	8.10	11.10
阿拉伯联合酋长国	ARE	0.86	0.83	92.80	52.60	1.40	6.80
英国	GBR	0.94	0.90	68.20	57.80	4.40	4.20
美国	USA	0.93	0.92	69.10	57.00	4.40	4.30
津巴布韦	ZWE	0.56	0.51			无数据	无数据

n.a. = 无数据。

资料来源：联合国开发计划署，http：//hdr.undp.org/en/content/human–development–index–hdi。劳动力参与比率和未就业比率：ILOSTAT 数据库，https：//www.ilo.org/ilostat/。

附录 4　各国国别报告对国际环境协定的引用

表 A4.1　各国国别报告对国际环境协定的引用

按收入划分的国家分组	报告中提及的次数			未提及
	《联合国可持续发展目标（2015—2030）》/《联合国千年发展目标》	《联合国气候变化框架公约》/《巴黎协定》/《联合国气候变化框架公约》第21次缔约方会议	国家自主贡献	
低等收入国家	布基纳法索、马里、塞内加尔、塔吉克斯坦	布基纳法索、塞内加尔	马里、塞内加尔、塔吉克斯坦、津巴布韦	乌干达
中等偏下收入国家	孟加拉国、埃及、印度、印尼、吉尔吉斯斯坦	孟加拉国、印度、印尼、菲律宾	加纳、印尼、印尼、吉尔吉斯斯坦	
中等偏上收入国家	哥斯达黎加、圭亚那、黑山、南非	哥斯达黎加、圭亚那、黑山、毛里求斯、泰国	巴西、圭亚那、黑山、泰国、南非	中国
高等收入国家	德国、法国	法国、西班牙、阿拉伯埃及共和国		澳大利亚、巴巴多斯、丹麦、爱沙尼亚、韩国、英国、美国

注：国家代码，参见上文附录 2 和附录 3。
资料来源：作者基于国别报告《绿色就业技能》的分析，（ILO，2018）。

附录 5　定量建模方法

本报告第六章中的分析遵循了斯特里茨卡·伊利娜（Strietska-Ilina）等人在 2011 年的报告中提出的方法，以确定向低碳和节约型经济转型过程中会出现的技能需求。本报告分析了国际劳工组织 2018 年依据直接、间接或诱导效应预计将在行业层面创造的就业数量，并就能源可持续性经济和循环经济对职业和技能方面的就业影响做出了归纳总结。

国际劳工组织在其 2018 年的报告《世界就业和社会展望：绿色就业》中估算了 163 个行业在能源可持续和循环经济场景下创造或流失就业机会总数（ILO，2018a）。该报告使用了 EXIOBASE v3 模型，这是一个多地区投入产出模型，反映了各国家、地区以及行业之间的经济来往，以估算 163 个样本行业在这两种场景下分别受到的就业影响。关于这 163 个行业中每个行业就业基线的估算细节，请参见斯塔德勒（Stadler）等人的报告（Stadler et al.，2018）。关于用于预测就业创造岗位和就业销毁岗位数量的场景的更多细节，请参见蒙特、维贝等人 2018 年的报告；国际劳工组织 2018 年的报告，附录 2.1；Wiebe 等即将发布的报告（Montt，Wiebe et al.，2018；ILO，2018a，Appendix 2.1；Wiebe et al.，forthcoming）。

根据行业层面的结果，对职业层面的情况做出预测的过程包含了以下步骤。首先，我们估计了每个行业的职业结构，这些行业由《全部经济活动国际标准行业分类第四版》中的两位数分类确定。[1]这意味着要估算该分类法中的每个行业中每种职业所占的比例（这些职业由《2008 年

---

[1] 参见：https://unstats.un.org/unsd/publication/seriesm/seriesm_4rev4e.pdf [24 Oct. 2019]。

国际标准职业分类》两位数分类确定）。为此，我们使用了 ILOStat 微数据库中提供的 38 份国际劳工组织协调劳动力调查，该调查以两位数的水平详细列出了工人的职业和行业。①（ILOStat 微数据库协调了 104 个国家的劳动力调查；不包括在这一分析中的国家或者没有两位数水平的职业数据，或者没有两位数水平的行业数据。）对于每年都进行劳动力调查的国家，我们使用了相应年份的调查数据。对于每季度都进行劳动力调查的国家，我们使用的是第三季度的劳动力调查数据。②对于每月都进行劳动力调查的国家，我们使用的是该国 9 月份的劳动力调查数据。我们估算了每个行业中工人在每种职业中所占的比例。我们仅使用 2014 年的劳动力调查数据（如果 2014 年的数据不可获取，则使用最接近的年份的可获取数据），以便与用于场景建模的基准年保持一致（ILO，2018a）。

表 A5.1　在估计特定行业的职业结构时采用的国家劳动力调查

国家	年份	周期	抽样量
波黑	2014	每年	26 630
文莱	2014	每年	17 199
柬埔寨	2012	每年	48 290
厄瓜多尔	2014	每季度（第三季度）	59 312
斯威士兰	2016	每年	13 623
埃塞俄比亚	2013	每年	240 660
斐济	2016	每年	23 258
加纳	2015	每年	9 604
希腊	2014	每季度（第三季度）	58 630
危地马拉	2014	每季度（第二季度）	18 028
圭亚那	2017	每年	15 112
老挝	2017	每年	52 167
利比里亚	2010	每年	31 809
马达加斯加	2015	每年	15 641

---

① https://www.ilo.org/surveydata/index.php/home［24 Oct. 2019.］
② 由于数据可用性的问题，本报告使用了危地马拉第二季度的劳动力调查数据。

续表

国家	年份	周期	抽样量
毛里求斯	2014	每年	39 010
墨西哥	2014	每季度（第三季度）	398 047
蒙古国	2014	每年	43 664
缅甸	2015	每年	101 278
尼泊尔	2017	每年	78 496
巴基斯坦	2014	每年	258 490
巴拿马	2014	每年	43 719
秘鲁	2014	每月（9月）	12 668
卢旺达	2017	每年	77 761
萨摩亚	2012	每年	16 004
斯尔维亚	2014	每季度（第三季度）	23 471
塞舌尔	2014	每年	12 594
塞拉利昂	2014	每年	25 641
斯里兰卡	2014	每年	81 376
瑞士	2014	每年	68 892
泰国	2014	每季度（第三季度）	232 710
东帝汶	2013	每年	33 136
土耳其	2015	每年	389 035
乌干达	2012	每年	31 779
阿拉伯联合酋长国	2017	每年	71 400
英国	2014	每季度（第三季度）	95 950
美国	2014	每月（9月）	152 485
乌拉圭	2014	每年	131 857
津巴布韦	2011	每年	39 798

注：ILOStat 微数据库为 104 个国家的劳动力组织了调查研究服务。我们只使用了这些调查研究的子集，以《2008 年国际标准职业分类》两位数代码以及《全部经济活动国际标准行业分类》两位数代码来代表工人的职业。

资料来源：国际劳工组织基于 ILOStat 微数据库进行的计算。

为了使行业—职业矩阵的每个单元中都有足够的案例，我们汇集了所有的数据，对数据进行加权，以使每个国家具有平等的代表性。样本中的38个国家代表了一组情况各异的国家，涵盖世界上五个地区和不同发展水平的国家（如欲了解用于计算特定行业—职业结构的调查和样本大小的列表的相关情况，请参见此处）。我们对每个劳动力调查结果进行了加权，以假设每个国家是一个单位，并确保较大的国家或样本规模较大的国家不会对每个行业的总体职业结构产生影响。由此所得的职业结构反映了国家平均水平下的每个行业的职业结构。此外，我们还按性别对职业结构进行了估计，以了解与能源可持续性和循环经济转型有关的具体性别趋势。

其次，我们将EXIOBASE模型的163个行业分类与《全部经济活动国际标准行业分类》的两位数分类做了匹配。多数情况下，这两种分类之间可以直接进行一对一匹配。而在其他情况下，EXIOBASE模型中的行业将通过聚合法与《全部经济活动国际标准行业分类》中的分类进行匹配［例如将EXIOBASE模型中"水稻耕种""小麦耕种""谷物耕种（没有注明的其他类别（n.e.c.)]""种植蔬菜、水果、坚果""种植石油种子""种植甘蔗、甜菜""种植植物性纤维""作物耕种（没有注明的其他类别）""养牛""养猪""家禽养殖""肉用动物（没有注明的其他类别）""动物产品（没有注明的其他类别）""原料奶"和"羊毛、蚕茧"等行业聚合在一起与《全部经济活动国际标准行业分类》的01类行业"作物和动物生产、狩猎及相关服务活动"对应）。在这种情况下，我们假设这些行业结构和行业定义是完全对等的。在EXIOBASE模型中的一个行业对应《全部经济活动国际标准行业分类》中的多个行业时（例如EXIOBASE模型中的"原油开采及相关服务，不包括测量"可对应《全部经济活动国际标准行业分类》06类行业"原油和天然气开采以及09类行业"矿业支持服务活动"），我们取《全部经济活动国际标准行业分类》中匹配行业的职业结构的平均水平。像这样的匹配结果是88个《全部经济活动国际标准行业分类》中的两位数代码行业。

再次，我们将从劳动力调查中得到的职业结构与《全部经济活动国际标准行业分类》中的两位数代码行业进行匹配，并将每个职业所占比例乘以在每个场景下国家和地区层面估计所得的就业机会创造和就业机会流失。最后，我们将每个职业的结果相加，得到职业层面的结果。通过比较行业和国家一级上每个职业的就业创造和就业销毁的估计数量，我们可以估算出就业创造的总数，这些创造出来的就业机会可以通过重新分配由就业销毁造成的失业人员来填补；需要通过全新的技能开发来填补的就业机会数量，以及不能重新分配的就业销毁数量，具体如下：

$$新就业机会_{可重新分配} = \begin{cases} 就业_{流失}, & 就业_{流失} < 就业_{创造} \\ 就业_{创造}, & 就业_{流失} \geq 就业_{创造} \end{cases} \quad (1)$$

$$新就业机会_{净} = 就业_{创造} - 就业_{流失}, \quad 就业_{流失} < 就业_{创造} \quad (2)$$

$$就业流失_{可重新分配} = 新就业机会_{可重新分配} \quad (3)$$

$$就业流失_{净} = 就业_{流失} - 就业_{创造}, \quad 就业_{流失} \geq 就业_{创造} \quad (4)$$

用来将行业层面的影响转化为职业层面的影响的方法学策略附带了一个重要的假设：2014 年（或近期年份）观察到的职业结构可精确代表每个行业在 2014 年所呈现和 2030 年将呈现的职业结构。

因此，本报告的结果假设职业结构将一直保持到 2030 年。每个行业的职业结构和其中的性别组成的变化将影响这里所述的结果。此外，就它们在技能或性别水平上的影响而言，也将影响这些结果。

对职业比率随行业变化的分析表明，职业结构不变的假设是成立的。对于那些劳动力调查按照《全部经济活动国际标准行业分类》两位数行业水平和《2008 年国际标准职业分类》两位数职业水平提供就业数据，并截至 2017 年拥有可比分类体系时间不低于三年的国家，我们估算了每个行业中每种职业的就业比率（$emp\_share_{o,I,t}$）。出于稳健性原则考虑，我们只选择了在一次调查中至少有 30 个观察值的职业—行业组合。① 针对每一对职业—行业（o，i），我们估算了线性回归稳健标准误差：

$$emp\_share_{o,i,t} = \beta_0 + \beta_1 year_t + \varepsilon_{o,i,t}$$

---

① 下面显示的结果是稳健的，它将分析限制在了那些在每个职业—行业对中有 25 或 20 个观察值的职业中。

其中，β_1 是在测量期间内，行业 i 中职业 o 的就业比率每年的平均变化。如果 β_1 具有统计学意义，则职业比率随时间呈线性变化。如果 β_1 不具有统计学意义，则在测量期间，该职业在该特定行业的就业人数中所占比例一直保持稳定。①

表 A5.2 显示了行业—职业组合的数量和每个国家分析的周期，以确定回归系数的比例是否具有统计学意义。在所分析的 12 个国家中，大多数职业在某一特定行业的比例没有变化。在毛里求斯、塞舌尔和斯里兰卡，90% 以上的行业—职业组合在所分析的期间内没有显示统计学上的重大变化：一个行业中每种职业的比例仍然不变。在厄瓜多尔（85%）、墨西哥（86%）、蒙古国（88%）、秘鲁（83%）、瑞士（80%）和乌拉圭（84%）80% 或以上的行业—职业组合也是如此。只有在美国，其行业中没有发生变化的职业所占比例不到 70%，即便如此，其中没有发生比例变化的职业仍占大多数。表 A5.2 还显示，分析的周期越长，在该行业中比例保持不变的职业所占的比例就越低。分析周期的长短与该期间无统计学显著变化的职业比例之间的相关性为 –0.87。尽管存在这种相关性，希腊和美国，这两个经过了 15 年以上观测周期的国家，还是有 71% 和 59% 的职业在行业中保持了它们的就业比率。这些结果支持了一个假设，即 2014 年观察到的职业结构将在 5 年、10 年或 15 年内，直至 2030 年保持相对稳定。

与此类似的是，第六章的分析假设每个职业的性别组成将随时间的推移保持相对稳定。对于那些劳动力调查按照《全部经济活动国际标准行业分类》两位数行业水平和《2008 年国际标准职业分类》两位数职业水平提供就业数据，并截至 2017 年拥有可比分类体系时间不低于三年的国家，我们估算了每个行业中每种职业的女性就业比率（fem_shareo, I, t）。出于稳健性原则考虑，我们只选择了在一次调查中至少

---

① 如果有的话，这一规范可能高估了行业内经历比率变化的职业数量，因为报告中既没有考虑到一年估计的抽样方差，也没有考虑到可能的误差自相关。与劳动力调查中可用的模型相比，考虑抽样方差的替代模型（如多项式逻辑回归模型）或自相关模型（如时间序列回归模型），在每个行业和每个行业—职业组合中需要更长的趋势和/或更大的样本规模。

有 30 个观察值的职业。针对每个职业—行业组合（o, i），我们估算了线性回归稳健标准误差：

$$fem\_share_{o,i,t} = \gamma_0 + \gamma_1 year_t + \varepsilon_{o,i,t}$$

其中，γ_1 是在测量期间内，行业 i 中职业 o 的女性就业比率每年的平均变化。如果 γ_1 具有统计学意义，则性别构成随时间呈线性变化。如果 γ_1 不具有统计学意义，则在该行业观测期间内，该职业的就业人员性别比率一直保持稳定。[1]

表 A5.2　各行业中就业比率发生变化的职业

国家	周期	行业-职业组合	行业中就业比率增加的职业		行业中就业比率减少的职业		无明显就业比率变化的职业	
			数量	%	数量	%	数量	%
厄瓜多尔	2013–2017	367	18	5	37	10	312	85
希腊	1998–2017	874	148	17	107	12	619	71
毛里求斯	2011–2017	136	5	4	8	6	123	90
墨西哥	2012–2018	517	29	6	42	8	446	86
蒙古	2008–2017	121	5	4	10	8	106	88
秘鲁	2010–2017	205	18	9	16	8	171	83
塞舌尔	2014–2017	74	2	3	1	1	71	96
斯里兰卡	2013–2016	146	5	3	6	4	135	92
瑞士	2009–2017	323	29	9	37	11	257	80
英国	2009–2017	1 240	169	14	88	7	983	79
美国	2000–2017	2 039	413	20	418	21	1 208	59
乌拉圭	2011–2017	328	33	10	18	5	277	84

注：在此项估算中仅使用在某行业内至少有 30 个观察值的职业。
资料来源：国际劳工组织基于 ILOStat 微数据库中国家劳动力调查结果进行的计算。

表 A5.3 显示了行业—职业组合的数量和每个国家的分析周期，以

---

[1] 正如前面的脚注所指出的，由于报告中既没有考虑到一年估计的抽样方差，也没有考虑到误差的可能的自相关，因此这一规范可能高估了在行业中比率发生变化的职业数量。与劳动力调查中的可用模型相比，考虑抽样方差的替代模型（如多项式逻辑回归模型）或自相关模型（如时间序列回归模型），在每个行业和每个行业—职业组合中需要更长的趋势和/或更大的样本规模。

确定回归系数的比例是否具有统计学意义。斯里兰卡所有的职业以及塞舌尔和乌拉圭所分析的 90% 以上的行业—职业组合中，女性就业的比例在统计学上均没有发生显著变化。

在厄瓜多尔（87%）、毛里求斯（89%）、墨西哥（89%）、蒙古国（89%）、秘鲁（86%）或英国（83%）所分析的 80% 以上的职业也没有这种变化。只有美国没有这种变化的职业所占比例低于 70%，为 67%。该表还显示，分析的周期越长，该行业中女性就业比率保持不变的职业比例就越低。分析周期的长短与在此期间无统计学显著变化的职业所占比例之间的相关性为 –0.85。尽管存在这种关系，希腊和美国这两个有 15 年以上观测周期的国家仍然分别有 76% 和 67% 的职业在行业中保持了它们的比例。这些结果支持了 2014 年观察到的职业结构将在 5 年、10 年或 15 年内保持相对稳定，直至 2030 年的假设。

表 A5.3 各行业中女性就业比率发生变化的职业

国家	周期	行业—职业组合	行业中就业比率增加的职业		行业中就业比率减少的职业		无明显就业比率变化的职业	
			数量	%	数量	%	数量	%
厄瓜多尔	2013–2017	367	21	6	26	7	320	87
希腊	1998–2017	874	93	11	113	13	668	76
毛里求斯	2011–2017	136	10	7	5	4	121	89
墨西哥	2012–2018	517	28	5	29	6	460	89
蒙古	2008–2017	121	5	4	8	7	108	89
秘鲁	2010–2017	205	19	9	10	5	176	86
塞舌尔	2014–2017	74	3	4	2	3	69	93
斯里兰卡	2013–2016	146	0	0	0	0	146	100
瑞士	2009–2017	323	32	10	35	11	256	79
英国	2009–2017	1 240	143	12	73	6	1 024	83
美国	2000–2017	2 039	305	15	360	18	1 374	67
乌拉圭	2011–2017	328	18	5	16	5	294	90

注：在此项估算中仅使用在某行业内至少有 30 个观察值的职业。
资料来源：国际劳工组织基于 ILOStat 微数据库中国家劳动力调查结果进行的计算。

附录6 职业层面的详细结论

表 A6.1 职业层面的详细结论,能源可持续场景(千)

《2008年国际标准职业分类》两位数代码	《2008年国际标准职业分类》职业名称	技能水平 a	新就业机会		就业流失	
			可吸纳下岗员工	净新增	净新增	可重新分配
11	首席执行官、高级官员及议员	高等	44	108	−5	−44
12	行政和商务管理者	高等	132	128	−54	−132
13	生产及专业服务经理	高等	136	323	−36	−136
14	酒店、零售及其他服务业管理者	高等	33	136	−7	−33
19	其他管理人员	高等	<0.5	<0.5	−8	<0.5
21	科学与工程专业人员	高等	500	263	−253	−500
22	卫生专家	高等	21	21	−16	−21
23	教学专家	高等	23	15	−18	−23
24	工商管理专业人员	高等	218	147	−75	−218
25	信息和通信技术专业人员	高等	65	49	−40	−65
26	法律、社会和文化专业人员	高等	45	66	−20	−45
29	其他专业人员	高等	<0.5	1	<0.5	<0.5
31	科学和工程助理专业人员	高等	748	528	−206	−748
32	卫生助理专家	高等	16	14	−10	−16
33	商务和行政助理专业人员	高等	181	389	−43	−181
34	法律、社会、文化相关专业人员助理	高等	9	43	−5	−9
35	信息和通信技术人员	高等	23	20	−12	−23
39	其他技术人员及专业人员助理	高等	3	34	−1	−3

续表

《2008年国际标准职业分类》两位数代码	《2008年国际标准职业分类》职业名称	技能水平[a]	新就业机会 可吸纳下岗员工	新就业机会 净新增	就业流失 净新增	就业流失 可重新分配
41	通用键盘文员	中等	175	300	−26	−175
42	客户服务文员	中等	51	274	−27	−51
43	数字和材料记录员	中等	127	278	−21	−127
44	其他文书支持人员	中等	46	105	−9	−46
49	其他文书支持人员	中等	1	22	−6	−1
51	个人服务人员	中等	151	299	−21	−151
52	销售人员	中等	160	978	−77	−160
53	个人护理人员	中等	5	5	−32	−5
54	保护服务人员	中等	141	179	−27	−141
59	其他服务和销售人员	中等	2	27	−3	−2
61	市场导向的农业熟练工	中等	98	1 327	−98	−98
62	市场导向的林业、渔业和狩猎熟练工人	中等	61	91	−56	−61
63	自给自足的农民、渔民、猎人和采集者	中等	42	644	−47	−42
69	其他农业、林业和渔业的熟练工人	中等	<0.5	4	<0.5	<0.5
71	建筑及相关行业工人,不包括电工	中等	102	3 733	<0.5	−102
72	金属、机械和相关行业工人	中等	279	1 195	−29	−279
73	手工艺和印刷工人	中等	27	310	<0.5	−27
74	电器和电子行业工人	中等	328	860	−2	−328
75	食品加工、木工、服装等工艺及相关行业工人	中等	48	316	<0.5	−48
79	从事手工艺及有关行业的工人	中等	3	70	<0.5	−3
81	固定装置和机器操作人员	中等	339	712	−34	−339
82	装配工人	中等	15	565	<0.5	−15
83	驾驶员及移动工厂运营商	中等	329	810	−33	−329

续表

《2008年国际标准职业分类》两位数代码	《2008年国际标准职业分类》职业名称	技能水平[a]	新就业机会		就业流失	
			可吸纳下岗员工	净新增	净新增	可重新分配
89	其他装置和机器操作员与装配工	中等	2	118	−2	−2
91	清洁工和助手	低等	184	147	−201	−184
92	农业、林业和渔业劳动者	低等	56	601	−38	−56
93	矿业、建筑业、制造业和运输业劳动者	低等	246	2 943	<0.5	−246
94	食物准备助手	低等	24	26	−23	−24
95	街道及其他销售相关服务人员	低等	12	44	−3	−12
96	垃圾清理及其他基础工作工人	低等	153	305	−17	−153
99	其他基础工作职业	低等	2	100	<0.5	−2

注：[a] H = 高等；M = 中等；L= 低等。按《2008年国际标准职业分类》两位数版本测量的职业。"吸纳下岗工人的新就业岗位"指可以由因同一国家或地区其他行业类似的岗位流失产生的失业人员填补的就业岗位。"净新增就业机会"是指在同一国家或地区的其他行业中类似岗位失业人员所无法填补的就业岗位。"净流失就业机会"指在同一国家或地区其他行业中不再有类似岗位空缺的岗位流失。方法学细节参见附录5.

资料来源：国际劳工组织基于EXIOBASE v3数据库和劳动力调查的计算。

表A6.2 职业层面的详细结论，循环经济场景（千）

《2008年国际标准职业分类》两位数代码	《2008年国际标准职业分类》职业名称	技能水平[a]	新就业机会		就业流失	
			可吸纳下岗员工	净新增	净新增	可重新分配
11	首席执行官、高级官员及议员	高等	244	375	−43	−244
12	行政和商务管理者	高等	596	797	−32	−596
13	生产及专业服务经理	高等	1 095	143	−1 110	−1 095
14	酒店、零售及其他服务业管理者	高等	121	1 035	−4	−121
19	其他管理人员	高等	<0.5	1	−1	<0.5
21	科学工程专业人员	高等	1 379	1 274	−397	−1 379

续表

《2008年国际标准职业分类》两位数代码	《2008年国际标准职业分类》职业名称	技能水平 a	新就业机会 可吸纳下岗员工	净新增	就业流失 净新增	可重新分配
22	卫生专家	高等	222	173	−77	−222
23	教学专家	高等	125	166	−58	−125
24	商务和行政助理专业人员	高等	823	837	−53	−823
25	信息和通信技术专业人员	高等	187	296	−31	−187
26	法律、社会和文化专业人员	高等	319	221	−190	−319
29	其他专业人员	高等	<0.5	<0.5	−4	<0.5
31	科学和工程助理专业人员	高等	3 042	1 225	−965	−3 042
32	卫生助理专家	高等	90	206	<0.5	−90
33	商务和行政助理专业人员	高等	1 102	1 715	−1	−1 102
34	法律、社会、文化相关专业人员助理	高等	56	103	−5	−56
35	信息和通信技术人员	高等	73	98	−8	−73
39	其他技术人员及专业人员助理	高等	35	81	−39	−35
41	通用键盘文员	中等	834	1 040	−98	−834
42	客户服务文员	中等	294	707	−18	−294
43	数字和材料记录员	中等	844	784	−147	−844
44	其他文书支持人员	中等	123	417	<0.5	−123
49	其他文书支持人员	中等	10	37	−51	−10
51	个人服务人员	中等	728	298	−748	−728
52	销售人员	中等	942	14 695	−58	−942
53	个人护理人员	中等	41	19	−47	−41
54	保护服务人员	中等	744	579	−497	−744
59	其他服务和销售人员	中等	5	503	−2	−5
61	市场导向的农业熟练工	中等	757	1 024	−448	−757
62	市场导向的林业、渔业和狩猎熟练工人	中等	221	14	−349	−221
63	自给自足的农民、渔民、猎人和采集者	中等	331	377	−281	−331

续表

《2008年国际标准职业分类》两位数代码	《2008年国际标准职业分类》职业名称	技能水平[a]	新就业机会 可吸纳下岗员工	净新增	就业流失 净新增	可重新分配
69	其他农业、林业和渔业的熟练工人	中等	2	3	−1	−2
71	建筑及相关行业工人，不包括电工	中等	2 579	150	−2 172	−2 579
72	金属、机械和相关行业工人	中等	8 654	1 795	−1 605	−8 654
73	手工艺和印刷工人	中等	1 331	35	−1 057	−1 331
74	电器和电子行业工人	中等	1 408	1 845	−304	−1 408
75	食品加工、木工、服装等工艺及相关行业工人	中等	1 315	408	−440	−1 315
79	从事手工艺及有关行业的工人	中等	124	64	−54	−124
81	固定装置和机器操作人员	中等	2 913	<0.5	−5 589	−2 913
82	装配工人	中等	224	14	−367	−224
83	驾驶员及移动工厂运营商	中等	2 899	753	−2 612	−2 899
89	其他装置和机器操作员与装配工	中等	92	62	−121	−92
91	清洁工和助手	低等	803	442	−577	−803
92	农业、林业和渔业劳动者	低等	683	328	−325	−683
93	矿业、建筑业、制造业和运输业劳动者	低等	3 058	144	−8 593	−3 058
94	食物准备助手	低等	114	100	−105	−114
95	街道及其他销售相关服务人员	低等	59	749	−21	−59
96	垃圾清理及其他基础工作工人	低等	860	1 152	−111	−860
99	其他基础工作职业	低等	65	38	−58	−65

注：[a] H = 高等；M = 中等；L= 低等。按《2008年国际标准职业分类》两位数版本测量的职业。"吸纳下岗工人的新就业岗位"指可以由因同一国家或地区其他行业类似的岗位流失产生的失业人员填补的就业岗位。"净新增就业机会"是指在同一国家或地区的其他行业中类似岗位失业人员所无法填补的就业岗位。"净流失就业机会"指在同一国家或地区其他行业中不再有类似岗位空缺的岗位流失。方法学细节参见附录5。

资料来源：国际劳工组织基于EXIOBASE v3数据库和劳动力调查的计算。

附录 7　相似度评分计算方法

伯尼格雷斯技术公司的数据集合中的就业岗位是根据职业信息网（美国）的标准职业代码和职业头衔进行分类的。伯尼格雷斯技术公司的相似度评分数据集合来源于 2016 年至 2017 年这两年期间的约 5000 万个职位招聘信息，涵盖了美国约 4 万个特有数据源。

A. 相似度评分用于评估两个就业岗位技能要求的重叠程度，以此表示两个就业岗位之间转换的可行性大小。相似度评分为 1 代表两个工作完美匹配，相似度评分为 0 代表两个工作差距最大或最不匹配。相似度评分在 0.9 以上为高度匹配，相似度评分在 0.85—0.9 之间为中等匹配，相似度评分在 0.85 以下为低等匹配。

伯尼格雷斯技术公司的计算方法结合了两个来源的数据：伯尼格雷斯技术公司招聘信息数据库和职业信息网（美国）的岗位要求描述模块数据库。该相似度评分的步骤如下：

1. 根据职业信息网（美国）上标准化的岗位要求描述模块计算相似度评分。使用余弦相似度，计算以下五组信息的相似度评分："技能""知识""能力""工作活动"和"教育、培训和经验"。然后计算各组相似度评分的加权平均值。

2. 根据伯尼格雷斯技术公司最新的岗位要求信息计算相似度评分。此相似度评分针对的是不同的技能集群（根据伯尼格雷斯技术公司的定义，这些集群包括基本岗位要求、专业技能和软技能）以及"经验"和"教育"水平的评判。然后计算这些集群相似度评分的加权平均值。

3. 通过对上述职业信息网（美国）和伯尼格雷斯技术公司的相似度评分加权平均得出其联合相似度评分。

B. 薪资的连续性（或增加）条件主要考虑的是个体生活水平在过渡到目标岗位后不应下降。因此，需要比较起始岗位和目标岗位之间的工资，以确定哪种岗位过渡路径能保持薪资的连续性（或使之增加）。

关于该方法的更多细节，请参见世界经济论坛和波士顿咨询公司 2019 年的报告（WEF and BCG，2019）。

附录8　2011年前绿色政策和法规还很不健全的国家之进展：孟加拉国、马里和乌干达

孟加拉国

孟加拉国已经出台或修订/改进了大量与环境有关的政策，但仍没有将绿色就业和技能的有关政策充分纳入考虑。新的/修订的政策包括：《国家环境政策（1992）》，通过对其修订和更新，旨在将环境保护和管理纳入发展主流，并为23个行业提出271项行动计划；《孟加拉国水法（2013）》；《孟加拉国气候变化战略与行动计划（修订版，2014）》；《国家灾害管理计划（2016–2020）》；《灾害管理法案（2012）》和《灾害管理政策（2015）》；《生态关键区域管理法案（2016）》；《可持续和可再生能源发展管理局法案（2012）》；"第6个五年计划（2011–2015）"，与之前的计划不同的是，它包括了对环境可持续发展进程的坚定承诺。与绿色经济相关性最高的政策是新版的《国家产业政策（2016）》，这项政策充分结合了新出台的《国家可持续发展目标》，旨在共同应对工业污染所带来的挑战。《国家可持续发展目标》作为可持续发展必不可少的前提，通过发布环保产业化，与孟加拉国先前所有的产业政策形成了鲜明的对比。

马里

2009年以后，马里的一些战略和政策，包括国家可再生能源战略和国家能源政策，迟迟没有做出任何变化或修订。但是，该国出台了一些新的政策，包括气候变化政策和禁止产生不可降解塑料废弃物的法律，这两者都考虑到了经济的绿色化发展。此外，2011年，环境与卫生部在联合国开发计划署的支持下制定了一项绿色化和气候适应性经济战略。此外，《经济复苏和可持续发展战略框架（2016—2018）》也寻求在可持续发展目标的背景下促进有利于减少贫困和不平等的包容性可持续发展。这一战略框架包含了一个具体的目标，即通过对自然资源进行可持续性管理和应对全球变暖来促进绿色经济。

乌干达

2011年以后，乌干达已经出台了以下多项国家政策规划：《加强人力资源和技能以推进绿色、低排放和气候适应性发展的国家战略（2013–2022）》《气候变化国家政策》，一项关于清洁技术领域技能开发的战略，一项将气候变化学习纳入职业教育的政策，以及2016年12月出台的由性别、劳工和社会发展部主持的《绿色就业计划》。此外，还有一项"绿色增长战略"也即将出台。然而，该国政策仍有待有效落实。

图书在版编目(CIP)数据

未来绿色技能的全球视野：基于 32 个国家的研究 / 国际劳工组织组织编写；（俄罗斯）奥尔加·斯特里茨卡·伊利娜等著；王建萍译. — 北京：商务印书馆，2022
ISBN 978-7-100-21222-9

Ⅰ. ①未⋯ Ⅱ. ①国⋯ ②奥⋯ ③王⋯ Ⅲ. ①世界经济－绿色经济－经济发展－研究 Ⅳ. ①F113.3

中国版本图书馆 CIP 数据核字（2022）第 091921 号

权利保留，侵权必究。

未来绿色技能的全球视野
基于 32 个国家的研究
国际劳工组织 组织编写
〔俄罗斯〕奥尔加·斯特里茨卡·伊利娜 等 著
王建萍 译

商 务 印 书 馆 出 版
（北京王府井大街 36 号 邮政编码 100710）
商 务 印 书 馆 发 行
艺堂印刷（天津）有限公司印刷
ISBN 978-7-100-21222-9

2022 年 6 月第 1 版	开本 710×1000 1/16
2022 年 6 月第 1 次印刷	印张 17

定价：98.00 元